COMO CURAR
SUA VIDA

COMO CURAR SUA VIDA

ABANDONE VELHOS HÁBITOS,
PARE DE SE SABOTAR E CUIDE
DO CORPO, DA MENTE E DA ALMA

NICOLE LePERA

SEXTANTE

Título original: *How to Do the Work*

Copyright © 2021 por JuniorTine Productions
Copyright da tradução © 2021 por GMT Editores Ltda.

Publicado mediante acordo com a Folio Literary Management, LLC e Agência Riff.

Todos os direitos reservados. Nenhuma parte deste livro pode ser utilizada ou reproduzida sob quaisquer meios existentes sem autorização por escrito dos editores.

Este livro é uma obra de referência e não um manual médico. As informações nele contidas têm o objetivo de ajudar o leitor a tomar decisões conscientes sobre sua saúde. O propósito desta publicação não é substituir tratamentos nem orientações de profissionais da área médica. Caso você suspeite de que tem um problema de saúde, nós o aconselhamos a consultar um médico. Além disso, busque a orientação desse profissional antes de tomar qualquer medicamento. A autora e a editora não se responsabilizam por quaisquer efeitos colaterais que possam resultar do uso ou da aplicação das informações aqui apresentadas.

tradução: Paulo Afonso
preparo de originais: Carolina Vaz
revisão: Juliana Souza e Luíza Côrtes
projeto gráfico e diagramação: Valéria Teixeira
capa: Joanne O'Neill
adaptação de capa: Ana Paula Daudt Brandão
imagem de capa: izumikobayashi | iStock (sol da manhã);
Sai Tha | Shutterstock (fundo pastel em aquarela)
impressão e acabamento: Pancrom Indústria Gráfica Ltda.

CIP-BRASIL. CATALOGAÇÃO NA PUBLICAÇÃO
SINDICATO NACIONAL DOS EDITORES DE LIVROS, RJ

L615c

LePera, Nicole
    Como curar sua vida / Nicole LePera ; [tradução Paulo Afonso]. - 1. ed. - Rio de Janeiro : Sextante, 2021.
    288 p. ; 23 cm.

    Tradução de: How to do the work
    Inclui bibliografia
    ISBN 978-65-5564-199-8

    1. Corpo e mente. 2. Cura - Aspectos psicológicos. 3. Saúde holística. 4. Autorrealização (Psicologia). 5. Técnicas de autoajuda. I. Afonso, Paulo. II. Título.

21-71922   CDD: 128.2
                             CDU: 130.31:159.922

Camila Donis Hartmann - Bibliotecária - CRB-7/6472

Todos os direitos reservados, no Brasil, por
GMT Editores Ltda.
Rua Voluntários da Pátria, 45 – Gr. 1.404 – Botafogo
22270-000 – Rio de Janeiro – RJ
Tel.: (21) 2538-4100 – Fax: (21) 2286-9244
E-mail: atendimento@sextante.com.br
www.sextante.com.br

Para Lolly, que me enxergou antes que
eu mesma conseguisse fazê-lo.

Para cada um dos meus leitores: eu enxergo você.

A evolução do homem é a evolução de sua consciência. Com uma consciência objetiva é possível ver e sentir a unidade de tudo. Tentativas para unificar os fenômenos em uma espécie de sistema, de uma forma científica ou filosófica, não deram em nada, pois o homem não consegue reconstruir a ideia do todo a partir de fatos separados.

– George Gurdjieff, *Fragmentos de um ensinamento desconhecido.*

Nem tudo o que é enfrentado pode ser mudado, mas nada pode ser mudado até ser enfrentado.

– James Baldwin, *Remember This House*, manuscrito que inspirou o documentário *Eu não sou seu negro*

SUMÁRIO

Nota da autora		9
PREFÁCIO	A noite sombria da alma	11
INTRODUÇÃO	A psicologia holística	17
UM	Você é seu melhor terapeuta	21
DOIS	O eu consciente: tornando-se ciente	41
TRÊS	Uma nova teoria sobre traumas	55
QUATRO	O corpo traumatizado	79
CINCO	Terapias mente-corpo	99
SEIS	O poder da crença	119
SETE	Conheça sua criança interior	133
OITO	Histórias do ego	151
NOVE	Vínculos traumáticos	167
DEZ	Limites	187
ONZE	Reparentalização	213
DOZE	Maturidade emocional	229
TREZE	Interdependência	247
EPÍLOGO	A caixa de pizza	261
AGRADECIMENTOS		265
GLOSSÁRIO DE TERMOS DE PSICOLOGIA HOLÍSTICA		267
LEITURAS RECOMENDADAS		275
REFERÊNCIAS		279

Nota da autora

Uma longa e rica tradição do trabalho de transcender nossa experiência humana foi transmitida por diferentes mensageiros ao longo do tempo. As antigas tradições herméticas falavam de alquimias misteriosas, enquanto místicos modernos, como George Gurdjieff, incentivam os interessados nessa transcendência a se envolverem mais profundamente no mundo, para alcançar níveis mais elevados de consciência.

Uma abordagem semelhante é usada em treinamentos antirracistas e no desmantelamento da opressão sistêmica, bem como em modelos de recuperação do abuso de substâncias, como os programas de 12 passos. O que todas as variações desse trabalho têm em comum é a busca por uma percepção do Eu e do nosso lugar em nossa comunidade.

O objetivo do *meu* trabalho é fornecer a você as ferramentas para entender e aproveitar a complexa interconexão entre a mente, o corpo e a alma. Isso promoverá relacionamentos mais profundos, autênticos e significativos com você mesmo, com os outros e com a sociedade de modo geral. O que se segue é a minha jornada. Espero que ela o inspire a encontrar seu próprio caminho em busca da transcendência e da autocura.

PREFÁCIO

A noite sombria da alma

O despertar transcendental de poetas e místicos costuma ocorrer em lugares bucólicos – no topo de uma montanha, enquanto contemplam o mar aberto, ou à beira de um riacho, por exemplo. O meu aconteceu em uma cabana de madeira no meio de uma floresta, quando me vi soluçando descontroladamente diante de uma tigela de mingau de aveia.

Eu estava de férias no norte do estado de Nova York, junto com minha parceira Lolly, tentando fugir do estresse da Filadélfia.

Durante o café da manhã, fiquei absorta num livro de outro psicólogo, minha versão de leitura leve. O tema? Mães emocionalmente indisponíveis. Enquanto lia – para enriquecimento profissional, ou assim eu pensava –, suas palavras desencadearam em mim uma resposta emocional inesperada e confusa.

"Você está exausta", disse Lolly. "Precisa dar uma desacelerada. Tente relaxar."

Ignorei o comentário dela. Eu sabia que não era a única pessoa a me sentir assim. Ouvia reclamações semelhantes de muitos clientes e amigos. *Quem não sai da cama de manhã com medo do dia que tem pela frente? Quem não se distrai no trabalho? Quem não se sente distante das pessoas que ama? Quem pode dizer, sinceramente, que não vive em função das férias? Não é o que acontece quando envelhecemos?*

Pouco antes dessas férias eu havia "comemorado" meu aniversário de 30 anos e pensei: *Então é isso?* Mesmo já tendo realizado muitos dos sonhos que eu tinha desde criança – morar na cidade que eu quisesse, ter meu próprio consultório, encontrar um amor –, eu ainda sentia que alguma coisa essencial em meu ser continuava perdida, ou talvez nunca tivesse feito parte de mim. Depois de anos em relacionamentos em que me sentia emocionalmente sozinha, eu enfim conhecera alguém que parecia a pessoa certa, pois era muito diferente de mim. Enquanto eu me mostrava hesitante e muitas vezes desinteressada, Lolly era apaixonada e obstinada. Ela me desafiava de formas que eu achava empolgantes. Eu deveria estar feliz, ou, pelo menos, contente. Em vez disso, eu me sentia fora de mim, distante, sem emoção. Não sentia *nada*.

Além de tudo, estava com problemas de saúde graves, impossíveis de ignorar. Um deles era uma névoa no cérebro que me consumia de tal forma que às vezes não só me fazia esquecer palavras ou frases como também me dava um branco total. Isso era particularmente preocupante, sobretudo porque também acontecia durante sessões com meus clientes. Problemas intestinais persistentes, que me atormentavam havia anos, começaram a fazer com que eu me sentisse pesada e prostrada. Então, certo dia, desmaiei na casa de uma amiga, deixando todos apavorados.

Então ali, sentada em um lugar tranquilo, numa cadeira de balanço diante da tigela de mingau, senti que minha vida era um imenso vazio. Sem energia, tomada por um desespero existencial, frustrada por não conseguir ajudar meus clientes, irritada com minha incapacidade de cuidar deles e de mim mesma, além de profundamente inibida por uma morosidade intermitente, me vi tomada por uma insatisfação que me fez questionar o sentido de tudo. Em casa, na correria do dia a dia, eu conseguiria mascarar esses sentimentos perturbadores canalizando as energias para ações, como limpar a cozinha, passear com o cachorro ou fazer planos. Sempre em movimento. Quem me olhasse de longe poderia admirar minha alta eficiência. Caso chegasse um pouco mais perto, perceberia que eu movimentava o corpo para me distrair de sentimentos não resolvidos, profundamente enraizados. Mas no meio de uma floresta, sem nada para fazer exceto ler sobre os efeitos duradouros dos traumas de infância, não consegui mais escapar de mim mesma. O livro expunha sentimentos parecidos com os que eu reprimira por tanto tempo em relação à minha mãe e à minha família. Foi como me olhar no espelho. Lá estava eu, nua, sem distrações e muito constrangida com o que via.

Quando olhei para mim mesma com mais honestidade, foi difícil não notar que muitos dos problemas que eu tinha refletiam o que eu via nas dificuldades de minha mãe, mais especificamente na relação dela com seu corpo e suas emoções. Eu a via lutar de várias formas, com dores quase incessantes nos joelhos e nas costas, além de ansiedade e preocupações frequentes. À medida que cresci, fui ficando diferente dela em muitos aspectos. Priorizava os cuidados com o corpo, era fisicamente ativa, fazia exercícios e me alimentava de forma saudável. Aos 20 anos, cheguei a me tornar vegetariana. Após fazer amizade com uma vaca em um santuário de animais, eu não conseguia mais sequer pensar em voltar a comer qualquer tipo de carne. A maior parte de minha dieta passou a girar em torno de carne vegetal ultraprocessada e junk food vegano – principalmente *cheesesteaks* veganos –, mas pelo menos me importava com o que consumia (exceto quando o assunto era álcool, que eu ainda ingeria em excesso). Porém, às vezes levava esses cuidados ao extremo, fazendo muitas restrições e comendo sem prazer.

Sempre achei que *eu não era nada parecida com minha mãe*, mas à medida que meus problemas emocionais, e depois físicos, foram se infiltrando em todos os aspectos da minha vida, percebi que era hora de começar a questionar as coisas. Foi essa percepção que me fez chorar em frente a uma tigela de mingau. Havia uma mensagem importante nessa imagem triste e um tanto patética. Aquela reação era tão fora do comum, tão dissonante da minha personalidade típica que eu não poderia ignorar esse sinal. Algo implorava a minha atenção, e, no meio da floresta, eu não tinha onde me esconder. Era hora de ficar cara a cara com meu sofrimento, minha dor, meus traumas e, enfim, meu verdadeiro Eu.

Hoje chamo esse incidente de noite sombria da minha alma, meu fundo do poço. Chegar a esse ponto é quase como uma morte e, em alguns casos, pode de fato aproximar a pessoa do óbito. Como a morte possibilita o renascimento, decidi descobrir o que estava errado. Aquele momento doloroso me trouxe a luz, revelou-me quanto de mim eu havia enterrado. De repente, tudo ficou claro: *preciso mudar*. Eu não fazia ideia de que tal revelação me levaria a um despertar físico, psicológico e espiritual, e ainda acabaria se tornando um movimento internacional.

Inicialmente, concentrei-me no problema mais urgente: meu corpo. Avaliei meu físico: qual era minha doença e onde ela se manifestava? Eu sabia intuitivamente que o caminho de volta começaria com alimentação e movimento. Assim, pedi a Lolly – a quem chamo de motivadora do meu autoaperfeiçoamento – que me ajudasse a parar de maltratar meu próprio corpo. Na manhã seguinte, ela me fez levantar da cama, colocou halteres em minhas mãos e me forçou a me movimentar junto com ela várias vezes ao dia. Imersas em pesquisas sobre nutrição, descobrimos que muitas de nossas ideias a respeito do que era "saudável" eram discutíveis. Iniciamos também um ritual matinal diário que incluía respiração e meditação. No início, eu ficava relutante, o que acarretou dias perdidos, lágrimas, músculos doloridos e ameaças de desistência. Porém, depois de muitos meses consegui estabelecer uma rotina. Comecei a ansiar por esses momentos pela manhã e passei a me sentir física e mentalmente forte como nunca antes em toda a minha vida.

Conforme meu corpo apresentava sinais de cura, comecei a questionar outras verdades que sempre considerei absolutas. Aprendi novas maneiras de pensar sobre o bem-estar mental. Percebi que uma desconexão entre mente, corpo e alma pode se manifestar como doença e desequilíbrio. Descobri que nossos genes não determinam nosso destino e que, para mudar, temos que nos tornar conscientes de nossos hábitos e padrões de pensamento, moldados principalmente pelas pessoas de quem gostamos – que também foram moldadas por pessoas de quem gostam. Descobri uma definição mais ampla de trauma, que leva em consideração os profundos efeitos espirituais que o estresse e as experiências adversas na infância têm sobre o sistema nervoso. Percebi que alguns traumas iniciados na infância continuavam a me afetar todos os dias.

Quanto mais eu aprendia, mais integrava os conhecimentos adquiridos às novas escolhas diárias que fazia com consistência. Com o tempo, adaptei-me a essas mudanças e iniciei uma grande transformação. Depois que meu corpo começou a se recuperar, fui mais fundo, aproveitando o aprendizado que acumulava em minha experiência clínica e o aplicando ao conhecimento sobre a integração da pessoa como um todo – sob os aspectos físico, psicológico e espiritual. Conheci minha criança interior, examinei os vínculos traumáticos que me mantinham refém, aprendi a estabelecer limites e passei a me relacionar com o mundo com uma maturidade emocional que nunca achara possível. Percebi que esse trabalho interno não se mantinha dentro de mim, mas se estendia para fora, alcançando meus relacionamentos e a comunidade como um todo.

Hoje, escrevo para você de um lugar de cura contínua. Meus sintomas de ansiedade e pânico praticamente desapareceram. Já não sou mais reativa e aprendi a ser compassiva. Sinto-me conectada com meus entes queridos e presente em relação a eles também – e consigo estabelecer limites quando estou com pessoas que não participam ativamente da minha jornada. Pela primeira vez, sinto-me consciente. Devo dizer que não foi quando cheguei ao fundo do poço que percebi isso. Nem mesmo um ano depois. Mas hoje sei que não estaria aqui, escrevendo este livro, se não tivesse acessado as profundezas do meu desespero.

Lancei o site The Holistic Psychologist (A psicóloga holística) em 2018, após decidir que desejava compartilhar com outras pessoas as ferramentas de autocura que eu descobrira. Eu *precisava* fazer isso. Pouco depois que comecei a contar minha história no Instagram, passei a receber uma enxurrada de relatos sobre traumas, curas e resiliência emocional. Minhas mensagens sobre cura holística ressoaram na mente coletiva, cruzando barreiras etárias e culturais. Hoje, mais de 4 milhões de pessoas seguem minha página e assumiram a identidade de SelfHealers – pessoas adeptas da autocura –, ou seja, participantes ativas do próprio bem-estar mental, físico e espiritual. Apoiar esta comunidade se tornou o trabalho da minha vida.

Comemorei o aniversário de um ano do The Holistic Psychologist organizando um encontro de meditação na Costa Oeste, no intuito de criar uma oportunidade de me conectar a essa comunidade na vida real, celebrando nossas jornadas compartilhadas. Dias antes, pesquisei "pontos de encontro em Venice Beach" no Google e escolhi um local. Ofereci ingressos grátis no Instagram e fiquei torcendo para que meus seguidores se interessassem. Em poucas horas, 3 mil pessoas se inscreveram. Mal pude acreditar.

Sentada sob o sol quente no meio da vasta extensão de Venice Beach, dirigi minha atenção para as ondas quebrando na praia. A areia quente sob meus pés e a fria umidade dos meus cabelos, molhados pela maresia, me deixaram profundamente consciente do meu corpo no espaço e no tempo. Senti-me muito presente e muito viva enquanto levantava as mãos em oração, imaginando os vários caminhos pelos quais a vida trouxera para aquela praia, naquela manhã, cada um dos notáveis seres humanos que me circundavam. Observei a multidão e, por um instante, me intimidei com tantos olhos fixados em mim. Então falei:

Alguma coisa trouxe vocês aqui. Algo aí dentro veio aqui com um profundo desejo de cura. Um desejo de serem a melhor versão de si mesmos. Isso é algo a ser celebrado. Todos nós tivemos uma infância que criou nossa realidade atual e, hoje, escolhemos nos curar do nosso passado para criar um novo futuro.

A parte de vocês que sabe que isso é verdade é a sua intuição. Ela sempre esteve presente. Mas simplesmente desenvolvemos o hábito de não escutá-la ou de não acreditar no que ela nos diz. Estar aqui hoje é um passo em direção à cura dessa quebra de confiança que temos dentro de nós.

Tão logo enunciei essas palavras, encontrei o olhar de uma mulher na multidão. Ela sorriu para mim e colocou a mão na altura do coração, como se quisesse me agradecer. De repente, meus olhos se encheram de lágrimas. Eu estava chorando – mas não com as mesmas lágrimas que derramara em meu mingau de aveia tantos anos antes. Eram lágrimas de amor, de aceitação, de alegria. Eram lágrimas de cura.

Sou a prova viva desta verdade: o despertar não é uma experiência reservada apenas a monges, místicos e poetas. Não é apenas para pessoas "espirituais". O despertar acontece para cada um de nós que anseia por mudanças – que deseja se curar, crescer, brilhar.

Quando você desperta sua consciência, tudo se torna possível.

INTRODUÇÃO

A psicologia holística

Como curar sua vida é o testemunho de uma abordagem revolucionária sobre bem-estar mental, físico e espiritual chamada psicologia holística. Trata-se de um movimento de empoderamento comprometido com a prática diária de criarmos o nosso próprio bem-estar por meio da quebra de padrões negativos, curando-nos do passado e criando um Eu consciente.

A psicologia holística tem como objetivo colocar a mente, o corpo e a alma a serviço do reequilíbrio do corpo, do sistema nervoso e da cura de feridas emocionais não resolvidas. Essa abordagem dá a você o poder de se transformar na pessoa que sempre foi em essência. E conta uma história nova, empolgante, em que sintomas físicos e psicológicos são *mensagens*, não diagnósticos permanentes que só podem ser controlados. Essa abordagem chega às raízes da dor crônica, do estresse, da fadiga, da ansiedade, da disfunção intestinal e dos desequilíbrios do sistema nervoso, há muito descartadas, ou ignoradas, pela medicina ocidental tradicional. Isso ajuda a explicar por que tantos de nós nos sentimos travados, desconectados ou desorientados. A psicologia holística oferece ferramentas práticas que lhe permitirão criar novos hábitos, compreender o comportamento dos outros e se libertar da ideia de que seu valor é determinado por pessoas ou coisas alheias a você. Caso você se comprometa a fazer sua parte todos os dias, chegará um momento em que se olhará no espelho e ficará admirado com a pessoa que verá.

Os métodos holísticos – exercícios que utilizam o poder físico (respiração e trabalho corporal), o psicológico (pensamentos e experiências passadas) e o espiritual (conexão entre o Eu autêntico e o coletivo) – são eficazes porque corpo, mente e alma são *conectados* e porque se baseiam na ciência da epigenética, assim como no fato de que temos muito mais impacto sobre nosso bem-estar mental do que podemos imaginar. A cura é um processo consciente que pode ser vivido a cada dia por meio de mudanças em nossos hábitos e padrões.

Muitos de nós existimos em estado de inconsciência. Navegamos pelo mundo no piloto automático, reproduzindo comportamentos que não nos beneficiam nem refletem quem somos em essência ou o que desejamos profundamente. A prática da psicologia holística nos ajuda a restabelecer a conexão com nosso sistema de orientação interior, do qual nos desconectamos em função de padrões aprendidos na primeira infância. A psicologia holística nos inspira a encontrar essa voz intuitiva, a confiar nela e a abandonar a "personalidade" moldada pela sociedade em geral – sobretudo pais, amigos e professores –, permitindo-nos trazer consciência para nosso eu inconsciente.

Nas próximas páginas, você encontrará em detalhes uma nova perspectiva de cura que integra mente, corpo e alma. Observe que não estou sugerindo que as ferramentas da psicoterapia convencional e de outros modelos terapêuticos não têm valor. Estou apenas propondo uma abordagem que abrange aspectos de diversas áreas – da psicologia e da neurociência a práticas de atenção plena e espiritualidade – em um esforço para desenvolver o que acredito serem as técnicas mais eficazes e integradoras de cura e bem-estar. Incorporei lições e insights de modelos tradicionais como terapia cognitivo-comportamental (TCC) e psicanálise, às quais acrescentei aspectos holísticos que (pelo menos até o momento em que escrevo) não são plenamente aceitos pela psicologia convencional. É importante entender que a prática da psicologia holística está ligada à liberdade, às escolhas e, em última instância, ao empoderamento. Algumas técnicas vão funcionar, outras não. O objetivo é usar as ferramentas que funcionam melhor para *você*. O simples ato de escolher já o ajudará a se conectar de forma mais profunda com sua intuição e seu autêntico Eu.

Aprender a curar a si mesmo é um ato de autoempoderamento. A autocura é possível sobretudo porque ninguém além de nós mesmos pode saber o que é melhor para nós, em nossa singularidade. Infelizmente, cuidados médicos de qualidade estão fora do alcance de bastante gente – em particular quando se trata de saúde mental. Vivemos em um mundo em que, dependendo de quem somos, de onde vivemos e de nossa aparência, estamos sujeitos a várias injustiças. Mesmo os que têm o privilégio de poder pagar pelo tipo de cuidado de que precisam muitas vezes se deparam com o fato de que nem todos os cuidados são iguais. E se tivermos sorte de encontrar alguém realmente prestativo, ficaremos limitados ao tempo das consultas com este profissional. Este livro oferece a você um modelo autodirigido de aprendizagem com informações que permitirão que *você* realize o trabalho de cura todos os dias. Compreender verdadeiramente o seu passado, ouvi-lo, testemunhá-lo e aprender com ele é um processo que possibilita mudanças verdadeiras, profundas e duradouras.

Como curar sua vida é dividido em três partes. A primeira examina o momento em que tomamos consciência de nosso Eu, do poder de nossos pensamentos e da influência do estresse e de traumas sofridos na infância sobre todos os sistemas de nosso corpo. Isso nos permite entender como o desequilíbrio físico nos impede de avançar mental e emocionalmente. Na segunda parte, focaremos na mente. Vamos explorar o funcionamento do consciente e do subconsciente para aprender como o poderoso condicionamento de nossas figuras parentais moldou nosso mundo, criando padrões de pensamento e comportamento que persistem até hoje. Ainda nessa parte, mergulharemos um pouco mais fundo para encontrar nossa criança interior. Aprenderemos sobre as histórias criadas pelo ego para nos proteger, levando-nos a repetir padrões de relacionamento adquiridos na infância. Na terceira e última parte, que considero a essência do processo de autocura, aprenderemos como aplicar o conhecimento adquirido para atingir a maturidade emocional capaz de dar mais autenticidade à nossa conexão com os outros. Nenhuma pessoa é uma ilha. Somos criaturas sociais. Só depois de conseguirmos incorporar de fato nosso autêntico Eu é que vamos poder nos conectar profundamente com as pessoas que amamos – criando a base sobre a qual nos uniremos com o "nós" coletivo, ou com algo maior do que nós. Ao longo do caminho, incluí instruções e ferramentas que lhe serão úteis onde quer que você se encontre em sua jornada.

Para iniciar essa transformação, você só precisa de seu Eu consciente, de um desejo profundo de olhar para dentro e da compreensão de que mudar não é fácil e de que o caminho à frente por vezes será tortuoso. Não há soluções rápidas aqui. Isso é difícil de aceitar, especialmente para muitos de nós que fomos condicionados a acreditar na ilusão das soluções mágicas. Sou a primeira a dizer que o trabalho de cura é apenas isto: um trabalho. Não há atalhos e ninguém poderá fazê-lo por você. Ser um agente da própria cura pode ser desconfortável ou até assustador no começo, mas conhecer a si mesmo e sua capacidade não é apenas fortalecedor e transformador – é também uma das experiências mais profundas da vida.

Algumas pessoas que acompanham meu trabalho me dizem que entrego verdades embrulhadas em cobertores bonitos e aconchegantes. Considero isso um elogio, mas sendo bem realista: não é bom nos sentirmos confortáveis *demais*. A cura raramente ocorre sem dificuldades. Muitas vezes é um processo doloroso e assustador. Implica abrir mão de narrativas que paralisam e prejudicam. Significa deixarmos uma parte de nós morrer para que outra possa renascer. Nem todo mundo quer se tornar uma pessoa melhor. E não há problema nisso. Algumas pessoas têm sua identidade ligada a uma doença. Outras temem o verdadeiro bem-estar, pois se trata de uma sensação desconhecida, e o desconhecido é imprevisível. É reconfortante saber com exatidão como será nossa vida, mesmo que seja uma realidade que nos faça mal. Nossa mente é uma máquina em busca de familiaridade. Aquilo que já conhecemos parece seguro até ensinarmos a nós mesmos que o desconforto é temporário e uma parte necessária da transformação.

Você saberá quando estiver pronto para começar a jornada. A partir daí, vai se questionar e querer desistir, mas é neste momento que se tornará mais importante se manter comprometido – até que esta rotina se torne uma disciplina. No final, a disciplina se transformará em confiança, a confiança em mudança e a mudança em transformação. O verdadeiro trabalho de cura não tem nada a ver com qualquer coisa externa. Tem a ver com o que está dentro de você. O trabalho vem *de* você.

O primeiro passo, surpreendentemente desafiador, é começar a imaginar um futuro diferente do presente. Feche os olhos. Quando for capaz de imaginar uma realidade alternativa à que está vivendo, você estará pronto para seguir em frente. Caso não consiga imaginar essa realidade, saiba que não é o único. Há uma razão para esse bloqueio mental. Fique comigo. Este livro foi escrito para você, pois eu também passei por isso.

Vamos começar.

UM
—

Você é seu melhor terapeuta

Este cenário provavelmente lhe parece familiar: você decide que hoje é o dia em que mudará sua vida. Passará a frequentar a academia e a se alimentar melhor, dará um tempo das redes sociais, cortará de vez os laços com um ex problemático. Você está confiante de que *desta vez* as mudanças serão definitivas. Após um tempo – algumas horas, alguns dias ou mesmo algumas semanas – surge a resistência mental. Você se sente fisicamente incapaz de evitar refrigerantes. Não consegue reunir forças para ir à academia e sente uma vontade irresistível de mandar uma mensagem para o ex. Para manter você na rotina de costume, sua mente começa a gritar apelos convincentes como: "Você merece uma pausa!" O corpo se une à mente emitindo sensações de exaustão e letargia. A mensagem avassaladora é: "Você *não vai conseguir* fazer isso."

Durante uma década de trabalho como pesquisadora e psicóloga clínica, "travado" era a palavra que eu mais ouvia meus clientes usarem para descrever como se sentiam. Todos procuraram a terapia porque queriam mudar. Alguns queriam mudar algo interno: criar novos hábitos, aprender novos comportamentos ou tentar gostar mais de si mesmos. Outros queriam mudar algo externo, como resolver uma dinâmica problemática com uma figura parental, um cônjuge ou um colega. Muitos queriam (e precisavam) fazer mudanças internas e externas. Tratei pessoas ricas e pessoas pobres, tipos hiperfuncionais e dinâmicos, e indivíduos encarcerados, à margem da sociedade tradicional. Independentemente da origem, todos os clientes se sentiam travados, fosse por maus hábitos, comportamentos prejudiciais ou padrões nocivos, o que os fazia se sentir solitários, isolados e desiludidos. Quase todos se preocupavam a respeito de como os outros percebiam esse travamento e muitos eram obcecados pela opinião alheia. A maioria compartilhava uma crença de que a própria incapacidade de promover mudanças se devia a profundos danos intrínsecos ou mesmo a "falta de valor" – uma descrição usada por vários.

Muitas vezes, meus clientes mais autoconscientes conseguiam identificar seus comportamentos problemáticos e até visualizar um caminho para a mudança. Mas poucos foram capazes de fazer a transição do *saber* para o *fazer*. Os que vislumbravam uma saída diziam sentir vergonha quando seus instintos os faziam retornar a padrões de comportamento indesejados. Sentiam vergonha de *saber* mais e não conseguir *fazer* mais. Por isso, acabaram em meu consultório.

Mas mesmo minha ajuda e meu apoio eram frequentemente limitados. Cinquenta minutos de terapia por semana não pareciam suficientes para promover mudanças significativas nos hábitos da maioria dos meus clientes. Alguns ficaram tão frustrados com essa rotina insatisfatória que largaram o tratamento. Embora muitos outros tenham se beneficiado com nosso convívio, as melhorias demoravam a aparecer. Às vezes, uma sessão era extremamente produtiva, mas na semana seguinte a pessoa voltava contando histórias que refletiam os mesmos problemas de antes. Muitos tinham insights incríveis, conseguiam apontar todos os padrões que os tolhiam, mas logo depois, fora do consultório, sentiam-se incapazes de resistir à atração instintiva de retomar os comportamentos habituais. Conseguiam *olhar para trás* e discernir os problemas, mas não desenvolviam a capacidade de aplicar essa percepção à vida real. Observei padrões semelhantes em pessoas que passaram por experiências profundamente transformadoras, como retiros intensivos ou cerimônias de alteração da mente, com o uso de *ayahuasca*. Com o tempo, elas voltaram a ter os velhos hábitos indesejados que as haviam levado a procurar respostas. A incapacidade de seguir em frente após vivenciar algo aparentemente tão transformador mergulhava muitos dos meus clientes numa crise: *O que há de errado comigo? Por que não consigo mudar?*

Percebi então que a terapia e determinadas experiências transformadoras (como as cerimônias com *ayahuasca*) só conseguem nos conduzir no caminho da cura até certo ponto. Para concretizar mudanças e alcançar o bem-estar mental, você deve se envolver no trabalho de fazer novas escolhas todos os dias, sendo um agente da própria cura.

Quanto mais eu olhava ao redor, mais via a mesma frustração, não só entre meus clientes como também em meu círculo de amigos – muitos dos quais tomavam medicamentos para insônia, depressão e ansiedade. Alguns não haviam sido diagnosticados com qualquer tipo de transtorno de humor e canalizavam muitos desses sintomas de forma aparentemente aceitável, como por meio de hiper-realizações, viagens constantes e envolvimento obsessivo com mídias sociais. Eram pessoas que sempre haviam tirado ótimas notas na escola, que terminavam suas tarefas semanas antes do prazo, que corriam maratonas, que tinham empregos estressantes e se destacavam em ambientes extremamente tensos. Sob muitos aspectos, eu era uma dessas pessoas.

Além disso, eu conhecia por experiência própria as limitações do modelo tradicional de assistência à saúde mental. Comecei a fazer terapia por volta dos meus 20 anos, porque me vi atormentada por ataques de pânico frequentes quando precisei lidar com o grave problema cardíaco de minha mãe. Os ansiolíticos me ajudavam, mas eu me sentia apática, avoada, cansada – como se eu fosse mais velha do que de fato era. Mais tarde, como psicóloga, deveria ajudar outras pessoas a entender seu mundo interior, mas sendo uma estranha até para mim mesma eu era incapaz de fazê-lo.

MEU CAMINHO

Nasci em uma típica família de classe média da Filadélfia. Meu pai tinha um emprego estável e minha mãe era dona de casa. Tomávamos café da manhã às sete horas e jantávamos às 17h30. Nosso lema era "família acima de tudo", e pelo que as pessoas comentavam, parece que não era só da boca para fora. Éramos a imagem da normalidade e felicidade da classe média – uma projeção bem norte-americana que escondia a verdade.

Na realidade, éramos uma família doente. Minha irmã teve sérios problemas de saúde quando criança, que puseram sua vida em risco, e minha mãe lutava contra dores-fantasma que a deixavam acamada por vários dias. Embora minha família nunca falasse abertamente sobre a doença de minha mãe, eu sabia o que estava acontecendo. Sabia que ela sofria. Sabia que ela não se fazia presente porque sentia dores. Sabia que ela era distraída e ansiosa. Em meio a todo esse estresse, meu mundo emocional podia, compreensivelmente, ser deixado de lado.

Eu era a caçula de três irmãos – um "acidente feliz", diziam. Meus irmãos são bem mais velhos que eu (um deles já podia votar quando eu nasci), então nunca tivemos experiências em comum. Como muitos de vocês sabem, mesmo morando na mesma casa, nunca se vive a mesma infância que os irmãos. Meus pais brincavam, dizendo que eu era "um anjo". Eu dormia bem, quase não criava caso e tentava me manter longe de confusão. Era uma menina ativa e cheia de energia. Aprendi muito cedo a reduzir o impacto dos problemas que eu pudesse causar sendo o mais próximo possível da perfeição em tudo o que fazia.

Minha mãe não era de expressar seus sentimentos. Contato físico, em nossa família, era raro. Durante minha infância, poucas vezes ouvi "eu te amo". A primeira vez que ouvi essas palavras ditas claramente, pelo que me lembro, foi quando minha mãe estava prestes a passar por uma cirurgia no coração. Eu tinha 20 e poucos anos. Não me entendam mal, eu sabia que meus pais me amavam muito. Mais tarde descobri que os pais de minha mãe eram frios e distantes. Minha mãe, ela mesma uma criança ressentida, jamais teve o amor que tanto desejava. Por isso, nunca conseguiu expressar amor pelos próprios filhos apesar de amá-los profundamente.

De modo geral, nossa família vivia em estado de evasão emocional. Qualquer coisa desagradável era simplesmente ignorada. E continuávamos assim até que as emoções reprimidas de alguém transbordassem. Mesmo quando comecei a me comportar mal (abandonando a pose de santa), indo a festas antes mesmo de me tornar adolescente e voltando para casa com os olhos vermelhos, embolando a língua, ninguém comentava nada. Até que um dia minha mãe leu uma anotação minha, descobriu provas da minha bebedeira e ficou histérica – começou a tacar coisas no chão, chorar e gritar: "Você vai me matar! Eu vou ter um ataque e cair morta agora!"

Quando eu era nova, muitas vezes me sentia diferente das outras pessoas e, desde que me lembro, sentia curiosidade em entender o que as fazia se comportar de determinada maneira. Como era de se esperar, acabei querendo ser psicóloga. Não só para ajudar as pessoas. Eu queria *entendê-las*. Queria apontar para alguma pesquisa e poder dizer: "Veja! É por isso que você é do jeito que é! É por isso que sou do jeito que sou!" Esse interesse me levou à Universidade Cornell, onde estudei psicologia, e depois a um programa de doutorado em psicologia clínica na New School for Social Research, em Nova York. Em função do "modelo de cientista praticante" seguido pelo programa, eu não só realizava pesquisas como também ministrava terapias. Eu absorvia avidamente todas as informações sobre as várias abordagens terapêuticas. Meu objetivo era ajudar as pessoas a conhecerem si mesmas, iniciando assim um processo de cura.

Na New School, conheci a terapia cognitivo-comportamental (TCC), uma famosa abordagem terapêutica orientada por objetivos. Em geral, durante as sessões de TCC, os clientes se concentram em um único assunto, como depressão, medo de multidões ou problemas nos relacionamentos. Essa prática ajuda o paciente a identificar padrões de pensamento que regem seu comportamento – processo que pode ajudar alguns a encontrar alívio para sentimentos problemáticos recorrentes.

A TCC tem como base a premissa de que nosso pensamento afeta nossa emoção e, em última análise, nosso comportamento. Quando mudamos nossa relação com nosso pensamento, mudamos também a torrente de emoções que inunda nosso corpo e nos leva a agir de determinadas maneiras – o que é o pilar do trabalho desenvolvido neste livro. A TCC é considerada por muitos o "padrão ouro" da psicoterapia, pois sua estrutura altamente replicável a torna uma excelente ferramenta para estudos laboratoriais. Mas embora seja um exemplo valioso sobre o poder de nosso pensamento, pode ser um pouco rígida quando aplicada ao mundo real. Em minha prática com clientes, às vezes parecia limitada e inadequada ao indivíduo à minha frente.

Durante minha pós-graduação, senti uma atração particular pela terapia interpessoal, um modelo muito mais amplo, que usa o vínculo entre o cliente e seu terapeuta para melhorar outros relacionamentos em sua vida. A maioria de nós tem dinâmicas problemáticas em alguma área da vida – com família, parceiros amorosos, amigos ou colegas, entre outros. A possibilidade de se engajar em uma dinâmica mais saudável com um terapeuta pode ser profundamente reparadora. O modo como nos portamos em nossos relacionamentos diz muito sobre nosso bem-estar geral e, muitas vezes, indica *como nos portamos na vida*, tema que exploraremos ao longo deste livro. Na estrutura da psicologia holística, incorporamos a compreensão de que nossos relacionamentos são moldados pelo laço com figuras parentais – um tipo de modelagem comportamental denominada "condicionamento", sobre a qual aprenderemos mais no capítulo 2.

Ao longo do meu treinamento, conheci as abordagens psicodinâmicas, cujas teorias sobre a mente sugerem que as pessoas são movidas por forças interiores. Estudei esses modelos – geralmente associados ao clichê do divã e do analista fumante de cachimbo – tanto na New York Psychoanalytic Society & Institute quanto na Philadelphia School of Psychoanalysis. Nessas instituições aprendi sobre a atração exercida pelo subconsciente, a parte enraizada de nossa psique que guarda nossas lembranças e é a fonte de nossos impulsos, instintos ou motivações. Quando comecei a clinicar, a percepção que adquiri sobre o papel do subconsciente foi profunda. Notei que todos os meus clientes conheciam os aspectos de suas vidas que precisavam mudar – o uso recreativo de drogas, a raiva nos relacionamentos românticos, o comportamento infantil nas relações familiares –, mas sempre retornavam à terapia demonstrando repetir o mesmo ciclo subconsciente. Também vi isso em mim mesma. E essa percepção foi decisiva para a criação e evolução da filosofia da psicologia holística.

Enquanto eu estudava essas novas modalidades terapêuticas, comecei a pesquisar e trabalhar na área de reabilitação de usuários de drogas. Organizei grupos de usuários e criei um programa para ajudá-los a desenvolver habilidades interpessoais, de modo a incrementar seus processos de recuperação. Isso me ajudou a obter uma perspectiva real das experiências vividas por quem luta contra o vício. Tais experiências me fizeram entender que substâncias e experiências específicas, como álcool, drogas, jogo e sexo, não são as únicas coisas que causam vício. Ciclos de emoções humanas também podem ser viciantes. O vício emocional é particularmente poderoso quando procuramos ou evitamos de maneira repetida certos estados emocionais como forma de lidar com um trauma. O estudo do vício me mostrou a ligação inextricável entre corpo e mente, bem como o papel central do sistema nervoso no bem-estar mental, um tópico que discutiremos em detalhes mais adiante.

Em vários momentos do meu pós-doutorado, tentei incorporar elementos externos à prática psicológica. Observei que a atenção plena oferece excelentes oportunidades para a introspecção e a autoconsciência. Após conduzir e publicar minhas próprias pesquisas sobre o assunto,[1] tentei convencer meu orientador a me deixar estudar os efeitos da prática da meditação sobre comportamentos de dependência, de modo a enriquecer minha dissertação. Recebi uma negativa. Ele não acreditava no valor terapêutico da atenção plena, e via esse procedimento apenas como um modismo passageiro, não como um tema digno de ser estudado.

Agora, olhando para trás, posso perceber que um caminho se abria diante de mim. Meu guia interior estava me revelando tudo de que eu precisava para criar um modelo holístico de cura. Após abrir meu próprio consultório, incorporei muitos aspectos de todas as áreas que havia estudado, oferecendo uma abordagem integrativa à terapia. Anos depois, porém, comecei a me sentir frustrada. Meus clientes adquiriam alguma conscientização, mas as mudanças eram lentas. Eu percebia a autoconfiança deles – assim como a minha – diminuindo.

Olhei ao redor – olhei mesmo – como se fosse a primeira vez. Não é exagero dizer que todos os clientes que me procuravam tinham sintomas físicos subjacentes. Já bem depois de deixar a faculdade, comecei a fazer novas perguntas: por que tantos clientes meus sofriam de problemas digestivos, variando de síndrome do intestino irritável (SII) a constipação? Por que os índices de doenças autoimunes eram tão elevados? E por que quase todos, inclusive eu, se sentiam inseguros e em pânico praticamente o tempo todo?

Posso dizer com certeza que eu não teria encontrado meu caminho sem o treinamento que recebi nas universidades. Usei muito do que aprendi no ambiente acadêmico na criação da psicologia holística. No entanto, quanto mais descobria por conta própria sobre a conexão mente-corpo-alma, mais claramente percebia as limitações de meu treinamento tradicional.

CONEXÃO MENTE-CORPO-ALMA

Feche os olhos. Imagine um limão. Veja sua vistosa casca verde. Segure-o. Sinta sua textura. Aproxime-o do nariz. Imagine o aroma límpido entrando em suas narinas. Imagine-se agora cortando uma rodela do limão. Observe o suco escorrer enquanto você corta a polpa. Veja os caroços ovais. Coloque na boca a rodela de limão. Seus lábios podem arder com o contato. Saboreie a acidez, o frescor cítrico. Você faz uma careta ou sua boca se enche de saliva? Apenas imaginar pode provocar uma resposta sensorial completa. Você acabou de vivenciar a conexão mente-corpo sem largar este livro.

Esse exercício de visualização é um modo simples, mas poderoso, de mostrar como a mente e o corpo estão unidos. Infelizmente, a medicina ocidental é limitada pela crença de que a mente e o corpo são entidades separadas. Os médicos tratam a mente (psicologia, psicanálise, psiquiatria) ou o corpo (todos os outros ramos da medicina), mas raramente tratam ambos ao mesmo tempo. Essa separação arbitrária reduz o potencial de cura e, por vezes, pode até nos deixar mais doentes. As culturas indígenas e orientais, por sua vez, compreendem e honram as conexões entre a mente, o corpo e a alma/o espírito[2] – a crença de que existe algo maior que nós mesmos[3] – há milhares de anos, usando rituais e cerimônias para entrar em contato com o Eu e pedir orientações aos ancestrais. Operam a partir do "conhecimento" íntimo de que uma pessoa inteira é composta por partes interconectadas.

A medicina ocidental há muito considera essa conexão "não científica". O conceito de "dualismo mente-corpo",[4,5] uma desconexão entre os dois, foi criado pelo filósofo francês René Descartes no século XVII. Quatrocentos anos depois, essa dicotomia ainda persiste. Tratamos a mente como algo alheio ao corpo. Quando você está psicologicamente doente, consulta um tipo de médico, tem um determinado conjunto de orientações e faz um determinado tipo de tratamento. Se seus sintomas forem considerados "físicos", o processo será diferente. Ao longo do século XIX, conforme a tecnologia avançava, fomos aprendendo cada vez mais sobre a biologia humana e como as coisas em nosso ambiente (vírus, bactérias) podem nos prejudicar. A medicina se tornou um campo de intervenção. Quando surge algum sintoma indicativo de que algo vai mal, um médico aparece para controlá-lo, seja por meio de erradicação (com uma cirurgia, por exemplo) ou de um tratamento (prescrevendo medicações que podem ter efeitos colaterais conhecidos ou desconhecidos). Em vez de escutar o corpo – afinal os sintomas são sua forma de se comunicar conosco –, procuramos silenciá-lo. No processo de supressão dos sintomas, muitas vezes sofremos novos danos. A ideia de cuidar da pessoa como um todo é substituída pelo gerenciamento de sintomas, criando um círculo vicioso de dependência. Isso é o que chamo de "abordagem band-aid", em que nos concentramos em tratar os sintomas à medida que surgem sem examinarmos as causas subjacentes.

A psiquiatria já foi chamada de "a ciência [ou o estudo] da psique ou da alma". Hoje, seu foco é predominantemente biológico. É muito mais provável que o psiquiatra questione você sobre um histórico familiar de doença mental – e receite antidepressivos – do que sobre traumas de infância, alimentação e estilo de vida. A comunidade psiquiátrica acatou o protocolo recomendado pelo *Manual diagnóstico e estatístico de transtornos mentais* (DSM-5, na sigla em inglês) criado pela Associação Americana de Psiquiatria, que cataloga os sintomas como orientação para um diagnóstico – geralmente um "transtorno" de origem genética ou orgânica, em vez de ambiental ou condicionada. Ao aceitarmos uma causa genética, é natural imaginarmos nossa doença como parte de quem somos. Quando *incorporamos* um diagnóstico, perdemos a motivação para mudar ou para tentar explorar suas raízes profundas. Nós nos identificamos com o rótulo. *Este é quem eu sou.*

Desde a virada do século XX, acreditamos em diagnósticos de causas genéticas – teoria conhecida como determinismo genético. Nesse modelo, nossos genes (e o estado de saúde subsequente) são determinados no nascimento. Estamos "destinados" a herdar ou ser isentos de certas doenças com base na sorte cega ou no infortúnio cego de nosso DNA. O determinismo genético não considera o papel dos antecedentes familiares, traumas, hábitos ou qualquer outro fator do meio ambiente. Segundo essa dinâmica, nós não somos participantes ativos em nossa própria saúde e bem-estar. Por que seríamos? Se algo é predeterminado, não há necessidade de olhar para nada além do nosso DNA. Porém, quanto mais a ciência aprende sobre o corpo e sua interação com o ambiente (em todos os contextos, desde nossa nutrição até nossos relacionamentos e sistemas racialmente opressores), mais complexa a história fica. Não somos meras expressões de uma codificação, mas produtos de notáveis conjuntos de interações que estão dentro e fora de nosso controle. Quando enxergamos além da narrativa de que genética é destino, podemos tomar as rédeas da nossa saúde. Isso nos permite ver que antes não tínhamos escolhas e nos possibilita criar mudanças reais e duradouras.

Percebi essa "falta de escolha" durante meu treinamento. Também tinham me ensinado que os transtornos psiquiátricos são genéticos, que cada um de nós recebeu um destino em nosso DNA e há pouco ou nada a ser feito em relação a isso. Meu trabalho era catalogar sintomas – insônia, ganho e perda de peso, raiva, irritabilidade, tristeza – e oferecer um diagnóstico que eu tentaria tratar com terapia. Se não fosse suficiente, eu poderia encaminhar o paciente a um psiquiatra, que prescreveria medicamentos psicotrópicos. Essas eram as opções. Não havia debates sobre o papel do corpo no que conhecíamos como doença mental, e nunca fomos aconselhados a usar palavras como "cura" ou "bem-estar". A ideia de aproveitar o poder do corpo para ajudar a curar a mente era descartada como anticiência. Ou, pior, um disparate da Nova Era.

Quando não perguntamos como podemos contribuir para nosso próprio bem-estar, tornamo-nos desamparados e dependentes. O que aprendemos é isto: estamos totalmente reféns de nosso corpo. A única forma de nos sentirmos bem é colocar nossa saúde nas mãos de médicos que dispõem de balas mágicas, que podem melhorar nossa saúde, que têm todas as respostas, que podem nos salvar. Mas a realidade é que ficamos cada vez mais doentes. Quando comecei a questionar tudo isso, cheguei à seguinte conclusão: não conseguimos mudar porque não estamos sendo informados de toda a verdade sobre nossa existência.

O PODER DE TRANSFORMAR

Há um despertar ocorrendo neste momento. Não precisamos mais aceitar a narrativa de "genes defeituosos". A ciência emergente nos diz que os genes que herdamos não são fixos, mas sim influenciados por nosso ambiente, num processo que se inicia no útero e continua ao longo da vida. A descoberta inovadora da epigenética conta uma nova história sobre nossa capacidade de mudar.

Obviamente, recebemos um conjunto de genes, mas, como em um baralho, podemos escolher até certo ponto com quais mãos queremos jogar. Podemos fazer escolhas sobre sono, nutrição, relacionamentos e exercícios capazes de alterar a expressão do gene.

Há anos, o biólogo Bruce Lipton tem divulgado o papel da epigenética e chama sua influência de "a nova biologia".[6] Ele também é um crítico fervoroso do determinismo genético, pois o considera uma distorção grosseira de nossa verdadeira biologia. Na realidade, tudo – desde o líquido amniótico que nos envolve no útero, as palavras que ouvimos de nossas figuras parentais quando crianças, o ar que respiramos até os produtos químicos que ingerimos – influencia nossos genes, levando alguns a se ligarem e outros a se desligarem. Nascemos, sim, com um código genético. Mas a expressão e a repressão genética são influenciadas por nosso ambiente. Em outras palavras: nossas experiências de vida nos alteram em nível celular.

A ciência da epigenética[7] nos fez passar do então modelo de gerenciamento de doenças para um novo, que reconhece o impacto do ambiente em nossa saúde. O resultado é uma perspectiva radicalmente nova: podemos ser participantes ativos de nosso próprio bem-estar. Isso se aplica tanto à nossa saúde "física", incluindo o risco de desenvolvermos doenças como diabetes e câncer, quanto à nossa saúde mental e emocional. Fatores epigenéticos[8] desempenham um papel significativo no desenvolvimento de doenças psiquiátricas. Isso é demonstrado em estudos com gêmeos idênticos, em que um deles desenvolve uma doença mental grave, como esquizofrenia ou transtorno bipolar, e o outro, não. Estudos sobre estresse (inclusive com fetos) e sua conexão com o posterior desenvolvimento de doenças mentais também comprovam que o ambiente afeta intensamente todas as partes de nosso corpo, inclusive seu órgão mais poderoso: o cérebro. O dr. Gabor Maté, especialista em vícios e traumas, escreveu extensivamente sobre as profundas marcas que o estresse emocional deixa na estrutura do cérebro, provocando doenças físicas e psicológicas comuns.

A ideia de que a genética por si só não é determinante para prever o destino de nosso corpo foi uma revelação transformadora para mim. Como minha família era doente, eu acreditava que estava destinada a ser doente também. A perspectiva epigenética me proporcionou ferramentas para reformular minha percepção do meu próprio corpo. Eu podia ter herdado certas propensões da minha família, mas isso não significava que eu teria que desenvolvê-las também.

Estudos têm demonstrado que a influência da epigenética transcende gerações. As experiências vividas por nossos antepassados moldaram seu DNA, que por sua vez moldaram o nosso. Isso significa que muitas das nossas vivências não morrem conosco, mas são transmitidas – as boas e as ruins, os traumas e as alegrias. Estudos com camundongos revelaram que indivíduos expostos a estresse ou dietas extremas exibiram mudanças no coração e no metabolismo, como era de se esperar. Só que o mesmo ocorreu com sua prole, a prole de sua prole e assim por diante. Há evidências de que isso se aplica também a humanos.[9,10] Pesquisas mostram que filhos de sobreviventes de traumas, incluindo as vítimas de racismo sistêmico, apresentaram problemas de saúde semelhantes aos dos pais, bem como maior chance de desenvolver muitos tipos de doenças.

Se os genes que herdamos são afetados adversamente pelas experiências de gerações anteriores, como interromperemos esse ciclo? Alguns fatores ambientais estão fora de nosso controle – não podemos escolher as circunstâncias de nossa infância, muito menos as da infância de nossos bisavós –, mas muitos outros estão. Podemos proporcionar a nós mesmos o cuidado que talvez não tenhamos recebido quando crianças. Podemos aprender a criar laços fortes e a nos sentir seguros. Podemos mudar nossa dieta, a frequência de nossos exercícios, nosso estado de consciência, nossos pensamentos e as crenças que professamos. Como disse o dr. Lipton: "É disso que trata toda a nova biologia: afastar-nos da ideia de que somos 'vítimas da vida' para que aceitemos que somos os criadores dela."[11]

Não somos *apenas* nosso arcabouço genético. Quando entendemos isso, a abordagem determinista tradicional de "consertar" a estrutura defeituosa por meio de intervenções médicas e cirúrgicas começa a nos parecer inadequada. Podemos *e devemos* contribuir para a cura de nosso corpo e nossa mente, de modo a criar uma situação de bem-estar para nós mesmos.

O EFEITO PLACEBO

Quanto mais eu aprendia sobre epigenética, mais estudava a literatura sobre cura e transformação. Inteirei-me do poder da crença e do efeito placebo – termo que descreve o poder de uma substância inerte (como uma pílula de açúcar) – para aliviar sintomas de doenças. Sempre fui obcecada por histórias de remissão espontânea de doenças, em que as pessoas superam enfermidades extremamente debilitantes, cuja cura parece impossível sem intervenção médica. Entretanto, essas histórias sempre me pareceram extraordinárias demais. Estavam mais para milagres do que para um fato cientificamente válido.

A mente pode criar mudanças reais e mensuráveis no corpo – e o efeito placebo é o reconhecimento desse fato pela ciência tradicional. Efeitos placebo significativos têm sido documentados em condições que variam da doença de Parkinson[12] à síndrome do intestino irritável (SII).[13] Algumas das respostas mais significativas foram observadas em estudos sobre depressão,[14] em que participantes que acreditavam estar tomando antidepressivos, quando na verdade estavam ingerindo pílulas de açúcar, relataram uma melhora geral. Não é preciso estar nem mesmo doente para sentir o efeito placebo. Em um estudo da Universidade de Glasgow,[15] pesquisadores disseram a 15 corredores que lhes ministrariam um doping. Depois de fazê-lo, pediram a eles que participassem de uma corrida. Os tempos da prova melhoraram consideravelmente, embora eles tivessem recebido apenas injeções de solução salina.

Nosso corpo, quando espera uma melhora, libera hormônios, células imunológicas e substâncias neuroquímicas que dão início ao processo de cura. O efeito placebo atesta que, quando acreditamos que vamos nos sentir melhor, geralmente melhoramos de verdade. É uma prova do poder de nossa mente sobre nosso corpo por meio de uma mera sugestão.

Mas há outro lado nesse fenômeno. É o chamado efeito nocebo,[16,17] que é o "gêmeo maligno" do efeito placebo. Ocorre quando nossos pensamentos, em vez de nos fazerem melhorar, nos fazem piorar. Para estudar esse efeito, os pesquisadores costumam dizer aos participantes que estão lhes ministrando drogas que têm efeitos colaterais terríveis, quando na verdade são apenas pílulas de açúcar. Acreditando estar tomando um medicamento ativo, muitas pessoas realmente começam a sentir os efeitos colaterais anunciados.

Um exemplo notável e extremo dos perigos do efeito nocebo[18] ocorreu fora de um laboratório, na década de 1970, quando um médico, erroneamente, deu a um paciente o diagnóstico de câncer de esôfago e disse que ele só teria mais três meses de vida. Quando o homem morreu algumas semanas depois, uma autópsia revelou que seu diagnóstico estava errado: não havia nenhuma evidência de câncer em seu esôfago. Ao que parece – é impossível dizer com certeza –, ele morreu porque acreditava que iria morrer. O médico declarou mais tarde em uma entrevista: "Achei que ele tinha câncer. Ele pensou que tinha câncer. Todos acreditavam que ele tinha câncer. Será que, de alguma forma, eu acabei com a esperança dele?"[19]

Outro caso documentado do efeito nocebo ocorreu em 2007,[20] quando um homem de 26 anos que participava de um teste clínico com antidepressivos foi levado às pressas para o hospital após ter ingerido uma grande quantidade de comprimidos, o suficiente para causar uma overdose. Por conta de uma briga com a namorada, ele tomou 29 dos comprimidos que lhe haviam sido prescritos para o estudo. Quando chegou ao hospital, sua pressão arterial estava em níveis perigosamente baixos, quase fatais. Ele suava e tremia, ofegante. Assim que conseguiram estabilizá-lo, os médicos o testaram, mas não encontraram nenhum indício de drogas em seu sistema. Quando um médico que participava do teste clínico chegou ao hospital, verificou que o jovem fazia parte do grupo de placebo, o que significava que ele havia tomado pílulas inertes. Ao que tudo indica, ele havia tido uma overdose dos próprios pensamentos e desejos negativos.

PSICOLOGIA HOLÍSTICA

Esse insight sobre a conexão entre saúde mental e saúde física representou, para mim, uma virada de chave. Saber que participamos ativamente de nosso bem-estar mental (ou da falta dele) em cada escolha que fazemos me inspirou a continuar estudando sobre nosso potencial para a cura do corpo inteiro.

Aprendi sobre os efeitos difusos da inflamação crônica no cérebro graças ao emergente campo da psiconeuroimunologia. Muitos grandes pensadores abriram meus olhos para o papel da alimentação e seus efeitos no ecossistema do intestino, que por sua vez tem relação direta com o cérebro. E fiquei entusiasmada com a nova teoria polivagal, que aborda o papel do sistema nervoso no bem-estar mental e físico (assunto que abordaremos mais adiante). Atualmente, nós, os psicólogos, estamos aprendendo coisas incríveis sobre o que deixa as pessoas doentes e o que as ajuda a se manter saudáveis.

Depois de ler diversos livros e artigos científicos, percebi que esses novos conhecimentos estavam moldando minha perspectiva sobre o papel que desempenhei na minha própria saúde. Eu desejava integrar tudo o que havia aprendido na psicologia convencional com as novas pesquisas sobre a cura mente-corpo. Foi a partir dessa percepção que formulei os princípios da psicologia holística, que se destinam fundamentalmente a abordar todos os aspectos da pessoa (mente, corpo e alma). Seus princípios básicos são os seguintes:

1. A cura é um evento diário. Você não pode "ir a algum lugar" para ser curado. Você deve se recolher ao seu âmago para ser curado. Isso significa um compromisso diário em fazer as escolhas certas. Você é responsável por sua própria cura e será um agente no processo. Seu nível de atividade está diretamente conectado ao seu nível de cura. Escolhas pequenas e consistentes são o caminho para uma transformação profunda.
2. Embora muitas coisas não estejam sob nosso controle, outras estão. A psicologia holística aproveita o poder de escolha, pois ela permite a cura.
3. As ferramentas holísticas são muito práticas e acessíveis. Muitas vezes a mudança pode parecer opressora. Isso ocorre porque a principal função do seu subconsciente é mantê-lo seguro, e mudanças ameaçam a segurança. Vivenciamos uma "atração pelo conhecido" quando mudamos e nos sentimos desconfortáveis. A prática de fazer escolhas consistentes, pequenas e diárias em meio a esse cabo de guerra nos fortalece e nos ajuda a manter essas mudanças.
4. Assumir a responsabilidade por seu bem-estar mental pode ser uma decisão incrivelmente fortalecedora, embora intimidante. Há uma mudança palpável ocorrendo na sociedade, pois muitas pessoas se sentem frustradas com as injustiças e limitações dos sistemas de saúde ocidentais. Você deve suspeitar que há mais opções disponíveis – ou não estaria lendo este livro. Falarei sobre a ciência emergente que ilustra as muitas razões pelas quais o antigo modelo não funciona mais e vou fornecer um roteiro para aproveitar esse novo modelo de bem-estar mental.

Venho divulgando a filosofia e as ferramentas da psicologia holística a um círculo cada vez maior de pessoas, e fico sempre maravilhada com as manifestações de gratidão e as histórias de resiliência e cura. Nem sei dizer quantas lágrimas já enxuguei quando deparei com a incrível força e o poder interior das pessoas em todo o mundo.

Uma história se destaca como uma metamorfose verdadeiramente notável, e quero contá-la a você. Uma mulher chamada Ally Bazely se reconheceu em muitas das minhas falas sobre autossabotagem, sobretudo em relação à sua necessidade de validação externa e à sua incapacidade de manter novos hábitos produtivos. Acima de tudo, foi a compreensão de que suas feridas mais profundas não haviam sido causadas por outras pessoas – mas por ela ter traído seu Eu intuitivo, ou sua autêntica individualidade – que ressoou profundamente em seu espírito e lhe permitiu ver a própria vida com mais clareza. "Foi como se, pela primeira vez, alguém iluminasse as sombras que me provocavam tanta dor", escreveu ela mais tarde.

Foi um momento muito difícil, que ela considerou sua noite sombria da alma. Recentemente, ela sobreviveu a uma terrível reação adversa ao medicamento que estava tomando para tratar esclerose múltipla. Sua garganta inchou. Ela perdeu a consciência várias vezes enquanto assistia ao programa *The Price Is Right* (O preço certo) no sofá de sua mãe. Os médicos disseram que provavelmente ela nunca se recuperaria a ponto de poder voltar ao trabalho. "Ninguém conseguia me dizer o que estava acontecendo. Nem meu médico, nem meu neurologista, nem a empresa farmacêutica. Ninguém sabia como seria minha recuperação. Ou se haveria recuperação", escreveu ela. Bastante deprimida, cansada de viver confinada, ela ansiava por uma mudança, mas não recebia nenhuma orientação sobre como levar uma vida saudável com uma doença crônica – se é que tal sonho seria possível. Algumas pessoas com esclerose múltipla vivem sem as complicações causadas pela doença, enquanto outras podem perder a capacidade de andar e sofrer de problemas neurológicos. Ela não tinha ideia de qual seria o seu caso. Na verdade, seus pais começaram a pensar em se mudar para um condomínio com acesso a cadeiras de rodas, pois parecia que ela não voltaria a andar, já que suas opções de tratamento eram limitadas e seu prognóstico, "ruim".

Apesar de todas as possibilidades, ninguém aconselhou Ally a respeito de como ela poderia controlar ou, melhor ainda, aliviar seus sintomas. Ninguém lhe perguntou sobre suas lutas anteriores contra a depressão nem sobre traumas provocados por suas experiências na infância. Ninguém sequer questionou como ela poderia participar da própria cura, pois essas coisas não faziam parte do vocabulário usado pela medicina tradicional. Ally teve que investigar tudo sozinha.

Certo dia, durante aquele momento difícil, Ally navegava nas redes sociais quando viu minha postagem sobre autotraição. Ao ler sobre como as pessoas podem se curar da autotraição reconstruindo a confiança que têm em si mesmas, Ally se sentiu motivada a dar um significativo primeiro passo.

Decidiu então se comprometer a incorporar um novo hábito diário para melhorar sua saúde – quanto mais simples e mais sustentável fosse o hábito, melhor. Então prometeu a si mesma beber um copo d'água todas as manhãs, antes do café. No início, sentiu-se boba. *Como um copo d'água poderá mudar minha vida?* Ainda assim, colocou um lembrete no celular para beber a água, sempre às 6h45, e o seguiu, obedientemente.

Após uma semana, resistiu ao impulso de fazer outras mudanças, preferindo se concentrar na vitória diária de beber mais água. Depois se parabenizava e refletia sobre quanto estava orgulhosa por conseguir manter a rotina. "Meu Deus", dizia a si mesma, "olhe só para você".

Trinta dias depois, Ally decidiu escrever um diário como parte de seu ritual matinal, seguindo minhas instruções para um exercício que chamo de Diário do meu Futuro Eu (DFE), que criei para minha própria cura (você pode baixar o guia completo gratuitamente no site theholisticpsychologist.com, em inglês). Essa prática lhe permitirá criar, de modo consciente, novos caminhos neurais que o levarão aos pensamentos, sentimentos e comportamentos desejados. Ally já tinha vontade de manter um diário antes do DFE, mas nunca conseguia fazê-lo. Só quando combinou essa nova prática com o copo d'água – que já estava integrado aos rituais de sua vida – que ela realizou esse desejo. Logo de início, ela percebeu que seria melhor ser mais gentil com seu futuro eu que vinha sendo com seu eu atual. Seu texto reflete essa abordagem mais suave. Quanto mais ela escrevia sobre si mesma de forma amorosa, mais ela começou a notar a constante torrente de pensamentos negativos desfilando o dia todo em sua mente. Quando começou a confiar mais em si mesma, no entanto, os pensamentos negativos se tornaram menos presentes e seus atos diários de autocuidado e amor-próprio começaram a se estender para outras áreas de sua vida.

Ally chama o que veio a seguir de "renascimento". Ela descobriu o trabalho do dr. Terry Wahls, assim como seu protocolo – um programa de nutrição e estilo de vida que ajuda a tratar os sintomas da esclerose múltipla. Então passou a estabelecer limites e a praticar diariamente meditação e ioga e a interagir com seu ambiente de um modo totalmente diferente. E, claro, continuou a beber o copo d'água e a escrever no diário. Todos os dias. "Sinto-me mais à vontade dentro do meu corpo hoje do que nos últimos 14 anos", escreveu ela em um blog. "Os sonhos que viveram comigo durante toda a minha vida renasceram."

A esclerose múltipla de Ally está em remissão há mais de um ano. Antes confinada a um sofá, ela agora não só consegue subir escadas como também começou a andar de bicicleta e até a correr, duas atividades que imaginara nunca mais poder praticar.

A história de Ally nos mostra o poder das escolhas. Ela aprendeu que, mesmo diante de um diagnóstico sombrio, tinha dentro de si o poder de realizar mudanças benéficas. A aceitação de que existem escolhas em relação à nossa saúde e ao nosso bem-estar é a primeira lição que, espero, você deve sempre levar consigo em sua jornada.

ENTRE EM AÇÃO: VEJA SE VOCÊ ESTÁ TRAVADO

Passe algum tempo refletindo sobre as questões a seguir, que enfocam a sensação de estar travado, enquanto também explora os motivos que o levam a se sentir dessa forma. Você pode conseguir, por exemplo, identificar padrões em seus pensamentos, emoções e comportamentos que o fazem repetir ações inúteis. Anote esses padrões.

Você costuma se sentir incapaz de cumprir promessas a si mesmo? Tenta fazer novas escolhas ou criar novos hábitos, mas acaba sempre voltando aos antigos costumes?

Você reage emocionalmente aos eventos, sentindo-se fora de controle ou até mesmo envergonhado de seu comportamento após o fato?

Você fica distraído e/ou desconectado de si mesmo e dos outros e até do momento presente, talvez perdido em pensamentos sobre o passado ou o futuro, ou, ainda, sentindo-se totalmente "em outro lugar"?

Você se sente oprimido ou arrasado por pensamentos críticos, o que lhe dificulta entrar em sintonia com suas necessidades físicas, emocionais e espirituais?

Você tem dificuldade em expressar seus desejos, necessidades, crenças e/ou sentimentos em seus relacionamentos?

Você se sente incapaz de lidar com o estresse ou com algum sentimento (senão todos)?

Você repete experiências e padrões em sua vida?

Se você respondeu "sim" a uma ou mais perguntas, provavelmente está se sentindo travado em função de experiências e condicionamentos anteriores. Pode parecer que mudanças não são possíveis, mas garanto que são. A primeira forma de criá-las é começar a imaginar, como prática diária, um futuro diferente de sua realidade passada e da presente.

DIÁRIO DO MEU FUTURO EU

O *Diário do meu Futuro Eu* (DFE) é uma prática diária que visa ajudá-lo a sair do seu piloto automático subconsciente – ou abrir mão de hábitos condicionados que o mantêm paralisado e sempre repetindo o passado. Você pode começar a fazer progressos envolvendo-se consistentemente nas seguintes atividades:

- Observar os hábitos que o mantêm "travado" em seu condicionamento passado;
- Decidir mudar, e pensar nisso todos os dias, de forma consciente;
- Definir etapas, pequenas e realizáveis, que apoiem as escolhas diárias alinhadas com um futuro diferente;
- Fortalecer essas escolhas diárias, apesar de experiências malsucedidas e de resistência mental.

Para começar a nova prática, você precisará de um caderno. Você pode personalizar ou enfeitar seu diário, ou mesmo criar uma pequena cerimônia para homenagear a si mesmo por ter feito essa escolha. Você pode gastar alguns momentos definindo como será a nova prática e se concentrando no que ganhará ao cumprir as promessas feitas a si mesmo.

Agora você está pronto para iniciar a prática de fazer e manter uma pequena promessa diária de efetuar mudanças em suas áreas de interesse. Se você for como eu ou Ally, ou tantas outras pessoas que estão lutando contra a autotraição resultante de experiências anteriores, saiba que *não está sozinho*. Está, sim, se juntando a um movimento de milhões de pessoas ao redor do mundo que também praticam pequenas promessas feitas a si mesmas.

DOIS

O eu consciente: tornando-se ciente

Na minha primeira sessão com Jessica, pensei: "Eu poderia ser amiga dessa pessoa." Ela tinha quase a mesma idade que eu, trabalhava em uma loja onde eu fazia compras e se vestia como aquela amiga hippie descolada. Parecia calorosa e simpática, a alma da festa.

Ela fizera terapia antes, mas não havia dado certo. Decidiu então tentar novamente, pois também vivenciava a sensação universal de travamento. Ela soube de mim por meio de uma pesquisa no site *Psychology Today*. No início, usou nossas sessões para desabafar sobre como havia sido sua semana, enquanto eu meneava a cabeça. Pediu pouco de mim. Só queria um espaço seguro para falar – sobre trabalho, estresses diários e colegas de quarto irritantes –, deixando sempre a sensação de que faltava falar de algo.

Ao longo das sessões, porém, a fachada de hippie descontraída desapareceu e pude perceber sua ansiedade crônica e sua necessidade de agradar a todos, manifestando tudo isso em um jeito de ser altamente perfeccionista. Depois, para amenizar todas as ansiedades e dúvidas, ia se divertir – bebia um pouco de vinho, fumava um pouco de maconha, usava outras drogas, tudo para relaxar e minimizar as críticas internas. Mas fizesse o que fizesse, nunca estava satisfeita.

Então conheceu um cara e começou a projetar nele toda a ansiedade e insatisfação do dia a dia. *Realmente gostava dele ou o relacionamento era apenas conveniente? Deveria ir morar com ele ou terminar com ele?* Para a frente e para trás, para a frente e para trás, de um extremo a outro. Com o tempo, conforme o relacionamento deles atingia novos marcos e o casamento parecia quase inevitável, Jessica se tornou cada vez mais reativa emocionalmente. Semana após semana, repetia as mesmas narrativas sobre seu relacionamento. Falava sobre as discussões dos dois e de como reagia, xingando ou batendo a porta, para então se sentir desolada e envergonhada. Para lidar com isso, bebia em excesso para se entorpecer, mas a bebida amplificava sua reatividade emocional, reiniciando o ciclo de xingamentos e batidas de porta. Jessica andava em círculos, prisioneira de um padrão que angustiava a ambos. De tão conhecidas e previsíveis, as espirais de vergonha e reatividade acabaram se tornando uma parte confiável do relacionamento.

Toda semana, Jessica me falava sobre seu comportamento. Identificávamos então vários pontos que ela poderia começar a trabalhar, de modo a obter um resultado melhor na semana seguinte. Após reconhecer o papel que o álcool desempenhava em sua reatividade, decidiu que uma das atitudes seria diminuir a frequência de consumo. Porém, quando retornava à terapia sem ter realizado mudanças, menosprezava a si mesma por sua falta de perseverança. "Como de costume", dizia ela, "não fiz nada que disse que faria".

Após dois anos de sessões semanais, ela ficou tão frustrada que deixou escapar, furiosa: "Talvez seja melhor eu fazer uma pausa na terapia. Só venho aqui para repetir a mesma coisa o tempo todo." Não foi a primeira vez que ouvi alguém expressar essa frustração. Já é uma coisa penosa vivenciarmos desapontamentos quando estamos a sós. Mais penoso ainda, porém, é convivermos com uma testemunha de nossas falhas. É compreensível que os clientes comecem a me ver (ou a qualquer outro terapeuta) como uma figura parental desaprovadora.

O problema era que Jessica não conseguia seguir em frente. Estava aprisionada – ou travada – no ciclo de sua própria reatividade. Cada pensamento que cruzava sua mente se tornava uma crença, ou uma expressão, de seu Eu central. Ela não conseguia tomar uma decisão porque, à medida que seus pensamentos mudavam de um extremo – *eu amo esse cara* – para outro – *eu odeio esse cara* –, seguia cada um deles sem qualquer questionamento ou restrição.

A realidade é esta: poucos de nós temos qualquer conexão real com quem realmente somos, mas esperamos que os outros enxerguem – por meio de todas as nossas camadas de autotraição – nosso Eu mais profundo. Assim como Jessica, todos queremos ser versões melhoradas de nós mesmos. Mas nossas tentativas de fazê-lo fracassam, pois não entendemos nosso próprio corpo e mente. Não temos as ferramentas práticas para saber como executar as mudanças que desejamos. Não podemos esperar que os outros façam por nós o que nós mesmos não conseguimos.

VOCÊ NÃO É SEUS PENSAMENTOS

Quando as pessoas ouvem falar de minha abordagem de cura, querem mergulhar nela de cabeça para encontrar logo sua criança interior, iniciar o processo de reparentalização, trabalhar o ego, remover os traumas. O desejo de soluções rápidas, emblemático da cultura ocidental sob muitos aspectos, vem de uma compreensível vontade de eliminar o enorme desconforto de viver com as próprias mágoas. Mas antes de chegarmos às camadas profundas, primeiro temos que adquirir a capacidade de observar nosso mundo interno. Pode não soar tão bem, mas é algo fundamental. Tudo o que se segue está fundamentado no despertar da percepção consciente.

Fui apresentada ao conceito de consciência quando menos procurava por ele. E em uma época desesperadora. Eu estava com uns 20 anos, morando sozinha pela primeira vez – na cidade de Nova York –, e tomava medicamentos fortes contra ansiedade e todos os tipos de suplementos e poções mágicas para controlar a agitação física e emocional que parecia me perseguir. Trabalhava como pesquisadora no centro de Manhattan para complementar a (falta de) renda do meu doutorado. Nos intervalos para o almoço, fazia caminhadas, tentando evitar um ataque de ansiedade. Eu gravitava em torno da bela igreja românica de São Miguel Arcanjo, perto do Empire State Building. Sentava-me do lado de fora, inspirando, expirando e implorando "Deus, me ajude a passar por tudo isso".

Certo dia, após um ataque de pânico em uma das caminhadas, vi-me em frente a um prédio que nunca notara antes. Era o Museu de Arte Rubin, dedicado à arte, à cultura e à religião de países da Ásia. No prédio, uma placa dizia: "Não nos lembramos dos dias, nós nos lembramos dos momentos." Alguma coisa nesta frase curta chamou minha atenção.

Quando cheguei em casa, pesquisei a citação no Google (é de Cesare Pavese, um poeta italiano do século XX), o que me levou a diversos artigos e outros textos sobre o poder do momento presente. Intrigada, mergulhei numa pesquisa pessoal, em que um fluxo de investigação transbordava para o próximo. Isso acabou me levando ao conceito de consciência[21] – uma palavra que todos conhecemos. Como termo médico, seu significado básico é *estar acordado*. Para nossos propósitos, no entanto, significa algo muito mais amplo: um estado de percepção aberta, que não só nos permite observar a nós mesmos e a vida ao redor como também exalta o poder de fazer escolhas.

Toque sua testa. Logo atrás de seus dedos, na parte da frente do crânio, está o córtex pré-frontal, a sede da mente consciente. É onde planejamos o futuro, elaboramos raciocínios sofisticados e planejamos tarefas complexas. Nossa mente consciente não é tolhida por fardos do passado. É planejadora e construtiva, e isso é parte do que nos torna únicos. Embora os outros animais sem dúvida sejam vivos e presentes, não parecem compartilhar nossa habilidade de pensar sobre o pensamento, algo conhecido como metacognição.

Mas ainda que a consciência nos torne humanos, quase todos nós estamos tão imersos no mundo interior, tão inconscientes e até mesmo adormecidos, que não percebemos a existência de um roteiro passando continuamente em nossa mente. Acreditamos que esse roteiro é quem somos, é nosso Eu. Porém, são apenas nossos pensamentos. Praticamos pensamentos o dia inteiro.

Você pode estar pensando: *eu não "pratico" pensamentos*. Mas todos nós fazemos isso. Praticamos pensamentos desde o momento em que abrimos os olhos, de manhã, até os fecharmos, à noite. Você tem praticado pensamentos tão consistentemente e há tanto tempo que o ato de fazê-lo está além de sua percepção. Você pratica pensamentos nos sonhos e em seu subconsciente. Você pode rotular esses pensamentos como "você", mas eles não são você. Você é o pensador de seus pensamentos, *não os próprios pensamentos*.

Os pensamentos são respostas eletroquímicas que ocorrem graças ao disparo de neurônios no cérebro. Os pensamentos têm um propósito: permitem-nos resolver problemas, criar e formar conexões. Às vezes, no entanto, confiamos demais neles. Quando estamos num constante fluxo de tagarelice mental, ou no estado que Buda descreveu pela primeira vez como "mente do macaco", nossos pensamentos se confundem. Não há espaço para respirar e examiná-los.

Voltemos a Jessica. Sua indecisão – um dia se sentindo negativa, no outro, positiva – era produto de sua mente do macaco. Em determinados dias, seus pensamentos giravam em torno da sorte que ela tinha por ter encontrado um cara tão bom, e ela acreditava totalmente nisso. E quando acreditava, isso se manifestava em seu comportamento (aceitava a ideia de morar com o namorado, concordava em se casar com ele). Mas em outros dias, quando queria que ele desse o fora, ela também acreditava nesses pensamentos, então começava a brigar, batia portas e jogava coisas no chão. Essa inconstância a fez desconfiar de si mesma e a levou a usar drogas e álcool como uma forma de se desconectar mais ainda de seu Eu consciente.

Jessica não conseguia seguir em frente, pois sua mente pensante a aprisionava em um estado de reatividade. Ela também não discernia tão bem o que queria, pois estava desconectada de sua intuição. Todos nós somos dotados de intuição, um conceito psicológico e espiritual que se refere a uma sabedoria inata e inconsciente. Trata-se de um instinto impulsionado pela evolução, que contribuiu para que nos mantivéssemos vivos ao longo da história – e que ainda fala conosco. É a sensação dos cabelos na nuca se arrepiando quando caminhamos sozinhos em um beco escuro, é a profunda sensação de desconfiança que nos domina quando encontramos alguém de quem não temos nenhuma razão lógica para duvidar, é o frio na barriga que sentimos quando conhecemos alguém que sabemos ser especial. É seu Eu intuitivo falando, por meio de sua fisiologia, a partir de sua alma. Normalmente, quando crianças, estamos sempre em contato com este autoconhecimento espiritual e temos instintos bem fortes. Quando envelhecemos e ficamos sob a influência de outras pessoas, tendemos a nos desconectar de nossa intuição. Nosso sexto sentido fica turvo. Não está perdido, apenas enterrado.

O EU CONSCIENTE E O EU SUBCONSCIENTE

Você só é capaz de *enxergar* a si mesmo quando inicia o processo de autoconsciência, que pode revelar muitas das forças em ação constante, anteriormente ocultas, que o moldam, manipulam e paralisam. Você não vai conseguir se alimentar melhor, parar de beber, amar seu parceiro ou se aperfeiçoar de forma nenhuma até se tornar transparente para si mesmo.

Mas se no fundo você sabe o que precisa fazer para melhorar, por que não o faz? Não é por alguma falha moral, mas porque você está preso a padrões de comportamento mais ou menos automáticos.

Talvez esta situação lhe pareça familiar: você vai para o trabalho no mesmo horário todos os dias, e a rotina antes de sair de casa está memorizada. Você toma banho, escova os dentes, toma o café da manhã, veste-se, pega o transporte até o trabalho e assim por diante. Mal precisa pensar conscientemente para fazer qualquer uma dessas coisas, pois as fez tantas vezes que sua mente está no piloto automático. Você já foi para o trabalho e, quando chegou, perguntou a si mesmo "Como vim parar aqui?"?

Quando nossa mente está no automático, uma parte primitiva, ou subconsciente, dirige nossas reações e armazena cada experiência que já tivemos. Essa parte, porém, não é apenas um depósito neutro para fatos e números. Nosso subconsciente é emocional, reativo e irracional. A cada momento de cada dia molda a forma de vermos o mundo, e é o principal motivador da maioria de nossos comportamentos (geralmente automáticos). Quando não estamos totalmente conscientes, nossa mente subconsciente trabalha duro sendo "nós". Nossa forma de pensar, falar e responder, tudo isso vem dessa parte de nós mesmos – condicionada por pensamentos, padrões e crenças que se enraizaram em nossa infância por meio de um processo chamado condicionamento.

Funcionar no piloto automático é uma função de nosso condicionamento. Estamos, em nossa maioria, presos à programação subconsciente. Algumas varreduras cerebrais revelam que operamos em estado consciente durante apenas 5% do dia.[22] Nos 95% restantes, estamos no piloto automático subconsciente. Ou seja, só fazemos escolhas ativas durante uma pequena parte do dia, deixando que nosso subconsciente comande o show no restante do tempo.

IMPULSO HOMEOSTÁTICO

A atração irresistível da mente subconsciente faz com que seja difícil mudar. Não estamos evolutivamente programados para mudanças. Quando tentamos sair do piloto automático, enfrentamos resistência por parte de nossa mente e de nosso corpo. Essa resposta tem um nome: impulso homeostático. O impulso homeostático regula nossas funções fisiológicas, da respiração até a temperatura corporal e os batimentos cardíacos. E tudo ocorre no nível subconsciente, o que significa que não iniciamos ativamente nenhuma delas. São automáticas. O objetivo do impulso homeostático é criar um equilíbrio na mente e no corpo. Quando há desequilíbrios, estes podem ser problemáticos e até mesmo autotraidores.

O subconsciente adora permanecer na zona de conforto. O lugar mais seguro, na verdade, é aquele onde você já esteve e onde pode prever um resultado. Hábitos ou comportamentos que repetimos constantemente se tornam o padrão do subconsciente. Nosso cérebro prefere passar a maior parte do tempo no piloto automático – pois consegue economizar mais energia sabendo o que esperar. Eis por que nossos hábitos e rotinas são tão reconfortantes, e por que é tão perturbador e até exaustivo interrompê-los. O problema é que seguir rotinas condicionadas nos mantém presos a elas.

Essa gravitação em torno do que é conhecido mantinha nossos ancestrais protegidos de várias ameaças, como animais selvagens, escassez de alimentos e inimigos hostis. Qualquer comportamento que os mantivesse vivos, alimentados e abrigados era repetido e favorecido pelo impulso homeostático sem que fizessem uma escolha ativa. Hoje, em nosso mundo de relativo conforto (estou me referindo ao mundo desenvolvido), nossa mente e nosso corpo não ultrapassaram o estado reativo onde tudo o que não seja conhecido – ou mesmo levemente desconfortável – é percebido como ameaça. E não podemos esquecer que negros, indígenas e outras pessoas não brancas, que também vivem no mundo desenvolvido, enfrentam ameaças diárias de nossos sistemas opressores. Por conta dessas reações instintivas, muitas vezes permanecemos presos em ciclos de impotência quando tentamos mudar nossos hábitos. Em vez de compreendermos que essa reação é uma resposta evolutivamente aprimorada de nosso corpo, tendemos a nos envergonhar. O que se deve a uma leitura errada de nossa fisiologia.

Cada vez que fazemos uma escolha fora de nossa programação, nosso subconsciente tenta nos puxar de volta ao terreno familiar criando uma resistência que pode se manifestar como desconforto mental e físico. Isso pode assumir também a forma de pensamentos cíclicos – tais como *posso fazer isso mais tarde* ou *não preciso fazer isso de jeito nenhum* – ou ainda de sintomas físicos, como agitação, ansiedade ou simplesmente não se sentir "você mesmo". Trata-se do seu subconsciente lhe comunicando que o novo território proposto pelas mudanças o está deixando pouco à vontade.

LIBERTANDO-SE

À medida que o dia de seu casamento se aproximava, Jessica ia ficando cada vez mais ansiosa. Canalizava a ansiedade para o planejamento da cerimônia. Não estava nem perto de se tornar uma noiva neurótica, mas me disse que se sentia fora de controle, dando-me a impressão de que o que deveria ser seu grande dia seria na verdade um fardo. Foi nessa época, alguns anos depois do início da terapia, que eu finalmente soube de uma perda devastadora que ela havia sofrido – ela me relatou que, nos últimos dias, vinha ficando angustiada ao pensar que não poderia dançar com o pai em seu casamento.

    Quando Jessica estava com 20 e poucos anos, o pai, um pilar em sua vida e um membro querido de toda a comunidade, faleceu repentinamente. O tipo de tragédia que devastaria qualquer um, mas a decisão de Jessica de só mencioná-la cinco anos após o início das sessões me mostrou quão profundamente ela havia sufocado a perda. Seria importante descobrir se sentimentos não resolvidos em relação a isso estavam emergindo em seus ciclos diários de reatividade, através de padrões de raiva do parceiro e do estresse consistente. Jessica nunca encarara sua dor – os sentimentos pareciam grandes e assustadores demais –, reprimindo-a para poder seguir em frente. Na verdade, ficou presa em um laço ao qual seu corpo se acostumou, fazendo com que se sentisse mais confortável ao evitar sentimentos mais profundos, em vez de enfrentá-los. Mencionei a ela que o fato de seu pai não ter aparecido antes em nossas conversas era algo incomum e lhe perguntei por que não me falara sobre um evento tão importante e traumático. Ela expressou surpresa por ainda não o ter mencionado e incerteza sobre os efeitos de sua perda, o que revela que Jessica havia enterrado sua dor profundamente.

    A partir de então, seu pai se tornou um assunto mais frequente. A óbvia ausência dele na futura cerimônia tornou impossível que ela continuasse a negar sua importância. Mesmo assim, ela quase não demonstrava emoção relacionada à perda. Permanecia composta, quase entorpecida, ao falar sobre ele. Começamos a mencioná-lo cada vez mais. Ao mesmo tempo, trabalhávamos para evidenciar as muitas formas pelas quais sua dor passada se infiltrava em sua visão do presente. Ela acabou percebendo que estava potencializando estressores superficiais como forma de evitar a dor não reconhecida pela morte do pai.

Juntas, exploramos a importância de cultivar o poder de sua percepção consciente para interromper as reações automáticas. Trabalhamos para que ela concentrasse a atenção no momento presente, em vez de simplesmente entrar no modo automático ao decidir sobre o bolo de casamento ou a disposição dos assentos. Analisamos como ela poderia usar, da melhor forma, práticas de respiração e meditação. O mais impactante para Jessica foram os exercícios físicos, especialmente a ioga. Para muitas pessoas, o movimento físico é útil para aprimorar o músculo da atenção, chave para a consciência. Considerada uma prática "de cima para baixo" (no sentido de que o cérebro define as intenções que o corpo segue), a ioga pode ser um meio poderoso de ajudar a mente a se fixar no momento presente, focalizando nossa atenção enquanto canalizamos nossa respiração e desafiamos nosso corpo. O controle da atenção – que ela desenvolveu através da prática – a ajudou a esperar um segundo antes de reagir. Isso contribuiu para que ela começasse a observar, de forma mais consciente, o que acontecia consigo mesma. Seria a partir dessa base de consciência que ela poderia criar mudanças futuras.

A ioga foi tão transformadora para Jessica que ela decidiu treinar para ser instrutora. Para isso, seguiu um programa rigoroso que a forçou a confrontar muitos dos estados de reatividade em que vivia. Tão logo abriu espaço para observar a si mesma e foi capaz de lidar com o desconforto de sentimentos, às vezes opressores, ativados em posturas físicas desafiadoras, nossa terapia começou a ter sucesso. Quanto mais ela se envolvia em sua prática de ioga, mais conseguia se conectar ao momento presente. Começou então a desligar o piloto automático e a ver um lampejo de si mesma, em vez de apenas pular de um sentimento a outro. Conforme se tornava mais presente, mais conseguia fazer pausas, o que possibilitou que ela observasse seus pensamentos e comportamentos como de fato eram: estados transitórios que podiam ser administrados. Seu músculo da atenção a ajudou a desenvolver mais consciência de seus pensamentos. Assim, ela aprendeu a enfrentar o desconforto de observá-los, construindo uma noção de resiliência e empoderamento, o que se tornou um catalisador para sua transformação interior.

Quanto mais Jessica praticava ioga, mais consciente se tornava. Na verdade, parte do que ocorria era que seu cérebro estava mudando no nível físico. Quando desenvolvemos o músculo da atenção, ocorre um fenômeno conhecido como neuroplasticidade. Trata-se de um conceito desenvolvido nos últimos cinquenta anos, quando os pesquisadores descobriram que nosso cérebro permanece estrutural e fisiologicamente mutável ao longo da vida (apesar das crenças anteriores de que as possibilidades de mudanças terminavam por volta dos 20 anos). O cérebro é notavelmente capaz de se reorganizar e desenvolver novas conexões entre os neurônios. Pesquisas demonstram que atividades como ioga e meditação, que nos ajudam a nos concentrar no momento presente, são especialmente poderosas na reestruturação do cérebro. Quando novos caminhos neurais são forjados, somos capazes de nos libertar de nossos padrões congênitos e de vivenciar de forma mais ativa um estado consciente. Na verdade, ressonâncias magnéticas funcionais (fMRI, na sigla em inglês) do cérebro confirmam isso,[23] oferecendo evidências tangíveis de que práticas consistentes de percepção avolumam os lobos pré-frontais – a área em que nossa consciência de fato reside. Formas de meditação baseada na compaixão (como simplesmente fechar os olhos e pensar em alguém que você ama), por sua vez, contribuem para fortalecer uma área chamada sistema límbico, o centro emocional do cérebro. Todo esse trabalho nos ajuda a reprogramar nosso cérebro, a interromper padrões congênitos de pensamento e a sair do piloto automático dirigido pelo subconsciente. A partir dessa base de consciência, podemos observar nossos padrões condicionados de pensamentos, crenças e relacionamentos abrindo um caminho em direção a mudanças e, em última instância, à cura.

O PODER DA CRENÇA

Em 1979, Ellen Langer, psicóloga da Universidade Harvard, recrutou dois grupos de homens idosos – que viviam em asilos na área de Boston – para passarem uma semana num mosteiro de New Hampshire, onde participariam de um estudo inovador sobre o poder da crença e seus efeitos sobre o envelhecimento.[24] Os integrantes do primeiro grupo foram instruídos a tentar viver como se tivessem 20 anos a menos. Os do segundo grupo, que permaneceriam no tempo presente, foram instruídos a relembrar o passado.

Na área do primeiro grupo, que havia sido decorada para o estudo, tudo apoiava o retorno dos participantes a suas versões mais jovens. A mobília era da metade do século. Exemplares antigos da revista *Life* e do *Saturday Evening Post* estavam espalhados pelos aposentos. Os homens assistiam aos shows de Ed Sullivan em uma televisão em preto e branco, ouviam antigos programas de rádio e viam filmes da década de 1950, como *Anatomia de um crime*. E foram encorajados a discutir eventos daquela época: o lançamento do primeiro satélite americano, a ascensão de Fidel Castro em Cuba e os temores suscitados pelas tensões da Guerra Fria. Todos os espelhos foram removidos e substituídos por fotos dos homens, tiradas 20 anos antes.

O estudo durou apenas uma semana, mas as mudanças foram surpreendentes. Ambos os grupos apresentaram grandes melhorias em todos os aspectos – físico, cognitivo e emocional. Os homens ficaram mais flexíveis e adquiriram uma postura melhor, e muitos de seus dedos, atacados pela artrite, tornaram-se mais hábeis e ganharam uma aparência mais saudável. Sem saber do estudo, observadores aleatórios foram solicitados a comparar as fotos do "antes" e "depois", essas tiradas uma semana mais tarde, e tiveram a impressão de que as fotos de "depois" haviam sido tiradas pelo menos dois anos antes das fotos de "antes".

Porém, as mudanças não se limitaram ao aspecto físico e foram mais profundas nos que encarnaram suas versões mais jovens. Pelo menos 63% deles demonstraram índices de inteligência mais altos após uma semana em comparação com 44% no outro grupo. Todos os homens do primeiro grupo relataram que os seus sentidos estavam mais apurados.

Esse relato é para exemplificar o incrível poder de nossos pensamentos, que podem nos influenciar de muitas formas. O fato de essas mudanças notáveis terem ocorrido com indivíduos idosos, em geral mais avessos a mudanças, é uma prova de que você pode ter transformações semelhantes em sua vida.

Em vez de focar em pensamentos negativos – o que estudos revelam que fazemos em 70% do nosso tempo[25] –, peço que você tente observar as sensações em seu corpo quando você se sente ameaçado. Em outras palavras: quero que você *se torne consciente*. Quando está numa ligação com sua mãe você fica na defensiva, com os ombros e músculos da mandíbula tensos? Você se retrai, se desconecta das sensações de seu corpo, ou fica superconsciente delas quando está em um ambiente desconhecido? Observe sem julgar. Apenas observe. O primeiro passo é se conhecer. Aprenda a passar algum tempo sozinho, a ficar imóvel, a realmente ouvir sua intuição e observar seu Eu por inteiro – até mesmo, e especialmente, as partes mais sombrias que você gostaria de manter ocultas.

Não acreditar em todos os nossos pensamentos e compreender que os pensadores de nossos pensamentos somos nós, e não os próprios pensamentos, nos dá uma enorme sensação de liberdade. Nossa mente é uma ferramenta poderosa. Se não nos tornarmos conscientes da desconexão entre nosso Eu autêntico e nossos pensamentos, daremos aos nossos pensamentos um excessivo controle sobre o nosso dia a dia.

Para iniciar esse trabalho, devemos estar em um ambiente que consideramos seguro e confortável. Não podemos nos tornar conscientes em um ambiente hostil, sobretudo no início. Precisamos estar em um lugar onde possamos baixar a guarda, correr riscos e nos deixar levar. Para aqueles que vivem em ambientes físicos inseguros, principalmente os que precisam lidar com sistemas opressores, os lugares mais seguros podem ser encontrados em momentos curtos e silenciosos dentro de nós mesmos.

É hora de iniciar alguns exercícios que o ajudarão a acessar essa consciência. Será muito útil fazê-los por alguns minutos todos os dias. Por quê? Porque, para conseguir essas mudanças, você precisará cumprir uma rotina, uma pequena promessa diária que guardará para si mesmo durante sua jornada de cura. Ao iniciar a prática, você vai se deparar com muito desconforto, e sua mente gritará: "Ei, espere aí! Isso é incômodo! Quero trabalhar dentro da minha programação habitual!" Essa resistência pode se manifestar como uma agitação. Praticar a respiração ao longo do processo e não *julgar a experiência* vai ser de grande ajuda. Caso o incômodo se torne intenso demais, escolha parar e – ainda mais importante – agradeça a si mesmo por identificar seu limite. Depois descanse, afinal você pode retomar a prática no dia seguinte.

Lembre-se: isso pode parecer estranho e bobo no início, mas persista. Esse exercício de construção da consciência estabelece a base para o trabalho que se segue.

ENTRE EM AÇÃO: DESENVOLVA SUA CONSCIÊNCIA

1. Separe um ou dois minutos do seu dia em que possa se manter focado e verdadeiramente presente em tudo o que estiver fazendo. Pode ser quando você estiver lavando a louça, pendurando a roupa no varal ou tomando banho. Pode ser uma pausa para observar as nuvens durante uma caminhada. No trabalho, reserve um momento para realmente sentir os aromas ao redor. Faça uma escolha consciente de observar por completo sua experiência. Diga a si mesmo: "Estou presente neste momento." Sua mente pode responder com um fluxo constante de resistência mental porque está sendo observada e forçada a ignorar seu condicionamento. Todo tipo de pensamento pode surgir. É assim mesmo. Observe-os e faça disso uma prática.

2. Ancore-se no momento. Nossos sentidos nos permitem deixar a mente do macaco para encontrar uma conexão mais profunda com o momento presente. Digamos que você escolheu fazer esse exercício enquanto lava a louça. Sinta o sabão em suas mãos, observe a espuma, veja o brilho da louça, sinta o aroma do ar. Isso permitirá que você permaneça no agora sem que sua mente o arraste para longe. Com a prática, isso ficará cada vez mais agradável.

3. Após esses um ou dois minutos de exercício, reconheça que você doou a si mesmo esse tempo. Isso permitirá que sua mente e seu corpo compreendam a sensação. Reserve um momento para agradecer a si mesmo pelo tempo dedicado a fazer algo por você.

4. Faça este exercício pelo menos uma vez por dia. À medida que se sentir mais à vontade, começará a descobrir outros momentos em que poderá praticar.

DFE: DESENVOLVENDO SUA CONSCIÊNCIA

Agora me juntarei a você nesta jornada, compartilhando as instruções do *Diário do meu Futuro Eu* que usei para introduzir novos hábitos em meu dia a dia. No início, fui tentando manter a pequena promessa de criar uma nova experiência de consciência na minha rotina. Todos os dias, no meu caderno, eu copiava versões das declarações a seguir, oferecendo a mim mesma um lembrete da minha intenção de mudar. Isso me ajudou a fazer consistentemente novas escolhas durante o dia e criar novos hábitos a longo prazo. Para ajudá-lo nesse processo, você poderá adotar o seguinte exemplo (ou criar algo parecido):

Hoje estou praticando estar consciente de mim mesmo e de meus padrões.

Sou grato pela oportunidade de criar mudanças em minha vida.

Hoje estou consciente e atento sempre que faço uma escolha.

Mudanças nesta área permitirão que eu me sinta mais consciente de mim mesmo e dos meus padrões.

Hoje estou treinando trazer minha atenção de volta ao momento presente.

O objetivo deste exercício é se acostumar a fazer uma nova escolha a cada dia. Para me ajudar a lembrar minha intenção conscientemente definida, eu colocava lembretes para mim mesma, no telefone, em horários aleatórios. (Sim, às vezes a tecnologia pode ser nossa aliada.) Toda vez que o alarme tocava, eu tentava perceber onde estava minha atenção. Logo descobri que nunca era no momento atual. Não mesmo. Eu adorava passar o tempo relembrando experiências estressantes do passado. Quando não estava revivendo o passado, estava me preocupando com possíveis estresses futuros. Meu poder consciente de criar mudanças não estava em lugar nenhum.

TRÊS

Uma nova teoria sobre traumas

Conheci Christine assim que compartilhei minha jornada de cura nas redes sociais. Assim como Ally, Christine se identificou com minhas postagens sobre autotraição – a negação de nossos verdadeiros desejos e necessidades, algo que nos leva a comportamentos destrutivos e autodestrutivos.

Christine admitiu prontamente que era viciada em autoajuda. Não havia um modismo sobre bem-estar que ela não tivesse tentado. Comprava livros sobre o assunto, ia a seminários e até se inscrevia em cursos de uma semana em diversos lugares do mundo. O desfecho era sempre o mesmo: decepção. Fizesse o que fizesse, acabava sempre onde começara. Mergulhava fundo em uma prática ou experiência, mas perdia o interesse após poucas semanas. Ficava entediada. Pouco à vontade. Farta.

Seu maior problema parecia superficial, mas a atormentava: ela odiava sua barriga, que, segundo ela, a incomodava desde o início da adolescência. Ela achava seu abdômen nojento, uma parte estranha de seu corpo que não combinava com o restante. Começou a refletir sobre sua alimentação e descobriu que, muitas vezes, não conseguia se lembrar do que havia comido durante o dia. Às vezes não percebia que estava comendo mesmo enquanto colocava a comida na boca. Ela descreveu noites em que, totalmente distraída, comia uma travessa inteira de brownies. Era só quando despertava desse transe que Christine percebia que estava tão desatenta ao que comia que mal registrava o gosto.

Esse tipo de experiência é típico de alguém que está vivenciando um estado de dissociação – mecanismo de desconexão física e mental do ambiente circundante em resposta a um abatimento ou estresse consistente.

Isso significa estar fisicamente presente, mas mentalmente ausente. Trata-se de uma defesa a uma situação que pareça ameaçadora demais para ser enfrentada pela mente consciente. A dissociação é uma resposta muito comum para quem convive com traumas de infância. O psiquiatra Pierre Janet, que cunhou o termo, descreveu-a como uma "divisão" da personalidade.[26] Para meus clientes, descrevo o processo como a sensação de partir em uma "nave espacial", uma espécie de separação metafísica entre o eu e o corpo. A dissociação alimentar de Christine me revelou que ela tentava escapar de algo que não tinha nenhuma relação com comida.

Com o tempo, Christine começou a se abrir sobre seu passado. Foi quando acabou percebendo que sua família não lhe proporcionava um ambiente de confiança ou apoio. Sua mãe a intimidava, e encorajava seus irmãos a fazer o mesmo. Na ausência de relacionamentos seguros, ela manteve um terrível segredo que sempre a torturou: um amigo íntimo da família, um homem de seus 40 anos, abusara sexualmente de Christine quando ela tinha apenas 9 anos.

Ele a convencera de que o que estava fazendo com ela era segredo e que se ela contasse a alguém, teria problemas – uma estratégia muito comum de predadores sexuais. O abuso perdurou por vários anos. Sua família até fazia brincadeiras sobre a nítida preferência do homem por Christine. "Você é a favorita dele", dizia a mãe. Seus irmãos ficavam irritados quando ele trazia presentes para ela ou a levava para passear. "Você é uma puxa-saco."

Christine tinha a intuição de que aquilo era errado, mas aprendeu a ignorá-la e acreditar no seu abusador. Conseguia lidar com o assédio pelo desengajamento – ia embora mentalmente, enquanto seu corpo suportava o abuso. Ao se desconectar tantas vezes de sua intuição, ela acabou se convencendo de que não podia confiar em si mesma. Começou então a acreditar nos pensamentos, nas crenças e nas opiniões dos outros.

O comportamento dissociativo se tornou uma estratégia de enfrentamento – o que, na idade adulta, significaria deixar o momento presente quando vivenciasse sentimentos incômodos. Identificar esse padrão a ajudou a entender que se tratava de um comportamento aprendido desde a infância, quando também costumava deixar o momento presente para lidar emocionalmente com uma situação indesejada.

TRAUMA: UM CONCEITO EQUIVOCADO

Segundo muitos profissionais de saúde mental, o trauma é o resultado de um evento profundamente catastrófico, como abuso ou negligência grave. Esse tipo de evento altera a vida de uma pessoa, dividindo seu mundo em antes e depois – como foi o caso de Christine. Os Centros de Controle e Prevenção de Doenças (CDC na sigla em inglês) oferecem um teste conhecido como Experiências Adversas na Infância (EAI),[27] que os profissionais de saúde mental utilizam para avaliar o nível de trauma de seus clientes. O teste inclui dez perguntas que abrangem vários tipos de traumas de infância, incluindo abusos físicos, verbais e sexuais, bem como experiências que envolvem testemunhar tais abusos ou ter um membro da família encarcerado. Cada resposta "sim" vale um ponto. A pesquisa mostrou que, quanto maior a pontuação, maiores as chances de resultados negativos na vida, desde taxas mais altas de abuso de drogas e de suicídios a um risco maior de desenvolver doenças crônicas.

A estrutura das EAIs é importante, pois mapeia claramente como traumas sofridos na infância deixam marcas duradouras no corpo e na mente. As EAIs demonstram que o que acontece na nossa infância, principalmente experiências bastante negativas, permanece conosco a vida inteira.

Quando respondi ao EAI, obtive um ponto (o mesmo resultado de quase 70% das pessoas no mundo todo).[28] Esse resultado refletiu a mesma orientação que recebi durante meu treinamento – que a palavra *trauma* só se aplica a alguém como Christine, que sofreu um abuso extremo. Eu jamais pensaria em minha própria infância como traumática, de jeito nenhum. Vim de uma família que sempre considerei "normal". Meu pai trabalhava muito e voltava para casa no mesmo horário todas as noites. Nunca passamos fome. Meus pais não bebiam. E não se divorciaram. Nunca sofri ou presenciei abusos verbais extremos nem nenhum abuso físico.

Mesmo assim, quase não tinha lembranças da infância. Os marcos que normalmente constituem a existência de uma pessoa – primeiro beijo, baile de formatura, feriados – passaram em branco para mim. Além disso, sempre tive dificuldade para reconhecer rostos. Mal conseguia registrar semelhanças entre pessoas. (Bebês, para mim, não eram a cara de seus pais. Eram apenas... bebês.) Quando assistia a documentários sobre fatos reais, nunca conseguia diferenciar a pessoa que era entrevistada do ator que a representava nas cenas de reconstituição.

Só percebi que isso era incomum quando precisei explicar esse vácuo a pessoas que se aborreciam comigo quando eu não conseguia me lembrar de um momento compartilhado ou que zombavam de mim quando eu sofria para identificar alguém do meu passado que não deveria ter qualquer dificuldade em reconhecer. Algumas pessoas não conseguiam acreditar. "Isso é mentira! Como pôde esquecer?" Isso acabou se transformando em um gracejo entre meus amigos: "Nicole tem uma péssima memória!"

Devo acrescentar que me lembrava das emoções – ainda tinha "lembranças de sentimentos" ou impressões do passado, mas não conectava esses sentimentos com experiências concretas. Consigo viver a sensação de me deitar na cama aos 6 anos e pensar em todas as tragédias que poderiam acontecer: meus pais morrerem, alguém invadir a casa, todos nós morrermos em um incêndio – a lista era interminável. Essa ansiedade é tanto a lembrança de sentimentos quanto a expressão de um lema de minha família, criado pelo medo: "Sempre acontece alguma coisa." Essa "alguma coisa" poderia ser um vizinho irritado, uma conta vencida, uma tempestade de neve ou uma briga com alguém da família. Se acontecia com um de nós, acontecia com todos nós. Éramos unidos por um ciclo de indignação e ansiedade.

Porém, ao contrário dos meus familiares, que lutavam para lidar com a vida em um estado de medo permanente, eu nunca *parecia* abalada. Eles me chamavam de indiferente, uma criança descontraída, tranquila e dócil, com quem era fácil lidar. Parecia que nada me incomodava. Essa indiferença era minha defesa, era como minha mente me protegia do estresse: eu me desligava, me distanciava, entrava na minha "nave espacial". Mantinha-me tão desligada de mim mesma, tão longe na minha espaçonave que, no fim das contas, guardei pouquíssimas lembranças de minha infância e não retive quase nada dos meus 20 anos. Mas se minha mente não estava presente ao que acontecia em torno de mim, não significa que meu corpo não tenha guardado lembranças.

O dr. Bessel van der Kolk, especialista em traumas e autor do inovador livro *O corpo guarda as marcas*, descreve a dissociação como um processo de "ao mesmo tempo saber e não saber". Pessoas traumatizadas que se desligam, segundo ele, têm a memória "ao mesmo tempo quase nula e excessiva".[29] O trauma se aloja no corpo de formas difusas (que discutiremos com mais detalhes no próximo capítulo), e seu impacto mais profundo pode estar no modo como afeta a resposta do sistema nervoso ao estresse, o instinto de lutar ou fugir.

Foi só mais tarde, após anos de terapia a pessoas como Christine, que comecei a encontrar pontos em comum entre indivíduos que vivenciaram traumas de infância: muitos construíam "naves espaciais" individuais que, ao longo de sua vida, foram formando padrões de desengajamento que resultaram em poucas lembranças. Essa descoberta suscitou perguntas: se no meu entendimento nada de "traumático" havia acontecido comigo, por que eu não conseguia me lembrar da maior parte da minha infância? Por que tinha tanta dificuldade em me conectar emocionalmente para cuidar de mim mesma? Por que eu sempre me traía? Como Christine e eu podíamos expressar as mesmas respostas quando nossas experiências de infância eram tão diferentes?

Mal sabia eu que o que sofri foi uma forma de trauma *espiritual*, cujas consequências se manifestavam em meu dia a dia, tal como ocorreu com Christine.

AMPLIANDO A DEFINIÇÃO DE TRAUMA

Tratei pessoas de todo o espectro – desde as que tinham famílias "perfeitas", com pontuação zero nos testes EAI, até as que tiveram pontuação próxima a 10, com experiências mais traumáticas que muitos de nós não poderiam nem imaginar, quanto mais sobreviver a elas.

Embora suas histórias fossem drasticamente diferentes, sua dinâmica seguia um roteiro semelhante. Havia muitos perfeccionistas funcionais, profissionais de alto desempenho, viciados em drogas e indivíduos presos a comportamentos específicos. Vi bastante ansiedade, depressão, falta de confiança e baixa autoestima. Alguns tinham obsessão em serem vistos de determinada maneira. Outros apresentavam padrões de relacionamento tóxicos. E, claro, havia o travamento, a incapacidade de superar padrões de comportamento arraigados. Padrões que contavam uma história – uma história que esclareceria como os traumas de infância são penetrantes.

A verdade é que muitas pessoas não conseguem apontar momentos (ou mesmo um único momento) que tenham desmantelado sua vida. Muitas não conseguem admitir que alguma parte de sua infância tenha sido prejudicial. Isso não significa que não tenha ocorrido um trauma – ainda não conheci ninguém que não tenha passado por algum tipo de trauma. Acredito que nossa compreensão de trauma deve ser ampliada de modo a incluir uma diversidade de experiências desalentadoras ou, como definiu o neurologista Robert Scaer, qualquer evento negativo da vida "que ocorra em um estado de relativo desamparo".[30]

Apesar de útil, a estrutura das EAIs não conta a história completa dos traumas. Não leva em consideração diversos traumas emocionais e espirituais resultantes da negação ou da repressão consistente das necessidades do Eu autêntico, que tantos de nós experimentamos. Na verdade, a avaliação das EAIs, surpreendentemente, nem mesmo leva em conta as inúmeras formas pelas quais o ambiente externo – ou a sociedade em geral – pode nos traumatizar. Não há nenhuma pergunta no teste das EAIs sobre racismo declarado, como discriminação e abusos, formas obviamente indutoras de traumas raciais, muito menos qualquer referência às formas mais sutis, difundidas e prejudiciais de intolerância e preconceito existentes na sociedade. Quando alguém vive em um mundo que, além de não ampará-lo, é totalmente ameaçador – seja no sistema educacional, no sistema prisional, no sistema de saúde ou na maioria dos locais de trabalho –, essa pessoa vive em um estado de trauma permanente. Grupos marginalizados, sobretudo as pessoas racializadas, sofrem com opressão sistêmica, leis discriminatórias e uma estrutura prejudicial que pode colocá-los em um "estado de relativo desamparo" – a essência da definição de trauma de Scaer.

Em outras palavras, experiências traumáticas nem sempre são óbvias. Nossa percepção do trauma é tão válida quanto o próprio trauma, o que se aplica principalmente à infância, quando estamos mais desamparados e dependentes. Traumas causados quando nos traímos por amor eram muitas vezes tratados de um modo que fazia o paciente sentir-se indigno ou inaceitável – gerando uma conexão defeituosa com o Eu autêntico. Os traumas criam a crença fundamental de que devemos trair quem somos para sobrevivermos.

CONDICIONAMENTO INFANTIL

O papel da figura parental é ser um guia. Um relacionamento amoroso com eles oferece uma base segura para onde a criança pode voltar após se aventurar na vida, com todos os altos e baixos dessa grande transição. Um guia não faz julgamentos, permite que a criança exista como ela é. E age, espera-se, com consciência e sabedoria. Isso permite que a criança, sem nenhuma intervenção, vivencie as consequências naturais de suas ações e estabeleça as bases que constroem sua autoconfiança. Pense no guia como um professor sábio, alguém que tem fé nos fundamentos que proporcionou e acredita que o aluno será capaz de lidar com o que a vida traz. E a criança internaliza essa fé. Isso não significa que seja poupada de dores, perdas, raiva, tristeza e outros sentimentos humanos. Mas o guia, a figura parental, oferece a ela uma estrutura segura e resiliente para a qual ela pode voltar em tempos difíceis.

Se as figuras parentais não curaram ou não reconheceram os próprios traumas, não podem navegar conscientemente em seu caminho, muito menos agir como guias confiáveis para outra pessoa. É muito comum que projetem nos filhos os próprios traumas não resolvidos. Quando agem sob a influência das próprias mágoas inconscientes, podem tentar controlar, gerenciar ou coagir uma criança a seguir sua vontade, em vez de lhe oferecer orientação. Algumas dessas tentativas podem ser bem-intencionadas. As figuras parentais, consciente ou inconscientemente, podem querer manter a criança segura e protegida do mundo, para que esta não vivencie a mágoa que elas próprias sentem. Nesse processo, porém, podem acabar negando os desejos e necessidades da criança. Mesmo quando isso possa parecer intencional, tais reações em geral resultam de sua própria mágoa profundamente enraizada, que pode não ser visível na superfície. Muitos de nós fomos criados por pais que tinham dificuldade em controlar suas emoções como resultado de mágoas não resolvidas na própria infância. E podem ter projetado essas mágoas em nós diretamente, quando nos exortaram a não chorar, ou indiretamente, quando se afastaram em resposta às nossas manifestações de emoção. Segundo Lindsay Gibson, psicoterapeuta e autora de *Filhos adultos de pais emocionalmente imaturos*, essa falta de conexão emocional na infância deixa "um vazio no lugar em que a verdadeira segurança deveria estar. A solidão de se sentir invisível para os outros é uma dor tão latente quanto uma lesão física".[31] Essa solidão emocional continua na idade adulta, quando repetimos esses padrões de distanciamento emocional, isolamento e vergonha.

Imagino que esteja ficando mais fácil perceber como os traumas podem atravessar gerações, até chegar a nós. Nesse processo, é fundamental o condicionamento – processo em que crenças e comportamentos são inconscientemente impressos em nós. Qualquer pessoa que já passou algum tempo com uma criança sabe que elas imitam o comportamento dos outros: influenciadas por um amigo, um colega de classe ou um personagem de desenho animado, elas fazem o que veem. Assim funciona o condicionamento. Aprendemos o que é modelado para nós por outros, especialmente nossas figuras parentais primárias. O apego com eles em nossos primeiros anos cria a base para nossas crenças subconscientes. Aprendemos como é um relacionamento observando as pessoas mais próximas de nós se relacionando. Aprendemos como devemos nos sentir em relação ao nosso corpo observando como nossos pais se sentem em relação ao corpo deles. Aprendemos se devemos priorizar o autocuidado ou não. Aprendemos hábitos de consumo e valores, além de crenças sobre nós mesmos, sobre os outros e sobre o mundo. Armazenamos essas crenças e inúmeras outras mensagens em nosso subconsciente.

Estamos sempre nos espelhando em nossas figuras parentais, em busca de orientação. A forma como eles lidam com a realidade é provavelmente a forma como nós lidaremos também. Herdamos suas maneiras de ver e interagir com o mundo, além de suas crenças, seus hábitos e até mesmo suas estratégias de enfrentamento.

Assim como você aprende a observar a si mesmo conscientemente, faz parte do processo observar conscientemente seus entes queridos e seus vínculos com eles. Levei muito tempo para chegar à conclusão de que eu tinha um trauma de infância não resolvido, algo que não quis admitir para mim mesma durante muito tempo. Eu reagiria enfurecidamente se você sugerisse que minha infância não foi perfeita. E não apenas por uma idealização do meu passado, mas também para proteger a unidade familiar. Admitir publicamente que nem tudo era bom seria bastante desrespeitoso. Éramos uma família italiana grande e feliz! Como alguém ousaria sugerir o contrário?

Durante anos, resisti. Havia negado por tanto tempo minha própria realidade que seria muito trabalhoso mudar minha perspectiva e começar a ver o passado pelas lentes das mágoas da infância. Rejeitei minhas necessidades por tanto tempo que já nem tinha consciência delas. Como acontece com a maioria de nós, repeti e carreguei comigo por toda a vida muitos dos hábitos que adquiri na infância. Muitos de nós nunca paramos para pensar: esse realmente sou *eu*? Quantos de nós não acabam celebrando feriados como o faziam na infância, sem nem mesmo imaginar celebrá-lo de um modo diferente? Quantos aspectos de sua vida você realmente escolheu – e quantos você herdou?

Identificar suas feridas é uma etapa fundamental na jornada de cura, mas raramente é uma tarefa fácil. Muitas vezes desenterra inúmeras dores, tristezas e até raivas há muito reprimidas e que sempre impediram você de seguir em frente – pelo menos em nível superficial. Conforme você se aprofunda nesse trabalho, é importante ter em mente que cicatrizes antigas às vezes se abrem e uma torrente de sentimentos vem à tona. Mas lembre-se: esse processo também pode ser apenas um momento de observação. Comece sendo gentil consigo mesmo e com seus entes queridos, independentemente do que surgir. A forma como uma figura parental o tratou quando você era criança não é um reflexo de quem você é. Ou mesmo de quem ela é. Você não precisa ser um reflexo do trauma não processado de outras pessoas.

O que se segue é uma nova estrutura para a compreensão de traumas de infância, com arquétipos desenvolvidos com base na dinâmica comum que observei em minha extensa prática clínica, assim como na comunidade SelfHealers. Essas categorias não são rígidas. Você poderá se identificar com uma dinâmica ou com várias delas, e não precisa se enquadrar perfeitamente. Só quero ajudar você a pensar sobre seus relacionamentos mais importantes e o condicionamento que sofreu. O primeiro passo para a cura é a consciência.

OS ARQUÉTIPOS DO TRAUMA INFANTIL

Uma figura parental nega a realidade da criança

Um exemplo típico de negação da realidade ocorre quando uma criança, sentindo-se pouco à vontade com um parente, conta o fato para a mãe ou para o pai e recebe a seguinte resposta: "Ah, ele só está tentando ser legal. Seja boazinha." (Vimos isso, em um grau extremo, na atitude dos familiares de Christine em relação ao homem que abusava dela.)

Quando os pais negam a realidade de uma criança, estão inconscientemente ensinando-a a rejeitar a própria intuição, seu pressentimento. Quanto mais aprendemos a desconfiar de nós mesmos, mais profundamente essa voz intuitiva se retrai, e vai ficando cada vez mais difícil ouvi-la. Isso resulta em perda de intuição e conflitos internos. Aprendemos que não podemos confiar em nossos julgamentos e passamos a esperar que outros moldem nossa realidade.

Negar a realidade de uma criança pode assumir formas sutis. Por exemplo: uma criança conta para uma figura parental que seus amigos não querem se sentar à mesa em que ela está durante o lanche da escola. Para a criança, foi uma situação extremamente angustiante, pois ela se sentiu rejeitada num momento em que a necessidade de validação pelos pares é uma parte importante do desenvolvimento. A figura parental bem-intencionada pode responder com certo grau de rejeição: "Não se preocupe, você vai encontrar novos amigos. Não foi nada de mais. Vai melhorar. Foi só o seu primeiro dia!" Qualquer pessoa com os próprios sentimentos não resolvidos geralmente se sentirá pouco à vontade com as emoções de uma criança e pode querer rejeitá-la. As experiências da criança podem ativar lembranças igualmente dolorosas na figura parental (muitas vezes inconscientes), que tenderá a afastar a criança para reprimir ou ignorar sentimentos que estão surgindo. O problema é que a criança estava tendo um sentimento legítimo e procurando ser consolada e apoiada. Em vez disso, sua dor foi invalidada. Pela repetição de experiências semelhantes, a criança aprende que sua percepção da realidade e suas emoções em relação a isso não são confiáveis.

A realidade de nossa infância também pode ser rejeitada quando nossas figuras parentais e nossos familiares descartam questões objetivas. Certa vez, tive um cliente cujo pai era alcoólatra funcional. Embora tivesse emprego e amparasse financeiramente a família, abria uma cerveja assim que entrava em casa e bebia ao longo da noite até se tornar hostil e começar a gritar, ou desmaiar. Quando meu cliente alcançou idade suficiente para notar e comentar sobre o comportamento do pai, sua mãe desconsiderou seu medo e desculpou o comportamento do marido como sendo o resultado de "um dia difícil no trabalho". Essa negação foi um comportamento aprendido pela mãe do meu cliente, que foi criada em uma casa onde se negava a realidade do uso de drogas por um membro da família. Com o tempo, meu cliente começou a herdar a visão de sua mãe sobre o comportamento do pai, convencendo-se de que ele trabalhava muito. Foi quando levantou um pouco a cortina e pensou sobre as fileiras de garrafas vazias e as habituais bebedeiras noturnas que começou a enxergar o comportamento do seu pai como o que de fato era.

Uma figura parental não vê ou ouve você

Alguns de nós já ouvimos que crianças devem ser observadas, não ouvidas. É um tipo de lema que resumia a mentalidade das gerações mais velhas a respeito da criação dos filhos. Essa mentalidade nasceu do entendimento de que as únicas necessidades das crianças eram comida e abrigo. A escassez de recursos era uma realidade para os adultos dessas gerações, preocupados, antes de tudo, com a própria subsistência. Muitos deles definiam a paternidade bem-sucedida como o suprimento das necessidades básicas, relegando para segundo plano as necessidades emocionais. Os efeitos desse estilo parental baseado na simples sobrevivência deram origem a traumas hereditários de longo prazo, com os quais ainda estamos convivendo.

O fato de não ser vista ou ouvida na infância faz a criança se sentir emocionalmente desconectada de uma figura parental. Às vezes, isso decorre de negligências graves, embora muitas vezes ocorra de forma sutil. Pode envolver uma figura parental oprimida pelos próprios sentimentos, distraída pelo estresse crônico ou um estado de completo desligamento emocional, incapaz de ouvir e apoiar a expressão emocional do filho. Pode também ser uma figura parental operando no piloto automático, correndo de tarefa em tarefa, distraída mentalmente e incapaz enxergar, de fato, o filho à sua frente. Isso impede qualquer conexão emocional profunda com a criança, pois mentalmente a figura parental "não está lá" de verdade.

É doloroso não ser ouvido. É triste ser ignorado. É desconcertante aprender que devemos esconder nosso verdadeiro Eu para sermos amados. Ser reconhecido é uma das necessidades humanas mais profundas. Quando os pensamentos ou as ideias que você tem na infância não são ouvidos, sua mente se sente rejeitada. Quando suas manifestações na infância não são vistas, sua alma se sente diminuída. Essa falta de reconhecimento também pode fazer com que você tenha seu futuro predeterminado antes que suas paixões e seus caminhos na vida sejam totalmente conhecidos. Experiências desse tipo tornam difícil aprender a confiar em nossas inclinações e seguir nossas necessidades intuitivas.

Para as figuras parentais que estejam lendo isto, é importante lembrar que as crianças nos superam na capacidade de conexão com sua intuição e seu verdadeiro Eu. Como adultos, nós nos perdemos facilmente em nosso constante fluxo de pensamentos. As crianças são altamente intuitivas, seu mundo ainda está em formação. Ao oferecer um espaço seguro e livre para seus filhos explorarem, você também aprenderá sobre si mesmo e sobre as possibilidades que cada um de nós possui quando é livre para expressar o Eu autêntico.

Uma figura parental vive indiretamente através de você ou molda você

Este tipo de figura parental é tipicamente conhecido como *stage parent* (pai de palco), uma pessoa excessivamente zelosa, que pressiona o filho a se tornar ator/atriz ou cantor/cantora de modo a atender às próprias aspirações por fama, realizações ou atenção. Embora o arquétipo esteja mais associado a atitudes escandalosas (e injustamente às mães), esse tipo de comportamento não se limita ao palco.

É fácil difamar esse tipo de pai/mãe, já que são quase sempre retratados como abertamente abusivos na cultura popular. Muitas vezes o impulso para fazer uma criança ter sucesso vem de um instinto paternal muito natural: o orgulho. Infelizmente, o orgulho azeda quando a motivação para empurrar a criança em direção ao sucesso tem origem em um trauma próprio não processado. Os pais que vivem a vida por meio dos filhos carregam uma crença profundamente arraigada, e dolorosa, de que são um "fracasso" ou de alguma forma inadequados – e muitas vezes projetam essa crença em seus filhos. Digamos que um pai quisesse ser jogador de basquete, mas quebrou a perna antes de sequer tentar entrar na equipe da faculdade, ou uma mãe quisesse ser médica e esse caminho não tenha se aberto para ela, que então se tornou enfermeira. O resultado é que a criança pode sofrer pressão para ter sucesso – deixando de lado partes de seu Eu autêntico para agradar a figura parental. Tentar estabelecer a própria validade por meio do sucesso de outra pessoa pode acarretar decepção, pelo lado da figura parental, e rancor, por parte da criança, que negligenciou as próprias necessidades para atender a desejos não realizados de outra pessoa. Sempre que uma necessidade intrínseca é negada, um ressentimento logo se instala.

Essa perda do Eu pode se manifestar de várias formas na idade adulta, na maioria das vezes como indecisão e procrastinação acentuadas, ou como uma necessidade obsessiva de sucesso. Às vezes o *stage parent* age visando obter ganhos financeiros – como o malvisto "pai de Hollywood" (ou "mãe de Hollywood") –, embora muitas vezes realmente deseje uma vida melhor para o filho. A moldagem assume muitas formas e ocorre quando a figura parental projeta em seu filho, consistentemente, seus próprios desejos e necessidades – como lhe dizer para evitar certos amigos ou se concentrar em certas aulas na escola. Pode ser algo tão sutil como dizer a uma filha: "Um dia você vai ser uma mãe incrível." Muitas vezes, trata-se de um processo totalmente inconsciente. As figuras parentais que fazem isso não percebem que podem estar gerando um comportamento problemático. Muitos deles veem isso como um ato de amor. Porém, os resultados podem ser devastadores para alguns dos que ingressam em profissões tradicionalmente desejáveis (advocacia e medicina,[32] por exemplo), que ao lutar contra o desalinhamento de suas carreiras usam drogas, sofrem problemas mentais e, em casos extremos, até cometem suicídio.[33,34]

Uma figura parental não estabelece limites

Limites são claras definições de nossas limitações pessoais. Instintivamente, as crianças entendem os limites e obedecem a eles. Chegam até a estabelecer e manter os próprios limites, independentemente da reação dos outros (observe como uma criança, quase instintivamente, balança a cabeça negativamente em resposta a algo que não lhe agrada). Alguns adultos, entretanto, têm poucos limites e dificuldades em mantê-los. Muitos de nós crescemos em lares com figuras parentais que não entendiam bem como criar ou manter limites, o que os tornava incapazes de estabelecer limites apropriados para os filhos.

Em minha prática terapêutica, tenho ouvido relatos frequentes sobre uma figura parental que leu o diário de uma criança. Tal violação do espaço privado muitas vezes resulta em um confronto vergonhoso para a criança, e talvez até numa punição com base no que foi lido (como aconteceu comigo). Essas experiências nos ensinam que nossos entes queridos podem ultrapassar – e ultrapassam – limites. Nos casos em que isso é frequente, as crianças podem internalizar a crença de que tais arbitrariedades fazem parte da "intimidade" e talvez até do "amor". Assim, em futuras relações, poderão permitir transgressões idênticas. Ou pode acontecer o oposto, levando a criança a se tornar extremamente reservada com seus dados pessoais.

Outra transgressão de limites comum ocorre quando uma figura parental reclama com um filho da outra figura parental, e vice-versa. Vários de meus clientes me disseram que detalhes íntimos da relação dos pais (como infidelidade ou questões financeiras) foram contados a eles na infância. A figura parental, incapaz de perceber que a criança não é um igual, pode estar buscando conforto emocional no filho. Nesses casos, a criança pode se sentir oprimida por esses detalhes pessoais e ter sentimentos conflitantes a respeito de ouvir comentários negativos sobre a outra figura parental querida.

Uma figura parental é excessivamente focada na aparência

Como sabemos, a necessidade de validação externa não cessa quando ficamos adultos. Querer ser amado e admirado é algo que nos segue por toda a vida. As figuras parentais podem projetar essa necessidade nos filhos de várias formas. Às vezes, quando a figura parental faz comentários sobre o peso de uma criança, ou tem uma necessidade obsessiva de que esta pareça "apresentável" o tempo todo. Ou, ainda, quando se preocupa abertamente com pequenos detalhes, como o penteado de uma criança. Deste modo, as crianças aprendem rapidamente que algumas partes de sua aparência física são "aceitáveis" e outras não – dando início a uma crença vitalícia de que uma boa aparência externa é fundamental para que alguém receba amor.

Essa mesma impressão ocorre quando nossas figuras parentais são excessivamente obcecadas por aparência, modelando comportamentos como dieta rígida, extrema atenção à higiene pessoal ou bastante exercício físico, e classificando determinados alimentos como ruins ou engordativos. Também pode assumir a forma de comentários sobre o corpo ou a aparência de amigos, familiares ou figuras públicas. Esses comentários não precisam necessariamente ser dirigidos à criança, pois uma criança é uma esponja e não tardará a perceber que as crenças centrais da figura parental são extremamente focadas na imagem.

Isso também pode ser observado, em escala maior, quando as figuras parentais têm um comportamento fora de casa e outro dentro de casa, levando a criança a perceber que os seres humanos podem ter pseudopersonalidades. Um exemplo disso são familiares que estão sempre brigando ou berrando dentro de casa, mas em público falam e agem amorosamente, ou pelo menos com respeito, sustentando personagens que são, na verdade, máscaras. As crianças logo aprenderão que devem mudar de personalidade dependendo de onde estiverem, para poderem sobreviver e ser amadas.

Uma figura parental não consegue controlar as próprias emoções

O controle emocional é o processo em que alguém vivencia uma emoção permitindo que suas sensações passem pelo próprio corpo (em vez de tentar se distrair com, digamos, drogas, álcool, celulares ou comida), identificando-as ("estou com raiva agora" ou "estou triste") e respirando pausadamente até que desapareçam. A prática do controle emocional nos permite permanecer centrados e calmos durante os vários estresses que a vida nos traz, retornando sempre a uma linha de base fisiológica.

Muitos de nós não tiveram figuras parentais capazes de identificar, muito menos de controlar, seus sentimentos. Quando eram tomadas por alguma emoção muito forte ou vários sentimentos intensos ao mesmo tempo, não sabiam o que fazer. Algumas gritavam, batiam portas, arremessavam coisas ou saíam de casa intempestivamente, para extravasar uma energia emocional avassaladora. Outras projetavam as emoções para dentro, o que se traduzia em algum tipo de abstinência – como parar de falar com o filho ou dar um gelo nele. No gelo, a figura parental se tornava distante ou deixava de manifestar amor, em geral como resultado de se sentir emocionalmente sobrecarregada. Incapaz de controlar os próprios sentimentos em determinada situação, fechava-se em si mesma e ignorava os filhos. Muitos SelfHealers repercutem essa experiência; alguns foram punidos com "tratamentos de silêncio". Em nossos círculos de cura, as pessoas falam sobre figuras parentais que se afastaram, que pararam de falar com elas ou que fizeram outros membros da família rejeitá-las também. Quando temos entes queridos que se fecham em vez de controlar seus sentimentos, somos moldados por uma falta de controle emocional e, assim, muitas vezes não desenvolvemos qualidades que nos permitam construir nossa própria resiliência emocional.

Lidando com nossos traumas

"Você é uma porca! Um lixo! Uma vergonha para a família!", gritou minha mãe para mim, deixando-me chocada.

Foi um momento terrível, uma das raras vezes em que minha mãe extravasou após anos reprimindo suas emoções. Aconteceu depois do casamento de minha irmã. Eu era uma das madrinhas e tive permissão para levar três amigas próximas da faculdade para a festa. Por acaso, uma delas era Katie, minha namorada então secreta.

Ninguém, nem mesmo nossos amigos, sabia que Katie e eu estávamos namorando. Não tínhamos exatamente vergonha. Era minha primeira relação com uma pessoa do mesmo sexo e não tinha sentido necessidade de anunciar isso para o mundo, muito menos para uma família que nunca falava profundamente sobre nada. Na manhã do dia do casamento, minhas amigas e eu começamos a beber muito. Lembro de ter chorado enquanto assistia à dança do meu pai e da minha irmã, o que sem dúvida pareceu estranho para minhas amigas, que sabiam que eu não dava a mínima para tradições matrimoniais. Mas abaixo da superfície senti uma profunda sensação de perda, sabendo que não poderia oferecer esse ritual a meu pai, pois jamais teria um casamento tradicional. A partir daí, a noite foi degringolando. Quanto mais triste eu ficava, mais me fechava.

Katie também estava bêbada, além de chateada com meu comportamento distante. Cada vez que tentava dançar comigo, eu a rejeitava. Quando tentou me beijar, lancei a ela um olhar de *pare com isso*. Katie ficou com raiva e saiu às pressas. Seguiu-se uma cena que tornou óbvio, para todos no salão, que tínhamos um relacionamento.

Em estado de negação, eu achava que havíamos escapado impunes. Ninguém mencionou Katie naquela noite ou no dia seguinte. Cerca de um mês depois, quando eu já retornara à Universidade Cornell, no interior do estado de Nova York, minha mãe apareceu sem avisar. Viera de carro da Filadélfia com meu pai. Assim que abri a porta, ela irrompeu no apartamento e vociferou palavras dilacerantes. E continuou gritando enquanto eu tentava mandá-la embora. A confusão foi tão barulhenta que um vizinho veio ver se eu precisava de ajuda. Consegui expulsá-la do apartamento e a coloquei de volta no carro, ao lado de meu pai, que permaneceu sentado de cabeça baixa, sem dizer uma palavra. Fui pega de surpresa, já que minha mãe raramente, ou nunca, demonstrara tanto destempero, o que desestabilizou a todos nós.

Meses depois, quando voltei para casa para as férias de verão, minha mãe agiu como se eu não existisse, como se pudesse passar através de mim, já que eu era invisível, um fantasma. Se nos cruzássemos no corredor, ela mantinha a cabeça erguida e olhava para o outro lado. Meu pai não questionou o silêncio da minha mãe, embora falasse comigo. Era meu trauma de infância plenamente manifestado. Eu era indigna, detestável. Não existia. Tornar-me a manifestação física do que eu tanto temia foi quase um alívio. Era o que eu havia treinado para enfrentar durante toda a vida. Era minha "nave espacial" em ação.

A retirada emocional de minha mãe se prolongou por semanas, até que um dia, de repente, ela voltou a falar comigo, como se nada tivesse acontecido. Nunca mais falamos sobre minha orientação sexual, e ela passou a aceitar minhas namoradas como se nunca tivesse se comportado de outra forma. Na verdade, nunca mais falamos sobre o incidente. Após anos de repressão, seu corpo havia expelido todos os sentimentos de uma só vez, sob a forma de um descomunal e destrutivo extravasamento emocional. Quando a poeira finalmente baixou, era como se ela mal pudesse acreditar que tivera aquela reação – que fosse capaz de uma explosão de tal magnitude.

Entrando e saindo de relacionamentos amorosos ainda jovem, eu me vi envolvida num vaivém de reatividade e retraimento emocional. Muitas vezes preferia relacionamentos em que pudesse permanecer distante, alheia, indisponível. Quando meus desejos profundos de conexão não eram atendidos, eu reagia, telefonando ou enviando mensagens de texto sem parar, tendo acessos de raiva e provocando brigas. Quando eu finalmente conseguia a reação emocional que ansiava, voltava a me afastar, sentindo-me sobrecarregada – tornando-me o fantasma que aprendi a ser quando criança. E sempre culpava minhas parceiras quando o relacionamento, inevitavelmente, fracassava. Olhando para trás, a verdade era que eu estava presa a padrões condicionados que podiam ser estratégias de enfrentamento ou formas de administrar e controlar minha turbulência interior.

Em 1984, dois psicólogos pioneiros que estudaram estresse e emoção – o falecido professor Richard Lazarus, da Universidade da Califórnia, em Berkeley, e a professora Susan Folkman, da Universidade da Califórnia, em São Francisco – apresentaram uma teoria de enfrentamento, que definiram como "mudar constantemente os esforços de comportamento cognitivo, de modo a controlar demandas específicas, externas e internas que [excedam] os recursos de uma pessoa".[35] Em outras palavras, o enfrentamento é uma estratégia que aprendemos para gerenciar o profundo mal-estar no corpo e na mente gerado pelo estresse.

Lazarus e Folkman delinearam estratégias de enfrentamento adaptativas e desadaptativas. O enfrentamento adaptativo é uma ação que realizamos para nos ajudar a retornar a sentimentos de segurança, como enfrentar um problema de frente ou redirecionar pensamentos negativos. A chave aqui é ser ativo, pois o enfrentamento adaptativo requer esforço e um reconhecimento consciente do incômodo. Pode ser difícil usar uma estratégia de enfrentamento adaptativa quando não fomos treinados ou ensinados a usá-la.

Estratégias de enfrentamento desadaptativas, muitas vezes aprendidas com os pais, nos proporcionam uma breve distração ou um alívio do desconforto (ficar bêbada num casamento, como eu fiz, por exemplo) ou nos fazem evitar qualquer reação emocional (como também fiz quando me dissociei). Ambas as tentativas de aliviar a angústia, no entanto, terminam em maior desconexão com o Eu autêntico.

O jeito como lidamos com um ambiente específico tem menos a ver com o meio ambiente e mais a ver com nossas estratégias condicionadas de enfrentamento do estresse. Digamos que duas pessoas tenham um mesmo trabalho, altamente estressante e baseado no desempenho. Sônia lida com o estresse adotando estratégias de enfrentamento adaptativas: vai à academia regularmente para ajudar a canalizar seu estresse ou liga para alguma amiga em busca de apoio. Michelle, que lida com as mesmas pressões, às vezes usa drogas para escapar da realidade. Embora possa se sentir melhor durante um tempo, quando acorda na manhã seguinte sente-se confusa, sem foco e infeliz. O estresse agora está combinado com a vergonha, e o ciclo de estratégias de enfrentamento ruins continua.

Tenho observado muitas estratégias de enfrentamento inadequadas em meu trabalho clínico. Algumas das mais comuns são:

- **Agradar às pessoas**. Após atendê-las, o estresse desaparece (temporariamente).
- **Raiva ou fúria**. Quando você descarrega a emoção em outra pessoa, você a libera.
- **Dissociação**. Você "deixa seu corpo" durante um evento estressante para não vivenciar o trauma. Sexualmente, essa forma de distanciamento pode envolver a prática de sexo com pessoas nas quais não estamos interessados. Nós nos dedicamos ao prazer do nosso parceiro, sem qualquer atenção ao nosso.

Essas estratégias de enfrentamento nos permitem evitar repetições ou a reincidência do trauma passado, retardando a dor imediata. Mas não nos ajudam a atender plenamente nossos desejos e nossas necessidades físicas, emocionais e espirituais. Quando nossas necessidades são sistematicamente insatisfeitas, nossa dor e nossa desconexão se agravam. A autopreservação leva à autotraição. É um ciclo em que podemos facilmente nos enredar. O ciclo de traumas não resolvidos, a repetição de estratégias de enfrentamento ruins para nós e a negação consistente do Eu permite que a mágoa se perpetue em nossa mente e nosso corpo, e pode acabar nos deixando doentes.

O POTENCIAL DE MUDANÇA

Todos nós carregamos traumas não resolvidos. Como vimos, não é necessariamente a gravidade do evento em si, mas nossa resposta a ele que determina como ele nos afeta. A resiliência é aprendida por meio do condicionamento. Se não a vimos praticada por nossas figuras parentais quando éramos jovens, talvez nunca a tenhamos aprendido. Ao nos dedicarmos a resolver um trauma, podemos nos tornar mais resilientes. Essas experiências, na verdade, podem se tornar as catalisadoras de uma transformação profunda.

Quando compartilho informações sobre traumas na minha comunidade on-line, recebo muitas perguntas do tipo "Você está dizendo que todo mundo é traumatizado?" ou "O que devo fazer para não traumatizar meus filhos?". A questão é a seguinte: o trauma faz parte da vida. É inevitável. Sua primeira experiência neste mundo – o nascimento – foi traumática, possivelmente para a sua mãe também. Só porque passamos por um trauma não estamos necessariamente destinados a uma vida de sofrimento e doença. Não temos que repetir os padrões que moldaram o início de nossa vida. Quando nos tornamos conscientes, podemos mudar. Podemos avançar. Podemos nos curar.

O trauma pode ser universal e também individual, além de afetar a pessoa *por inteiro* – o sistema nervoso, a resposta imunológica, a fisiologia –, de forma única. O primeiro passo para a cura da mente e do corpo é saber com o que você está lidando, identificando o trauma não resolvido. O próximo passo é entender os efeitos a longo prazo desse trauma e como suas estratégias de enfrentamento o estão deixando travado.

ENTRE EM AÇÃO: IDENTIFIQUE SUAS MÁGOAS DE INFÂNCIA

Para ter consciência de suas mágoas de infância ou emoções reprimidas, reserve algum tempo para refletir e escrever usando as instruções a seguir. Responda apenas às experiências que ressoam em você. Muitas pessoas com traumas não resolvidos, inclusive eu, não guardam muitas lembranças, então vão achar difícil responder algumas perguntas. Analise o que lhe vier à mente.

UMA FIGURA PARENTAL NEGA A REALIDADE DA CRIANÇA

Lembre-se de uma época na infância em que você consultou uma figura parental sobre alguma ideia, um sentimento ou uma experiência e eles invalidaram sua atitude. A resposta que você ouviu pode ter sido alguma versão de "Não foi isso o que aconteceu", "Não foi nada de mais" ou "Deixe isso pra lá". Passe algum tempo se conectando com seu lado criança e com o que você pode ter sentido quando eles reagiram desse modo. Para ajudá-lo a refletir, sinta-se à vontade para usar este modelo:

Na infância, quando minha figura parental _____, eu me senti _____.

UMA FIGURA PARENTAL NÃO VÊ OU OUVE VOCÊ

Lembre-se de uma época na infância em que você queria ser reconhecido por suas figuras parentais e elas pareciam distraídas, ocupadas ou de alguma forma o faziam sentir-se não reconhecido. Passe algum tempo observando as circunstâncias do passado que o levaram a se sentir invisível ou ignorado. Em seguida, reflita e escreva sobre o que você fez para atrair a atenção delas. Você representou um papel, agiu impulsivamente ou se retraiu? Para ajudá-lo a refletir, sinta-se à vontade para usar o seguinte modelo:

Na infância, quando minha figura parental _____
_____, eu me senti _____.
Para enfrentar a situação, eu _____.

UMA FIGURA PARENTAL VIVE INDIRETAMENTE ATRAVÉS DE VOCÊ OU MOLDA VOCÊ

Você se lembra de uma época na infância em que recebia mensagens sobre quem você era (ou não era)? Você teve pais que disseram: "Você é sensível que nem sua mãe" ou "Você precisa tirar a nota máxima para deixar a família orgulhosa"? Você se sentia tão comprometido com esses objetivos quanto eles ou se sentia na obrigação de agradá-los?

Passe algum tempo observando as diferentes mensagens que você pode ter recebido sobre si mesmo na infância, observe também as diferentes formas pelas quais você pode ter sido influenciado pelos desejos expressos, direta ou indiretamente, por sua(s) figura(s) parental(ais). Para ajudá-lo a refletir, sinta-se à vontade para usar este modelo:

NA MINHA INFÂNCIA...

Recebi as seguintes mensagens sobre mim:
_____

Estava ciente de que minha figura parental desejava o seguinte de mim:
_____

UMA FIGURA PARENTAL NÃO ESTABELECE LIMITES

Passe algum tempo pensando em suas experiências com limites pessoais e em suas violações durante a infância. Pense também nos diferentes tipos de limites estabelecidos, de modo geral, por sua(s) figura(s) parental(ais) – ou na falta deles. Para ajudá-lo a refletir, sinta-se à vontade para usar este modelo:

NA SUA INFÂNCIA...

Você se sentia à vontade para dizer não? Ou sua figura parental mandava você se comportar de determinada maneira?

___

Sua figura parental estabelecia limites claros para o tempo, a energia e os recursos gastos nos relacionamentos deles?

___

Sua figura parental respeitava sua privacidade ou não? Exemplos de violação de privacidade incluem transgressões como: ler seu diário, ouvir seus telefonemas ou outros comportamentos invasivos.

___

Sua figura parental permitia que você tivesse conversas, interações e experiências com outras pessoas sem interferência?

___

UMA FIGURA PARENTAL É TOTALMENTE FOCADA NA APARÊNCIA

Na infância, muitos de nós recebíamos direta ou indiretamente mensagens sobre nossa aparência. A figura parental pode até ter comentado diretamente coisas como: "Você fica melhor com o cabelo solto", "Suas coxas estão ficando maiores", "Você realmente acha que é uma boa ideia repetir o prato?" ou "Você ficaria muito melhor se não usasse esse tipo de roupa". Às vezes tais declarações também podem ser dirigidas a outras pessoas. Sua figura parental pode ter feito comentários sobre aspectos da aparência de outras pessoas, destacando algumas qualidades positivamente e outras negativamente. A atenção de seus pais ou os rituais em torno da própria aparência física também moldam crenças e valores sobre o que é aceitável e o que não é. Para ajudá-lo a refletir, sinta-se à vontade para usar este modelo:

Quais foram as mensagens que você recebeu sobre aparência?

___

UMA FIGURA PARENTAL NÃO CONSEGUE CONTROLAR AS PRÓPRIAS EMOÇÕES

Um dos aspectos mais importantes de sua saúde emocional é o modo como você controla e processa as emoções. Na infância, você aprende o controle emocional observando como sua figura parental expressa (ou não) seus sentimentos, além do modo como respondem quando você expressa os seus. Passe algum tempo refletindo sobre como as emoções eram tratadas em sua infância. Para ajudá-lo a refletir, sinta-se à vontade para usar o modelo a seguir:

Quando sua figura parental tinha sentimentos fortes (como raiva ou tristeza), como reagia? Batendo portas, desabafando ou gritando, por exemplo, ou parando de falar com o responsável por seus sentimentos fortes? _____

Sua figura parental tinha alguma estratégia específica de enfrentamento? Por exemplo, gastava demais ao fazer compras, bebia demais ou usava drogas, evitava totalmente determinadas (ou todas as) emoções? _____

Quando sua figura parental tinha sentimentos fortes, como se comunicava com você ou com as pessoas ao redor? Por exemplo, recorria a xingamentos, acusações, menosprezo ou passava a ignorá-los? _____

Após algum sentimento forte, sua figura parental gastava tempo para explicar as coisas ou para ajudá-lo a processar seus próprios sentimentos sobre o que havia acontecido?
_____

Na infância, recebi as seguintes mensagens sobre sentimentos em geral ou sobre meus sentimentos em particular: _____
_____

QUATRO

O corpo traumatizado

O ponto de ruptura para mim, pelo menos fisicamente, veio quando passei a ter desmaios.

Há anos eu já apresentava sintomas de desequilíbrio. Como naquele brinquedo de acertar os bichos que vão colocando a cabeça para fora dos buracos, eu tentava consertar um problema de cada vez quando os sintomas se tornavam incômodos. A dissociação, pensei, fazia parte da minha personalidade. *Minha memória é péssima!* A ansiedade era fruto de meus genes e de minhas atuais circunstâncias, *afinal estou morando sozinha em Nova York e minha mãe está doente*. As dores de cabeça também eram uma herança genética. A névoa no cérebro era culpa do excesso de trabalho. Eu não sabia por que estava com tanta prisão de ventre, mas vendo um padrão semelhante em minha mãe e minha irmã não pensava muito sobre o assunto. Em vez disso, tomava garrafas de lêvedo de cerveja e suco de ameixa, além de vários medicamentos sem receita. Por fim, fui a um psiquiatra em busca de medicamentos que me ajudassem a superar as dificuldades – problemas individuais com tratamentos individualizados, a meu ver. Nada estava conectado.

Por volta dessa época, mudei-me de Nova York para a Filadélfia, no intuito de prosseguir meu pós-doutorado em psicodinâmica na Escola de Psicanálise da Filadélfia. Agora, fisicamente mais próxima de meus familiares, passei a visitá-los com mais frequência. E como voltara a me consultar com meu analista uma ou duas vezes por semana, de modo a enriquecer meu trabalho de psicoterapia, comecei a revisitar traumas de infância há muito esquecidos. A terapia me deu uma visão de como minha dinâmica familiar era problemática – como minha família tratava com diferença qualquer pessoa de fora e como trabalhava arduamente para apresentar ao mundo uma fachada de harmonia e união – quando, na realidade, vivia em um ciclo de ansiedade e medo. Me toquei da dificuldade que minha mãe tinha para demonstrar afeição e amor, característica proveniente da escassez – não só material como emocional e espiritual – vivenciada por suas figuras parentais, que, por sua vez, também nunca expressaram amor. Passei então a ver meus próprios mecanismos de proteção – o desligamento, o perfeccionismo, o entorpecimento – como respostas condicionadas ao trauma que minha mãe me transmitiu, oriundo de suas próprias mágoas profundas.

As constatações foram duras e perturbadoras. Eu não tinha onde descarregá-las. Comecei então a arrumar brigas com Lolly – expulsando-a e depois surtando quando ela ia embora. O mesmo padrão que repetira durante anos com outras parceiras, que oscilava entre a desconexão emocional e o inevitável pânico quando o distanciamento se tornava opressivo demais.

De repente, comecei a desmaiar.

A primeira vez foi em um chá de panela no apartamento de Amanda, uma amiga de infância. (O fato de isso ter acontecido na casa de uma pessoa ligada à minha infância não me passou despercebido.) Era um dia quente de verão. O condomínio dela tinha piscina, e ela estava louca para nos levar lá. Enquanto caminhávamos ao redor da piscina, senti um mal-estar. O sol batia forte em minha nuca. Comecei a suar. De repente, fiquei tonta, o céu parecia girar. *Tudo bem, Nicole*, lembro-me de ter pensado. *Se recomponha.*

Abri os olhos. Lolly e minha amiga me olhavam com preocupação.

– Você está bem? – perguntou Lolly enquanto Amanda, uma paramédica treinada, avaliava meu estado cognitivo. Ela tinha me visto bater com a cabeça no concreto e temia que eu tivesse sofrido uma concussão. Garanti que estava bem, embora me sentisse tonta e levemente nauseada.

O desmaio não foi a virada de chave que deveria ter sido. Considerei-o apenas um acidente estranho. E retornei ao trabalho tão inquieta e distante quanto de hábito. Porém, cada vez mais, comecei a notar problemas com minha cognição. Muitas vezes sofria para encontrar as palavras certas. Durante uma sessão de terapia com um cliente, perdi minha linha de raciocínio de tal maneira que deixei o silêncio se estender por vários minutos. Depois pedi mil desculpas pelo lapso.

Então desmaiei novamente. Durante as férias de Natal daquele ano, Lolly e eu passamos um tempo considerável com minha família. Certo dia, saímos para comprar facas para abrir ostras. Lembro-me de ter entrado na loja de ferragens, me sentido um pouco tonta e pensado como a forte iluminação da loja deixava aquele lugar abafado.

Uma vez mais, olhei para cima e vi um grupo de rostos preocupados.

Obviamente, havia alguma coisa muito errada com meu sistema nervoso. Mas só quando meu corpo gritou para que eu prestasse atenção nisso foi que finalmente o fiz.

CORPO TRAUMATIZADO

Não é exagero dizer que cada cliente que chega ao meu escritório com sintomas psicológicos também tem problemas subjacentes de saúde física. Traumas não resolvidos se entrelaçam na estrutura de nosso ser.

Como sabemos pelas EAIs, os traumas nos tornam mais propensos a desenvolver uma série de sintomas físicos e psicológicos, desde depressão e ansiedade a ataques cardíacos, câncer, obesidade e derrames. As pesquisas são claras: pessoas com traumas não resolvidos ficam mais doentes e morrem mais jovens.

O trauma afeta o corpo de várias e complexas formas, e a disfunção física se reduz a um denominador comum: estresse. O estresse é mais do que apenas um estado mental: é uma condição interna que desafia a homeostase – um estado de equilíbrio físico, emocional e mental. Vivenciamos uma resposta fisiológica ao estresse quando nosso cérebro percebe que não temos recursos adequados para sobreviver a um obstáculo ou a uma ameaça (situação normal quando se trata de trauma não resolvido). O especialista em vícios e estresse, o dr. Gabor Maté, autor de muitos livros, inclusive *When the Body Says No: The Cost of Hidden Stress* (Quando o corpo diz não: O custo do estresse oculto), chama isso de "conexão estresse-doença".[36]

Quando estamos estressados, o corpo retira recursos da manutenção da homeostase, aquele lugar feliz, de bem-estar e equilíbrio, e os transfere para a nossa sobrevivência. O estresse é inevitável (até a tentativa de evitá-lo já pode deixar alguém estressado). O estresse normativo, por exemplo, é uma parte natural da vida: nascimento, morte, casamento, separações, demissões – tudo isso integra a experiência humana. Como resposta adaptativa, podemos desenvolver estratégias de enfrentamento que nos ajudem a regressar à nossa linha de base psicológica e fisiológica: buscar recursos de apoio, aprender a nos acalmar e ajudar nosso sistema nervoso, frequentemente travado, a retornar à homeostase. Esse processo de retorno ao equilíbrio chama-se alostase. É o que nos permite desenvolver a capacidade biológica da resiliência.

Provavelmente você conhece a resposta do corpo ao estresse, também conhecida como mecanismo de luta ou fuga. Lutar e fugir são duas das reações automáticas e instintivas do corpo ao estresse (a terceira é ficar imóvel – falarei mais sobre isso em breve). Quando encontramos uma ameaça, real ou percebida, a amígdala, centro de medo do cérebro, entra em ação. Uma vez ativada, essa área do cérebro envia ao restante do corpo mensagens de que estamos sob ataque, levando os vários sistemas biológicos a mobilizarem os recursos necessários para nos ajudar a sobreviver.

Enquanto o estresse normativo nos ajuda a crescer e nos adaptar, o estresse crônico – constante e persistente – nos desgasta, prejudicando todos os sistemas de nosso corpo. Quando estamos cronicamente estressados e incapazes de retornar à homeostase – por não termos aprendido ou desenvolvido estratégias de enfrentamento adaptativas, ou porque o estresse parece esmagador demais para ser enfrentado –, nosso corpo superestimula determinados sistemas e suprime outros. Nos casos de estresse crônico, nossas glândulas suprarrenais liberam cortisol e outros hormônios do estresse, como a adrenalina, de forma contínua.

O estresse também ativa o sistema imunológico do corpo, levando-o a se preparar para reagir à simples suspeita de problemas. Nosso sistema imunológico aprende com nossos comportamentos e hábitos, desde quando estamos no útero, e mantém esse comportamento ao longo de toda a nossa vida. Tão logo recebe o sinal de que estamos vivendo em um estado de ameaça quase constante, nosso sistema imunológico passa a secretar substâncias químicas que provocam inflamações por todo o corpo. Essas substâncias agem como uma espécie de catalisador para diversos sintomas de desequilíbrios e disfunções, aumentando nosso risco de desenvolver doenças autoimunes, dores crônicas e enfermidades que variam de doenças cardíacas a câncer.[37]

As citocinas – proteínas que coordenam a comunicação entre as células – estão entre essas substâncias químicas inflamatórias. As citocinas estimulam o sistema imunológico a agir quando confrontado com lesões ou patógenos invasores. São responsáveis pelos sintomas inflamatórios que todos experimentamos quando estamos doentes – febres, inchaço, vermelhidão, dor –, mas quando essa resposta é excessiva os resultados podem ser fatais.

Se o sistema imunológico direcionar errada e constantemente suas substâncias inflamatórias, como as citocinas, a capacidade do corpo para responder a doenças reais diminui. A inflamação pode então dominar todo o corpo e afetar até o cérebro. O impacto do estresse e dos traumas em nosso sistema imunológico e no cérebro é tão significativo que os cientistas abriram um novo campo de investigação no âmbito da conexão mente-corpo: a psiconeuroimunologia. Inflamações no cérebro foram identificadas em vários tipos de disfunções psicológicas e doenças mentais – desde depressão e ansiedade até psicoses.

Devido a essas consequências que podem ser devastadoras, é fundamental enfrentar uma resposta hiperativa de luta ou fuga. Se ficar preso a essa resposta, nosso sistema imunológico continuará a ativar reações inflamatórias no corpo inteiro. "Enquanto não se resolve o trauma", escreveu o dr. Bessel van der Kolk em *O corpo guarda as marcas*, "os hormônios do estresse, secretados pelo corpo como proteção, continuam a circular".[38,39,40,41] O corpo poderá, também, empregar energia excessiva para "suprimir o caos interno" do trauma e a resposta ativada de luta ou fuga, o que nos empurra ainda mais para um estado de descontrole. É um círculo vicioso, uma retroalimentação fisiológica repetida continuamente.

O estresse afeta todos os sistemas do corpo, incluindo o intestino – não é por coincidência que distúrbios gastrointestinais sejam um dos problemas mais comumente citados por pessoas que sofrem de ansiedade. Quando estamos estressados, assustados ou ansiosos, nosso corpo tem dificuldade para digerir a comida e, assim, pode retê-la por muito tempo – o que resulta em prisão de ventre – ou liberá-la com excessiva rapidez, sintoma característico da síndrome do intestino irritável, ou diarreia. O estresse afeta nossas escolhas alimentares e a composição microbiótica de nosso intestino, que constantemente se comunica com nosso cérebro (algo que discutiremos em detalhes no capítulo 5). Nesses casos, nosso corpo deixa de contar com nutrientes essenciais, seja porque não está assimilando os alimentos com rapidez suficiente, seja porque os descarta antes de começar a processá-los. Quando nosso sistema digestivo funciona mal, ficamos mais sujeitos a todos os tipos de doença.

A conexão estresse-doença é especialmente prejudicial para as populações oprimidas.[42] Ambientes opressivos impõem traumas quase permanentes nos indivíduos, induzindo respostas crônicas e intermináveis de estresse. Não é de admirar que já tenha sido documentada uma conexão entre opressão, maior incidência de doenças físicas e sofrimento psicológico. Pesquisas revelam que pessoas racializadas apresentam mais chance de desenvolver depressão e ansiedade, e são mais propensas a desenvolver hipertensão, obstrução arterial, dores lombares e câncer. Em uma pesquisa preocupante,[43] um grupo de mulheres negras foi acompanhado durante seis anos, após suas participantes responderem a um questionário sobre o nível de discriminação que enfrentavam em seu dia a dia. Aquelas que relataram mais incidentes tinham maiores riscos de desenvolver câncer de mama do que as que relataram menos incidentes. Estamos no início de nossa compreensão sobre os amplos efeitos da opressão sistêmica, mas felizmente há um crescente acervo de obras dedicadas a investigar suas consequências. Existem vários livros que considero essenciais e que incluí na seção de Leituras Recomendadas, no final deste livro. Todos confirmam o seguinte fato: o racismo, a intolerância e os preconceitos podem invadir as células do corpo, provocando mudanças destrutivas – que são transmitidas de geração a geração. Os efeitos do racismo perduram no sangue e nos ossos.

INTRODUÇÃO À TEORIA POLIVAGAL

Como vimos, traumas não resolvidos, assim como estratégias de enfrentamento inadequadas, afetam seu corpo, e o estresse, a sua realidade. Não há nenhuma parte de seu universo que o estresse não molde. O cheiro de grama recém-cortada pode transportá-lo a um trauma de infância. O rosto de um estranho pode deixá-lo na defensiva ou amedrontado, sem qualquer motivo. Ouvir um jingle de um seriado de TV de sua infância pode, de repente, deixá-lo com o estômago embrulhado. Se você mora em uma grande cidade, o simples ato de caminhar pela rua ou assistir a um noticiário sobre a violência diária contra pessoas parecidas com você pode ativar sua resposta a um trauma. Algumas pessoas nunca se sentem seguras, podem estar sempre esperando pelo pior.

Quando comecei a desmaiar, alguns anos após minha mudança para a Filadélfia, compreendi que estava estressada, embora ainda me sentisse confusa sobre o motivo dos desmaios. Não havia nenhum estresse – que eu conseguisse identificar – intenso o suficiente para provocar uma resposta tão forte em meu corpo. Por que ele estava reagindo de forma exacerbada sem qualquer perigo imediato?

Mais tarde, pesquisando a teoria polivagal do psiquiatra Stephen Porges, que oferece insights revolucionários sobre os traumas e as respostas do corpo ao estresse, descobri por que eu estava desmaiando aparentemente sem motivo. A teoria polivagal me ajudou a compreender como um trauma se instala em nosso corpo e começa a moldar nosso mundo.

O termo *polivagal* se refere ao nervo vago, que conecta o cérebro com o intestino. O nervo vago também tem várias ramificações de fibras sensoriais que percorrem o restante do corpo – desde o tronco cerebral ao coração, aos pulmões, aos órgãos genitais, etc. –, conectando todos os órgãos principais ao cérebro. A localização e a função desses nervos nos ajudam a entender por que o corpo reage tão rapidamente quando estamos estressados, por que nosso coração dispara quando encontramos inesperadamente um antigo amor, por que sentimentos de pânico nos fazem sentir falta de ar e por que comecei a desmaiar (ou perder a consciência) do nada.

Quando estamos em estado de homeostase, o nervo vago atua como um "intervalo neutro", mantendo-nos calmos e receptivos, e nos ajudando a ser mais sociais. Quando o nervo vago é ativado e entra em seu modo de defesa, as respostas de luta ou fuga podem se manifestar quase imediatamente.

INTERAÇÃO SOCIAL

A maioria das pessoas que eu trato vive em um modo de luta ou fuga quase constante. Essa resposta ao estresse é uma função automática do chamado sistema nervoso autônomo, a parte que regula as funções involuntárias, incluindo batimentos cardíacos, respiração e digestão.

O sistema nervoso autônomo trata da distribuição adequada dos recursos do nosso corpo e, assim, examina constantemente nosso ambiente em busca de dicas: devo ter cuidado aqui? Essa situação é perigosa? Essa pessoa é amigável? Estou devidamente hidratado e alimentado para lidar com quaisquer ameaças? O sistema autônomo usa algo chamado neurocepção – uma espécie de sexto sentido que opera fora de nossa percepção consciente –, que avalia o ambiente e coloca pessoas, lugares e coisas em uma destas duas caixas: seguro ou inseguro.

Quando o sistema nervoso autônomo considera uma situação segura, nosso nervo vago diz a nosso corpo para relaxar. É quando nosso sistema nervoso parassimpático, também chamado sistema de repouso e digestão, entra em cena. O nervo vago envia sinais para o coração desacelerar e nossa digestão continua a trabalhar a todo vapor, distribuindo nutrientes ao corpo de forma adequada. Nossos pulmões se inflam e absorvem mais oxigênio. Nesse estado de calma, entramos no que é chamado de modo de interação social, onde somos preparados para nos sentirmos seguros e protegidos, capazes de nos entendermos facilmente com outras pessoas.

Quando estamos no modo de interação social, adquirimos uma aparência mais envolvente e amigável. Nosso sorriso parece mais autêntico (o nervo vago se conecta aos músculos do rosto) e nossa voz soa melódica e afável (o nervo vago se conecta à nossa laringe, ou caixa vocal). Nossa audição melhora, pois o nervo vago também se conecta aos músculos do ouvido médio, que se abrem para que possamos ouvir melhor vozes humanas tranquilas. Até nossas glândulas salivares são ativadas, lubrificando as engrenagens da máquina mais potente que temos para interagir com o mundo ao redor: a boca.

Quando estamos nesse estado receptivo e parassimpático, nossos recursos são destinados a funções executivas superiores do cérebro, como planejamento para o futuro, automotivação, resolução de problemas e controle emocional. Despreocupados com a sobrevivência, ficamos livres para sermos nós mesmos. Trata-se de um estado de alegria, diversão, compaixão e amor. Costumo chamá-lo de "cérebro aprendiz" – pois é flexível, aberto, calmo, pacífico e curioso, qualidades fundamentais para que nosso desenvolvimento neurológico e comportamental evolua rapidamente durante a infância. É quando temos maiores chances de cometer erros e aprender com eles. E de nos levantarmos, se cairmos.

LUTAR OU FUGIR

Quando nos sentimos ameaçados, nosso corpo se prepara para entrar em ação, acionando nosso instinto de lutar ou fugir, ativado pelo sistema nervoso simpático, o equivalente ao *yin* do parassimpático *yang*.

Nesse momento, o nervo vago envia sinais de PERIGO para o sistema nervoso simpático, fazendo o coração bater mais forte e acelerado, ativando respostas de estresse nas nossas glândulas suprarrenais. Elas aumentam os níveis de cortisol, elevando nossa temperatura corporal e nos fazendo suar.

Quando entramos nesse estado intensificado, vivenciamos o mundo de forma diferente. A dor não é registrada. Nós nos concentramos em sons mais altos e desagradáveis. Perdemos nuances em nosso olfato. E no modo de lutar ou fugir, parecemos diferentes. Ficamos sem brilho nos olhos. Nossas sobrancelhas franzem. Nossos ombros se curvam e assumimos uma postura defensiva. Nossa voz assume um tom estressado e pouco natural. Os músculos do ouvido médio se retraem e, de repente, registramos apenas frequências altas e baixas (conhecidas como sons de predadores). Tudo é filtrado pelas lentes de uma possível ameaça: um rosto neutro se torna hostil, um rosto medroso se torna raivoso, um rosto amigável se torna suspeito. Nosso corpo se prepara para a batalha, uma necessidade evolutiva que herdamos de nossos ancestrais. É uma resposta adaptativa inata que aprendemos quando tivemos que enfrentar ameaças constantes – sob a forma de animais selvagens, fome e guerra. Tudo isso é útil e nos protege se estivermos de fato enfrentando esse nível de ameaça. A mesma resposta turbinada ocorre durante as provações mundanas e cotidianas da vida, como por exemplo quando você recebe uma mensagem de texto de seu chefe ou vê seu computador travar na hora de uma tarefa.

Além de todos os problemas de saúde associados a esse estado de estresse crônico, as pessoas que lutam com um sistema nervoso simpático hiperativo (conhecido como tônus vagal fraco) relatam muitos problemas preocupantes. Alguns dos padrões emocionais e relacionais mais comuns incluem:

- Falta de resiliência emocional
- Incapacidade para formar conexões significativas
- Problemas de concentração

- Dificuldade em realizar tarefas cognitivas de alta complexidade, como planejamento para o futuro
- Dificuldade em esperar por uma recompensa adiada

É importante notar que entramos no modo de lutar ou fugir inconscientemente. A reação de nosso corpo a uma ameaça é instintiva e involuntária. Não se pode culpar alguém que está sendo atacado por reagir, assim como não podemos culpar alguém por suar muito quando faz exercícios.

IMOBILIZAÇÃO

As duas respostas ao estresse mais comumente conhecidas – lutar e fugir – não contam toda a história do corpo sob ataque. Como o dr. Porges apontou em seu lendário artigo sobre a teoria polivagal, publicado na década de 1990, há também um terceiro modo: a imobilização.

Nosso nervo vago tem duas vias. A primeira é o sistema que regula nossas interações sociais e nossa resposta imediata ao perigo (lutar ou fugir). Trata-se de um caminho mielinizado, ou seja, é revestido com uma camada de gordura, o que o faz se engajar e se isolar mais rapidamente. A segunda via é desmielinizada e, portanto, menos reativa, mais lenta para se desligar e mais primitiva. Quem também possui essa via são os répteis, não nossos ancestrais primatas.

Quando a segunda via é ativada, ficamos imobilizados. Todo nosso corpo se desliga. Nossa frequência cardíaca e o ritmo de nosso metabolismo diminuem a passos largos. Nosso intestino se solta completamente ou se contrai e fica preso. Nossa respiração pode parar. Podemos desmaiar. Isso acontece quando nosso corpo sente que não há chance de sobrevivência. Justin Sunseri, um terapeuta polivagal, descreve muito bem a imobilização: "Se você vir um urso, seu corpo vai se preparar para fugir. Mas se o urso já estiver em cima de você, seu corpo pode simplesmente desistir e se fingir de morto."

Este é o modo de dissociação. Os indivíduos que entram nesse modo deixam seu corpo psicologicamente. Muitos, como eu, podem parecer presentes e interagir com outros, embora mentalmente estejam distantes, em sua própria "nave espacial". Alguns se desligam tão completamente que veem o evento como um sonho. Outros desenvolvem amnésia. Seja qual for o grau de dissociação, a resposta ao trauma evolutivamente programada explica por que muitos de nós temos tão poucas lembranças de experiências passadas – se não estávamos verdadeiramente presentes quando os eventos ocorreram, não há lembranças para as quais retornar. Explica também como é difícil se desvincular do estado de afastamento e retornar ao momento presente. O nervo desmielinizado torna quase impossível uma recuperação rápida quando ingressamos nesse modo.

O MUNDO SOCIAL

Muitos dos meus clientes, amigos e membros da minha comunidade on-line vieram até mim com problemas interpessoais que refletem essa desconexão: *Eu simplesmente não consigo me conectar com ninguém. Quero ter amigos, mas não consigo atingir nenhuma profundidade emocional. Ninguém me conhece de verdade. Eu não consigo encontrar um amor.*

Assim que mergulhei em livros e artigos sobre a teoria polivagal, percebi que a incapacidade de estabelecer uma intimidade real com os outros em geral não se deve a algum defeito de personalidade. É consequência de nosso tônus vagal, uma resposta de nosso sistema nervoso ao ambiente. Quando nosso tônus vagal é fraco, temos mais sensibilidade às ameaças percebidas em nosso ambiente, o que superativa a resposta do corpo ao estresse e reduz o controle das emoções e da atenção.

Quem vivencia o incômodo da ansiedade social deve reconhecer essa desconexão. Imagine-se entrando em uma festa cheia de desconhecidos. Você pode ter ficado obcecado com o que deveria vestir para a festa e planejado cada detalhe ou tópico de conversa possível, ou até se sentido totalmente neutro – sem nenhum sinal de que poderia se sentir pouco à vontade. Mas nada disso tem importância quando você de fato entra na sala.

De repente, todos os olhares estão voltados para você. Seu rosto fica quente e vermelho. Você ouve uma risada e tem certeza de que acharam graça das suas roupas ou do seu cabelo. Alguém esbarra em você e você começa a se sentir sem ar. Todos os desconhecidos parecem olhá-lo com escárnio. Mesmo que você saiba racionalmente que não está em um lugar hostil, que as pessoas não estão olhando ou julgando você (e se estiverem, quem se importa?), é quase impossível se livrar da sensação que o dominou quando se está aprisionado nela.

Isso porque seu subconsciente percebeu uma ameaça (usando o sexto sentido da neurocepção) em um ambiente não ameaçador (a festa) e ativou seu corpo, deixando você em um estado de luta (discutirá com todo mundo), de fuga (deixará a festa) ou de imobilização (não dirá nem uma palavra). O mundo social se tornou um espaço repleto de ameaças.

Enquanto esse tipo de desregulação do sistema nervoso estiver ativado, infelizmente, qualquer coisa que refute suas suspeitas (um rosto amigável, por exemplo) será ignorada por sua neurocepção em favor de coisas que a confirmem (a risada fortuita que você achou ter sido dirigida a você). Deixas sociais que seriam vistas como amigáveis caso você estivesse no modo de interação social – como uma pausa numa conversa para lhe dar a chance de participar, contato visual, um sorriso – serão mal interpretadas ou ignoradas.

Somos criaturas interpessoais. Precisamos de conexões para sobreviver. Entretanto, sistemas nervosos desregulados por traumas não resolvidos nos mantêm insatisfeitos, desligados de nossas emoções e tolhidos por nossa incapacidade de nos conectar com os outros.

CORREGULAÇÃO

Quando estamos presos em uma resposta a um trauma, nossa neurocepção pode se tornar imprecisa – interpretando mal o ambiente, vendo ameaças onde não existem e nos levando de volta ao estado hiperativo de luta ou fuga. E o ciclo de ativação recomeça. Entender *por que* isso ocorre, por si só, não resolverá nossas dificuldades de sociabilização. O problema é que os estados de nosso sistema nervoso são ciclos de feedback. Como disse o dr. Porges: "Nós refletimos o estado autônomo daqueles que nos rodeiam."[44]

Quando nos sentimos seguros, isso se reflete em nossos olhos, nossa voz e nossa linguagem corporal. Estamos totalmente integrados, há leveza e desembaraço em nossa conduta. Essa sensação de segurança é transmitida a outras pessoas por meio de um processo denominado corregulação.

Quando os outros se certificam de que você não é uma ameaça, eles também passam a se sentir seguros e entram no modo de interação social que os deixa à vontade. Nossa energia e nosso comportamento são transferíveis. Sentimo-nos melhores e mais calmos perto de determinadas pessoas porque nosso sistema nervoso está respondendo ao delas. A oxitocina – o hormônio da conexão – flui, o que nos ajuda a estabelecer vínculos emocionais e, no caso de relacionamentos amorosos, físicos. A sensação de segurança cria uma área de conforto e uma troca de conexões.

A capacidade de corregulação é estabelecida na infância. Como vimos, somos condicionados por nossas figuras parentais de formas sutis e profundas. Um dos comportamentos mais importantes que aprendemos com eles é a capacidade de aplicar estratégias internas de enfrentamento que, em tempos de estresse, nos ajudam a retornar ao espaço seguro e criativo de mobilização ou interação social. Se você vivia cercado de energia calma e curativa, seu sistema não apenas internalizava esse ambiente como também o refletia. Nosso nervo vagal sempre nos levará de volta a um estado parassimpático de equilíbrio, ou homeostase, quando sentir que há um espaço seguro para onde retornar.

Se você morou em um lar caótico, onde reações exageradas, espirais de raiva, desinteresse ou medo eram comuns, seus recursos internos provavelmente estavam ligados ao gerenciamento do estresse (da sobrevivência, na verdade) e não podiam retornar livremente ao modo seguro de interação social. Como aprendemos, as crianças são criaturas dependentes. Se a figura parental proporciona um ambiente caótico e estressante, a criança internaliza esse estado e generaliza: *Meus pais se sentem ameaçados. Estou em perigo, pois eles não estão sintonizados com minhas necessidades. O mundo é um lugar ameaçador.* Esse "cérebro de sobrevivência" (em oposição ao "cérebro de aprendizagem" da interação social), totalmente focado nas ameaças percebidas, é cíclico, obsessivo e movido pelo pânico, enxerga tudo em preto e branco. Assim, temos muito medo de cometer erros. Quando falhamos, nos debatemos, sucumbimos ou nos isolamos.

Em uma festa, por exemplo, provavelmente não conseguíamos escapar de uma resposta vagal, pois passávamos esse estado para pessoas com quem cruzávamos. Os outros na festa, por sua vez, refletiam nosso estado ativado de volta para nós, mantendo-nos travados e nos conduzindo ao longo de um caminho de dependência emocional.

VÍCIO EMOCIONAL

Quando não é abordado de forma adequada, o trauma direciona as narrativas e molda as respostas autônomas. Nossa mente e nosso corpo se tornam dependentes da forte resposta física proveniente da liberação de neurotransmissores associados a essa experiência e a solidifica nas vias neurais de nosso cérebro. Em outras palavras, o cérebro aprende a ansiar pelos sentimentos associados à resposta ao trauma. Esse é o ciclo do vício emocional.

Um dia típico de vício emocional pode ser assim:

Você acorda de manhã e o pavor toma conta de você. O alarme está tocando: é hora de se levantar e se preparar para o trabalho. Você logo é assaltado pelos mesmos pensamentos que tem todas as manhãs: *Preciso de um café. Meu trajeto leva 45 minutos. Tenho que tomar banho. Queria que hoje fosse sexta-feira.* Sua mente está fazendo o de sempre: suprindo as intermináveis narrativas das muitas coisas que você precisará fazer (embora você deseje desesperadamente que não fossem necessárias) antes que você as faça. Seu corpo responde aos pensamentos estressantes: sua frequência cardíaca aumenta, sua respiração fica mais rasa, a atividade de seu sistema nervoso se acelera, os hormônios de estresse são liberados – tudo isso antes de você sequer sair da cama. No caminho para o trabalho, o tráfego é intenso. Você já esperava por isso, porque acontece quase todo dia, mas sua mente dispara críticas, dizendo-lhe que você deveria ter saído mais cedo e lembrando como você odeia ter que dirigir até o trabalho. Você sofre um acúmulo de frustração e raiva, que descarrega em seus colegas assim que entra no escritório. Ser ouvido lhe dá uma sensação agradável, mas, quando você abre os e-mails, seu coração dispara novamente e seu estômago se contrai. Você passa mais algum tempo desabafando, o que também é bom, e assim prossegue o ciclo de ativação emocional.

Quando chega em casa, você está exausto, uma resposta normal depois de um dia numa montanha-russa de emoções. Para relaxar, você toma uma taça de vinho. Cansado, não consegue estar presente e se conectar com seu parceiro. Liga então a Netflix e começa a assistir a uma série. A estressante história criminal faz você passar pelos mesmos picos emocionais que passou durante o dia. Você adora a incerteza e a forma como aquele episódio o deixa eletrizado. Você se sente razoavelmente satisfeito (e mais relaxado, por conta do vinho) e acaba dormindo no sofá. Acorda às duas da manhã e se joga na cama, só para repetir a mesma dinâmica ao despertar.

Nosso corpo aprende a adotar padrões como esses para se sentir integrado ao nosso eu conhecido. Em geral, ao vivenciarmos uma forte emoção, nosso modo de luta, fuga ou imobilização é acionado. Retornamos então, rapidamente, à área da interação social de base. Supõe-se que os estados de ativação são desagradáveis e perigosos, mas, para os que estão presos ao ciclo do vício emocional, a sensação é boa. Pode ser a única forma de sentir alguma coisa. Nosso corpo responde a essas sensações liberando hormônios como o cortisol e substâncias neuroquímicas como a dopamina, que mudam fundamentalmente nossa química celular e nos fazem buscar o mesmo tipo de "onda" emocional repetidas vezes. Mesmo que uma emoção nos deixe estressados ou tristes, muitas vezes nos proporciona uma sensação de familiaridade e segurança – o mesmo tipo de alívio que sentíamos quando crianças.

Na minha infância, por exemplo, o ambiente era de estresse e medo. Esses sentimentos nos uniam e nos ofereciam um substituto para a intimidade emocional praticamente ausente. Em vez de nos conectarmos de forma autêntica, nós nos conectávamos por meio do drama e da dor, e, frenéticos, nos reuníamos a cada nova crise (A saúde da mamãe! Um vizinho rude!). Os "momentos de inatividade" em que não vivenciávamos esses sentimentos pareciam maçantes comparados aos de trancos de indignação, medo e raiva.

Quando eu não estava no ciclo do vício emocional, não me sentia eu mesma. Meu corpo ficou tão acostumado com adrenalina, cortisol e outras poderosas reações hormonais que continuei a buscá-los inconscientemente quando adulta, de modo a repetir a linha de base emocional estabelecida na infância. Sem eles, eu me sentia entediada e agitada.

Era por isso que – nos meus relacionamentos amorosos – eu provocava atritos quando as coisas estavam calmas demais, entrava em pânico com trabalhos escolares que tinha que entregar ou mergulhava em um estado de ansiedade quando tentava descontrair e relaxar. Pouco à vontade, meu corpo me arrastava de volta ao mesmo estresse de quando eu era pequena.

Alguns de meus clientes descrevem como a indignação que sentem ao assistir aos noticiários faz com se sintam prazerosamente "recarregados". Querem a onda de raiva ou nojo. É a única coisa que os faz *sentir* alguma coisa de fato, pois o corpo deles está acostumado a responder ao estresse. Nossos relacionamentos também são um desaguadouro onde extravasamos nossos vícios emocionais. Muitos de meus clientes se relacionavam com pessoas imprevisíveis ou não confiáveis. Sentiam-se inseguros e confusos, o que os deixava ansiosos. Seus pensamentos giravam em torno do par amoroso e de como se sentiam a respeito. Qualquer ação ou comportamento por parte da outra pessoa envolvida se tornava algo que analisavam à exaustão. Intelectualmente, buscavam um tipo de parceiro muito diferente. Queriam alguém que se comprometesse e fosse aberto quanto aos próprios sentimentos. No entanto, sempre retornavam à mesma dinâmica de relacionamento, pois era a que parecia mais emocionante. Viciados no ciclo de imprevisibilidade e na poderosa resposta bioquímica que obtinham dele, não conseguiam se libertar.

Com o tempo (como acontece em outros vícios, como açúcar, sexo, drogas ou álcool), nosso corpo passa a precisar de experiências cada vez mais intensas para obter a mesma onda química. Nosso subconsciente nos leva a situações que nos permitam obtê-lo em doses cada vez mais poderosas: relacionamentos imprevisíveis, noticiário que nos deixe com medo e/ou raiva, redes sociais que nos permitam arranjar brigas on-line. Eis por que somos levados a desabafar com amigos e a reclamar cronicamente. Tais comportamentos nos ajudam a permanecer em um estado elevado de ativação. A paz é enfadonha e estranha. Nosso corpo e nossa mente buscam o que lhes é familiar, ainda que doloroso. No fim das contas, muitos de nós acabam se sentindo envergonhados e confusos com nosso comportamento.

COMPLETANDO O CICLO

Ciclos consistentes de vício emocional intensificam outras disfunções do corpo traumatizado, entre elas inflamações crônicas e problemas intestinais, que são os principais sintomas físicos relatados por meus clientes.

Como o nervo vago está conectado ao intestino, caso esteja desregulado ou com um tônus fraco, nossa digestão será prejudicada. Quando entramos no modo de luta ou fuga, uma cascata de hormônios de estresse leva nosso corpo a bombear substâncias químicas inflamatórias, como as citocinas, que criam ainda mais inflamações. Nosso sistema nervoso – e nosso vício inconsciente em mantê-lo em um estado de ativação elevada – está no centro de muitos de nossos sintomas psicológicos e físicos.

Entender por que o sistema nervoso se torna desregulado – e que as reações de estresse estão fora do nosso controle consciente – pode contribuir para a normalização do comportamento e explicar por que tantos de nós nos sentimos sozinhos quando estamos em uma sala lotada, por que colocamos substâncias em nosso corpo para entorpecer nossas respostas fisiológicas naturais e por que fugimos, nos desligamos ou nos tornamos agressivos. Como vimos, essas atitudes são respostas automáticas condicionadas por experiências de corregulação na infância ou pela falta delas.

Porém, a história não termina aqui.

Como veremos no próximo capítulo, existem modos de aumentar o controle sobre nosso tônus vagal e sobre as respostas de nosso sistema nervoso. Aprender a aproveitar o poder do nervo vago foi a descoberta mais impactante e revigorante de minha fase inicial como terapeuta. Espero que as ferramentas que se seguem o ajudem a conseguir isso também.

ENTRE EM AÇÃO: AVALIE A DESREGULAÇÃO DE SEU SISTEMA NERVOSO

Primeiro passo. Observe a si mesmo. Desregulação do sistema nervoso (*nervous system dysregulation*) é um termo utilizado para descrever sintomas provenientes da ativação repetida ou de longos períodos de estresse. Idealmente, quando você enfrenta uma situação estressante, seu sistema nervoso é ativado e, em seguida, retorna a um estado básico de equilíbrio, o que permite a seu corpo "descansar e digerir". Mas quando seu sistema nervoso não consegue se regular, você não consegue se recuperar do estresse e pode apresentar os seguintes sintomas:

- **Problemas psicológicos e emocionais:**
  - *Ativação:* vergonha, culpa, mudanças de humor, medo, pânico, agressão, ansiedade, raiva, terror, confusão, autorresponsabilização, prostração

- *Desligamento:* incapacidade de se conectar com pessoas ou experiências, de pensar com clareza, sensação de estar "desorientado" e entorpecido, medo de falar ou de ser visto

• **Problemas físicos:**

- *Hipervigilância:* insônia, pesadelos, nervosismo (facilidade para levar sustos), medo de sons altos, tremores, estremecimentos, taquicardia, enxaquecas, problemas de digestão, doenças autoimunes
- *Tensão:* bruxismo, enxaqueca, tensão ou dores musculares, exaustão, fadiga crônica

• **Problemas sociais:**

- *Apego:* relacionamentos instáveis ou evitativos, medo constante de abandono (muitas vezes resultando em "apego doentio" ou incapacidade de ficar sozinho)
- *Problemas emocionais:* ausência de limites ou limites inflexíveis, ansiedade e retraimento social, irritabilidade

Todos os dias, durante uma semana, passe algum tempo sintonizando-se com seu corpo (você pode usar o exercício Desenvolva sua Consciência, descrito na página 53, para ajudá-lo a fazer isso). Observe com atenção caso esteja vivenciando qualquer um dos sintomas de ativação do sistema nervoso aqui descritos.

Segundo passo. Restaure o equilíbrio do sistema nervoso. Conscientizar-se do estado de ativação de seu sistema nervoso será uma parte importante da sua jornada de cura. Incorporar à rotina as práticas a seguir o ajudará a regular seu sistema nervoso. Com o tempo, elas contribuirão para que você adquira a capacidade de se envolver consigo mesmo, com os outros e com o mundo de novas maneiras.

Escolha uma dessas práticas para se concentrar em cada dia e a execute apenas até o grau de intensidade ou esforço que lhe pareça confortável. Aqueles que já mantêm um diário ou bloco de notas para esse trabalho podem querer anotar como seu corpo se sente e responde a cada prática.

- **Encontre seu ambiente no momento presente.** Encontre um cheiro, um sabor ou uma imagem no lugar em que está. Focalize toda a sua atenção nessas experiências sensoriais.
- **Faça uma meditação de visualização.** Feche os olhos e respire fundo. Imagine uma luz branca saindo de seu coração. Coloque as mãos sobre o peito e repita as palavras: "Estou seguro e em paz." Faça isso três vezes ao longo do dia. Logo ao despertar ou logo antes de dormir são excelentes momentos para essa prática.
- **Seja consciente no consumo de informações.** Quando você consome informações, seu sistema nervoso também as consome. Fique atento a isso. Quando se informa, você se sente reabastecido e restaurado ou esgotado e com medo? Pode ser útil desconectar-se da mídia que ativa sentimentos de ansiedade.
- **Entre em contato com a natureza e a observe.** Saia e vivencie qualquer pequeno aspecto do ambiente natural que esteja acessível a você. Observe as cores das flores. Sente-se sob a sombra de uma árvore. Caminhe com os pés descalços na grama ou na água. Deixe o vento soprar em sua pele. A natureza equilibra naturalmente nosso sistema nervoso e nos recompõe.

À medida que começar a usar essas novas ferramentas para restaurar o equilíbrio de seu sistema nervoso, lembre-se de que uma prática simples e consistente é fundamental. Muitos de vocês passaram a vida inteira em um corpo desregulado. Portanto, a cura, que vai acontecer, levará um tempo.

DFE: RESTAURANDO O EQUILÍBRIO

Eis algumas instruções do *Diário do meu Futuro Eu* que usei todos os dias para começar a criar uma nova experiência de equilíbrio do sistema nervoso. Para ajudá-lo nesse processo, você pode usar os seguintes exemplos (ou criar outros semelhantes):

Hoje estou praticando a restauração do equilíbrio de meu sistema nervoso.

Sou grato pela oportunidade de criar calma em minha vida.

Hoje estou trazendo ao meu corpo um momento de calma muito necessário.

Mudanças nessa área permitirão que eu me sinta em paz.

Hoje estou treinando encontrar segurança no momento presente/ fazer uma meditação de visualização/ estar consciente do meu consumo de informações/ passar um minuto observando a natureza.

CINCO

Terapias mente-corpo

Quando aprendi mais sobre o sistema nervoso e a teoria polivagal, me desfiz de algo que há muito me tolhia: a vergonha. Passei a entender que muitos aspectos de mim mesma com os quais eu me debatia – meu comportamento, meus pensamentos cíclicos, minhas explosões emocionais, meus relacionamentos indiferentes – tinham uma base fisiológica: os impulsos reativos de um corpo desregulado. Eu não era uma pessoa ruim. Meu cérebro era normal. Esses hábitos e comportamentos eram, na verdade, respostas aprendidas pelo meu corpo para *me manter viva*. Eram mecanismos de sobrevivência. Aplicar qualificativos como "bom" ou "ruim" simplificava de forma grosseira uma interação descontroladamente intrincada entre mente e corpo.

Alguns aspectos estavam fora de meu controle consciente, mas isso não significava necessariamente que eu estivesse à mercê de meu corpo. Não significava que, por viver com traumas não resolvidos e lutar contra inflamações e um tônus vagal fraco, eu jamais poderia mudar. Na verdade, era o contrário: se meu corpo podia aprender formas descontroladas de enfrentamento, poderia também aprender modos saudáveis para sua recuperação. Graças à epigenética, sabemos hoje que nossos genes não são imutáveis. Graças à neuroplasticidade, sabemos que o cérebro pode criar novos caminhos; graças à mente consciente, conhecemos o poder de nossos pensamentos para efetuar mudanças; graças à teoria polivagal, sabemos que o sistema nervoso afeta todos os outros sistemas do corpo. Quando comecei a destrinchar minhas camadas de ignorância sobre as conexões entre mente, corpo e alma – e a realmente me observar pela primeira vez –, comecei a compreender nosso potencial interno de *cura*.

É possível desaprender e reaprender quando já somos adultos, mesmo que tenhamos sofrido traumas significativos no passado. Podemos aproveitar o poder de nosso corpo para curar nossa mente e o poder de nossa mente para curar nosso corpo.

Você se lembra da Ally, cuja jornada de autocura acompanhamos no capítulo 1? Sua história me ensinou muito sobre o incrível poder que todos temos de mudar. A transformação de Ally começou com a "noite sombria da alma" que ela vivenciou após ser diagnosticada com esclerose múltipla e ter uma reação adversa a um novo medicamento – vendo-se dividida entre o choque e a incerteza provocados por um diagnóstico de doença crônica e o desejo ardente de uma vida melhor.

Ally começou a cumprir pequenas promessas diárias feitas a si mesma e, com o tempo, passou a ter autoconfiança suficiente para observar suas respostas ao trauma. Permitiu-se então vivenciar os "grandes sentimentos", como os chamava, relembrando momentos de sua infância em que sofreu bullyings severos. Sem fazer julgamentos, começou então a observar com atenção as respostas de seu corpo aos momentos de medo e tristeza, reservando espaço para essas emoções.

Isso a estimulou a controlar, do modo mais revigorante e alegre possível, as poderosas respostas de seu sistema nervoso. Como sua intuição lhe pedia que cantasse, ela passou a fazer aulas de canto, lutando contra seu crítico interior tirânico (seu impulso subconsciente para permanecer na zona de conforto) e contra o medo que percorria seu corpo antes de cada aula. Sua adrenalina aumentava, mas, por fim, a enchia de entusiasmo e orgulho. Com a prática, ela se libertou da busca pela perfeição e mergulhou na alegria de criar. Hoje ela canta, toca violão e violino, e está começando a dar os primeiros passos na composição. Já foi até escalada para um musical, o que fez sua criança interior (algo sobre o qual aprenderemos mais no capítulo 7) resplandecer de orgulho. Ao longo do caminho, ela começou a praticar ioga, o que fortaleceu seu corpo, que durante meses ficara confinado à cama e ao sofá. Isso expandiu sua capacidade de suportar o desconforto e a ajudou a desenvolver resiliência ao estresse. Ela também fez mudanças impactantes em sua dieta ao seguir o protocolo anti-inflamatório Wahls, programa alimentar que tem ajudado muitas pessoas que lutam contra doenças autoimunes.

Ally não sabia de nada disso no início, e, com cada uma das práticas, aprimorava e fortalecia a conexão entre sua mente, seu corpo e particularmente seu sistema nervoso, o que a ajudou a conduzir seu corpo para o equilíbrio e a cura. Os resultados foram impressionantes: ela perdeu 36 quilos, parou de ser afetada por nebulosidades mentais ou pela perda de memória e sua cognição melhorou. Ela começou a se sentir motivada, lúcida e cheia de propósito. O mais surpreendente é que não toma mais nenhum medicamento para esclerose múltipla. No momento em que escrevo este livro, a doença está em remissão.

"Deixei para trás o que era familiar e dei lugar a algo desconhecido, e estou agora onde nunca pensei que estaria", disse ela em um podcast. "Um lugar melhor do que eu jamais poderia imaginar. A vida é louca, bonita, desafiadora e, às vezes, sombria e tempestuosa, mas também cheia de luz. Sou grata pela minha vida."

A transformação drástica de Ally é um belo testemunho do poder da conexão mente-corpo. A dedicação ao próprio bem-estar nos mostra que investir na nossa saúde mental e física exige comprometimento e um esforço diário. Sua história serve também como um inspirador lembrete de que por mais derrotados, cansados, desesperançosos e fora de controle que possamos nos sentir, mudar é possível.

DE CIMA PARA BAIXO, DE BAIXO PARA CIMA

A cura se inicia com o aprendizado de como entrar em contato com as necessidades de nosso corpo e nos reconectar com nosso Eu intuitivo. Começa com o ato de observar: *Como meu corpo está reagindo? Do que meu corpo precisa?* Ao fazer essas perguntas e ouvir as respostas de seu corpo, Ally descobriu sua paixão por cantar, ato que ativa o nervo vago e contribui para o reequilíbrio do sistema nervoso. Ela não sabia nada a respeito de como seu sistema nervoso funcionava, mas, ao ouvir seu corpo, adquiriu um senso intuitivo de como ativá-lo de forma curativa. Com Ally, todos podemos aprender a usar o feedback que nosso corpo nos oferece.

Ainda que as reações de nosso sistema nervoso sejam automáticas, existem formas de melhorar seu tônus vagal, gerenciar suas respostas ao estresse – condicionadas por traumas – e retornar mais rapidamente ao espaço aberto, amoroso e seguro oferecido pelo modo de interação social. Hoje em dia essa área de pesquisa é tão fecunda que muitos pesquisadores estão estudando o uso de estimuladores do tônus vagal (implantes que liberam impulsos elétricos diretamente no nervo vago) para tratar uma enorme variedade de doenças, da epilepsia à depressão, da obesidade à recuperação após insuficiências cardíacas e pulmonares. A forma de fazê-lo sem intervenções cirúrgicas é ativando as partes do sistema autônomo que estão sob nosso controle, como a respiração e a voz.

O nervo vago, vale lembrar, é uma via de comunicação bidirecional que transporta informações do corpo para o cérebro e do cérebro para o corpo. Essa conversa é chamada de "processo de cima para baixo". Os processos de cima para baixo recrutam seu cérebro para guiar seu corpo em direção à cura. Um exemplo dessa prática é a meditação, que, ao treinar sua atenção, ajuda a regular as respostas do sistema nervoso autônomo. Uma reação semelhante, embora oposta, ocorre com os processos ascendentes, em que você usa o poder do seu corpo para produzir efeitos sobre sua mente. A maioria dos exercícios que envolvem o nervo vago, discutidos aqui, utiliza processos ascendentes, como a respiração, a crioterapia e os aspectos físicos da ioga.

Embora muitos processos de baixo para cima e de cima para baixo estejam fora de nosso controle, podemos escolher conscientemente intervenções específicas que diminuem ativamente nosso estresse psicológico, desaceleram as respostas simpáticas em nosso sistema nervoso e até mesmo fortalecem nossos sistemas musculoesqueletais e cardiovasculares. Além disso, quando ativamos, desafiamos e tonificamos nosso nervo vago em um ambiente seguro e controlado, construímos tolerância e aprendemos a conviver com o desconforto, o que é fundamental para criar resiliência – a capacidade de nos recuperarmos rapidamente de adversidades.

Quando você começa a trabalhar para tonificar o nervo vago, sem dúvida vivencia uma incômoda resistência interna. Mas nunca é benéfico nos sobrecarregarmos de desconforto. Facilitar nosso caminho pode nos aproximar da cura. É importante que esse trabalho seja feito em local seguro e estável, onde o estresse e o desafio para nosso corpo e mente estejam sob controle. Assim, estaremos preparados para lidar com qualquer tensão.

A seguir estão relacionadas algumas das formas mais eficazes e práticas de aproveitamento do poder de cura de nosso corpo, de modo a recuperarmos nosso equilíbrio e ficarmos mais resilientes. Todas essas práticas são ferramentas importantes para fortalecer a conexão mente-corpo e criar um tônus vagal saudável. São os passos básicos no caminho da cura holística.

CURANDO O INTESTINO

A maioria dos clientes com quem trabalhei expressa sentimentos conflitantes em relação à comida e, muitas vezes, vive com problemas digestivos e intestinais crônicos. Para eles, é útil ter consciência dos efeitos de sua alimentação em seu corpo e, portanto, em seu estado mental.

Pouquíssimos de nós atendem às demandas nutricionais do corpo. Em vez disso, tendemos a comer com base em como nos sentimos – tristes, entediados, felizes, solitários, animados –, e também por necessidade, hábito ou obrigação. Essas informações em torno dos alimentos nos desconectam das *necessidades reais* de nosso corpo. Isso não é programado, e sim aprendido. Quando bebês, somos movidos por nossas necessidades mais básicas. Quando estamos com fome, choramos; quando estamos satisfeitos, nos afastamos. Os bebês são muito claros quanto ao que gostam e não gostam (para grande desgosto de pais corujas em todo o mundo). São movidos pelo próprio corpo. Conforme envelhecemos e somos condicionados por outras motivações para comer e beber, paramos de dar atenção a essas necessidades inatas. O estresse crônico e avassalador que vivenciamos na infância pode tornar mais difícil uma digestão adequada. Isso é confirmado por vários estudos sobre o papel dos traumas no desenvolvimento de problemas gastrointestinais na idade adulta.[45] Se ouvirmos nosso corpo com atenção, podemos reaprender o que foi perdido, pois nosso corpo fala alto mediante mensagens trocadas entre o intestino e o cérebro. Só precisamos prestar atenção.

Temos cerca de 500 milhões de neurônios em nosso intestino, que podem se comunicar diretamente com o cérebro por um caminho conhecido como eixo intestino-cérebro, um dos exemplos mais estudados da conexão mente-corpo. O eixo intestino-cérebro é a estrada que permite a troca de uma série de informações, incluindo o tamanho da nossa fome, de que tipo de nutrientes necessitamos, com que velocidade o alimento passa pelo estômago e até mesmo quando os músculos do esôfago se contraem. Nosso amigo, o nervo vago, é um dos principais mensageiros dos sinais de mão dupla que circulam entre o intestino e o cérebro.

O intestino também abriga uma extensa rede de células nervosas ao longo da parede intestinal, as quais constituem o que é conhecido como sistema nervoso entérico (SNE). Trata-se de um sistema de células nervosas semelhante a uma malha, tão complexo que os pesquisadores costumam se referir a ele como nosso segundo cérebro. Assim como os neurônios encontrados em nosso cérebro real, essas células se comunicam constantemente com diversas regiões do corpo, enviando mensagens químicas e sinalizando a liberação de hormônios.

O SNE reúne informações do microbioma, a diversidade de bactérias, fungos e outros micróbios que vivem em vários locais do corpo. Os que vivem em nosso intestino produzem neurotransmissores à medida que decompõem os alimentos ingeridos, que levam mensagens ao nosso cérebro. Esses micróbios influenciam nossa realidade. Basta pensar em quando temos que falar em frente a um grupo de pessoas e pensamos sentir enjoo. Não é só uma impressão. Nosso estado emocional, de fato, pode fazer nosso estômago se sentir mal. Na verdade, 90% do neurotransmissor serotonina, comumente conhecido como "o hormônio da felicidade" (embora também esteja envolvido no sono, na memória e no aprendizado), é produzido em nosso intestino. Essa descoberta inspirou a teoria de que um grupo de antidepressivos, chamados inibidores seletivos de recaptação da serotonina (ISRS), como o Prozac, realmente atua na serotonina produzida "abaixo do pescoço", no SNE – derrubando a crença mais antiga de que esses produtos neuroquímicos eram fabricados apenas no cérebro. Antes pensávamos que, quando estávamos psicologicamente doentes, a causa básica deveria ser identificada e tratada "acima do pescoço". Agora sabemos que o cérebro é apenas uma pequena parte de uma rede interconectada muito maior.

Em um estado de trauma, tanto a desregulação física do sistema nervoso quanto a do intestino prejudicam nossa digestão, trabalhando contra nossa capacidade de absorver adequadamente os nutrientes dos alimentos. Quando nosso corpo está estressado, não conseguimos entrar no estado parassimpático que envia mensagens de calma e segurança ao corpo. Sem essas mensagens, nosso corpo expele ou retém a comida, o que provoca sintomas como diarreia e prisão de ventre. A desregulação do corpo provavelmente se espelha no intestino, onde um microbioma desequilibrado também impede a absorção dos nutrientes de nossa comida. Com o tempo, nosso corpo se torna cronicamente privado de nutrientes. Portanto, mesmo que nossa dieta seja saudável ou abundante, podemos acabar desnutridos e famintos.

E se nossa dieta não for tão saudável, as coisas pioram. Nosso revestimento intestinal inflama quando consumimos alimentos que lhe causam danos, entre eles açúcar, carboidratos processados e gorduras inflamatórias (como gorduras trans e muitos dos óleos vegetais). Tais alimentos fornecem sustento para os ocupantes menos desejáveis de nosso microbioma intestinal (alguns micróbios são bons, enquanto outros podem nos deixar doentes). Essa coleção de micróbios estabelece as bases para uma condição chamada disbiose intestinal, na qual o equilíbrio do seu ecossistema interno favorece a proliferação de bactérias ruins.

Quando a disbiose ocorre, é normalmente acompanhada por uma condição chamada intestino permeável. O intestino permeável é exatamente o que o nome diz – um revestimento do intestino que, em vez de agir como barreira, tornou-se permeável, permitindo o vazamento de bactérias para os sistemas circulatórios de nosso corpo. Quando uma bactéria ruim vaza para a corrente sanguínea, nosso sistema imunológico responde, reconhecendo essas bactérias como um invasor estranho e aumentando nossa resposta imunológica. Como aprendemos, isso dissemina produtos inflamatórios por todo o corpo, incluindo as citocinas, sobre as quais falamos no capítulo anterior. Um intestino cronicamente inflamado geralmente provoca uma inflamação sistêmica maior,[46] que percorre nosso corpo de forma desenfreada. Isso pode nos deixar enjoados, letárgicos e até, em alguns casos, psicologicamente enfermos.

Segundo estudos, a disbiose intestinal é uma possível causa para algumas condições que rotulamos de doença mental, incluindo depressão, autismo, ansiedade, transtorno do déficit de atenção, hiperatividade (TDAH) e até esquizofrenia.[47] Diversos estudos em animais revelaram uma ligação direta entre um declínio na saúde de nosso microbioma intestinal (resultante de uma dieta pobre e/ou de influências ambientais, como estresse e produtos químicos tóxicos) e um acentuado aumento nos sintomas associados à ansiedade e depressão.[48] Na verdade, em alguns estudos, pessoas que sofriam de depressão apresentavam níveis mais baixos de *Coprococcus* e *Dialister* – bactérias benéficas – do que os pacientes-controles.[49] Outros estudos provaram que pessoas diagnosticadas com formas graves de esquizofrenia tendem a ter níveis mais elevados das cepas bacterianas *Veillonellaceae* e *Lachnospiraceae*.[50] Esses estudos foram tão promissores que hoje existe um campo emergente da medicina chamado neuroimunologia, que se dedica a explorar a conexão entre o intestino, o sistema imunológico e o cérebro. Pesquisas iniciais nesse campo indicam que uma inflamação no corpo pode cruzar a barreira hematoencefálica e ingressar no cérebro. Um cérebro inflamado pode provocar uma série de distúrbios neurológicos, psicológicos e psiquiátricos. Há indícios contundentes de que, quando a parede intestinal é curada por meio de alimentação aliada a probióticos suplementares, pode haver melhoras em alguns problemas de saúde mental. Estudos recentes demonstram que o uso de probióticos reduz angustiantes problemas comportamentais em crianças afetadas pelas formas mais graves do espectro autista.[51]

A forma mais rápida de melhorar a saúde do intestino – de modo a sustentar nosso microbioma e manter a integridade de sua parede intestinal – é comer *alimentos integrais e ricos em nutrientes*. A linha direta entre o intestino e o cérebro torna cada refeição uma oportunidade de cura e nutrição. Quando cortamos alimentos processados e não saudáveis de nossa dieta, não devemos encarar isso como privação. Devemos ver isso como uma estimulante oportunidade de melhorar nosso bem-estar físico e mental a cada mordida. É raro encontrar um psicólogo que pergunte o que você está comendo, embora a comida desempenhe um papel extremamente importante no bem-estar mental. Além de consumir alimentos ricos em nutrientes, que fazem você se sentir melhor, adicionar alimentos fermentados – como chucrute, iogurte, *kefir* e *kimchi* – à sua dieta também pode ser útil, pois são ricos em probióticos naturais.

Outra abordagem nutricional popular, que ganhou apelo generalizado e é apoiada por vários estudos acadêmicos, é o jejum intermitente.[52] Jejuns e intervalos sem comer, dentro de limites saudáveis, oferecem ao nosso sistema digestivo uma pausa que desafia nosso corpo de maneiras benéficas e melhora nosso tônus vagal. O método pode envolver jejuns de 24 horas, intervalos de 10 horas entre as refeições ou apenas refeições menos frequentes ao longo do dia. O jejum proporciona um descanso ao nosso sistema digestivo, liberando a energia que seria dedicada à digestão para ser usada em outro lugar. Pode também aumentar nossa sensibilidade à insulina e regular o açúcar no sangue, evitando que nos tornemos viciados em açúcar sempre à procura da próxima dose. Antes de mudar minha alimentação, eu era uma notória formiguinha. Toda namorada sabia que era melhor levar algum doce a qualquer passeio para o dia não terminar mal para nenhuma das duas. Eu comia quantidades e mais quantidades, mas estava sempre morta de fome. Estudos mostram que o jejum intermitente aguça a capacidade mental, o aprendizado e o estado de alerta[53] (mas devo avisá-lo: outros estudos também revelaram maior irritabilidade,[54] especialmente quando a pessoa está começando a fazer os jejuns, antes de o corpo ter se acostumado).

Quando jejuamos e mudamos nossa alimentação, o corpo aprende a obter energia de fontes alternativas, como gorduras e proteínas. Isso lhe permite suportar refeições mais espaçadas sem desconforto, *pois o corpo está obtendo o que precisa*. Quando comemos alimentos processados e carregados de açúcar, ficamos com fome o tempo todo, já que nosso corpo não obtém os nutrientes de que necessita. Essa falta manda sinais de fome para o nosso cérebro, fazendo-nos comer ou beber demais. Nunca nos sentimos satisfeitos, pois nutricionalmente nosso corpo não está recebendo o que precisa.

O jejum intermitente pode não ser apropriado para todos, é claro, principalmente para aqueles com histórico de transtornos alimentares. Qualquer pessoa com um histórico de padrões alimentares restritos não deve adotar essa prática.

SONO CURATIVO

Quando começamos a observar como a nutrição influencia o corpo e a mente, temos a oportunidade de aprender como nossas escolhas diárias podem não estar atendendo às necessidades essenciais de ambos. Logo após a nutrição, a decepção mais comum ocorre todas as noites: a maioria de nós não dorme o suficiente.

Isso começa cedo. No meu caso, durante a infância. Foi quando pensamentos que me provocavam ansiedade começaram a me assaltar à noite. Aos 5 anos, já permanecia acordada na cama, amedrontada, certa de que cada ruído que ouvia era de um ladrão ou um sequestrador pronto para atacar minha família. Meu corpo mergulhava em um estado de ansiedade em função de meu sistema nervoso simpático hiperativo (e nada disso era combatido pela minha dieta na época à base de sorvete, biscoito e refrigerante). Minha mente esquadrinhava constantemente meu corpo, observando os desequilíbrios intestinais, a adrenalina, a hipervigilância. Quando meu coração e minha respiração disparavam, minha mente inventava alguma história relacionada a uma invasão. As dores de estômago, o inchaço e a prisão de ventre que eu tinha se traduziam em nervosismo e medo. Eu me revirava na cama e dormia mal.

Agora sabemos que o sono desregulado é extremamente prejudicial – sobretudo para uma criança. Quando dormimos, nosso corpo se restaura. É quando nosso intestino tem a chance de fazer uma pausa na digestão, nosso cérebro, de fazer "uma faxina", e nossas células, de se regenerarem. O sono é um momento de cura definitivo. Todos os órgãos e sistemas de nosso corpo, incluindo nosso sistema nervoso, se beneficiam do sono. Sabemos disso devido aos estudos realizados sobre a relação da privação do sono com a depressão, as doenças cardiovasculares, a obesidade, as condições neurológicas, como a doença de Alzheimer, e até o câncer. Pessoas com mais de 45 anos que dormem menos de seis horas por noite têm 200% mais chances de sofrer ataques cardíacos ou derrames.[55]

Embora o sono seja imprescindível à saúde física e mental, poucos de nós o tem como prioridade. Mas existem muitas formas – simples – de prepararmos nosso corpo e nosso ambiente para melhorarmos as chances de obter um sono reparador durante a noite. O primeiro passo é avaliar quanto tempo de fato dormimos. Muitos de nós não sabem ao certo como é o próprio hábito de sono, ou então extrapolam na avaliação. Podemos ir para a cama por volta das 23 horas e passar uma hora mexendo no celular antes de realmente desligarmos as luzes. Assim, para controlar seus padrões pessoais de sono, tente observá-los honestamente.

O melhor modo de melhorar seu sono é sintonizar seu sistema parassimpático no ponto de relaxamento em que você se sinta mais feliz. O café e o álcool, que atuam diretamente contra o estágio mais importante do ciclo do sono, o sono REM, estão entres as maiores barreiras fisiológicas para chegarmos a esse momento de repouso. Tente limitar o consumo dessas substâncias a determinadas horas (de preferência, pare de beber álcool três horas antes de dormir e só tome café até o meio-dia). Estabelecer uma hora para dormir também é importante, pois prepara seu corpo para entrar no estado parassimpático antes mesmo de você ir para a cama. Atualmente, um aplicativo de sono me envia um aviso por volta das 17 horas, antes mesmo do jantar, para que eu dê início ao processo de relaxamento (costumo dormir por volta das 21 horas). Poucas horas antes de me deitar, desligo todas as telas. Passo algum tempo lendo ou ouvindo música e limito o tempo que passo em frente à TV antes da hora de dormir. Tomar banho, receber uma massagem do parceiro, aconchegar-se a um animal de estimação – tudo isso pode promover uma sensação de calma que lhe ajudará a adormecer e continuar dormindo.

A CURA PELA RESPIRAÇÃO

Sabemos que nosso sistema nervoso autônomo é automático (funciona de forma inconsciente), embora uma parte dos sistemas de nosso corpo esteja sob nosso controle. Não podemos dizer ao nosso coração para bater mais devagar ou ao nosso fígado para desintoxicar o nosso corpo mais depressa, mas podemos tornar nossa respiração mais lenta e profunda, diminuindo assim a nossa frequência cardíaca e acalmando a nossa mente. Podemos inspirar mais ar, oxigenando todas as células. Também podemos fazer o contrário, despertando nossa resposta simpática com respirações rápidas e superficiais. Podemos aumentar e diminuir muitas coisas com o poder de nossa respiração.

Trabalhar com a respiração também envolve o sistema nervoso autônomo. É como criar passagens para o nervo vago. Como sabemos, o nervo vago é uma via de informação de mão dupla que não só conecta o cérebro e o intestino como também interliga várias partes do corpo, incluindo pulmões, coração e fígado. Quando usamos nossa respiração para controlar o sistema de excitação, mandamos uma mensagem ao cérebro informando que estamos em um ambiente seguro – mensagem que é compartilhada com os outros sistemas do corpo. Trata-se de uma abordagem ascendente para a tonificação polivagal.

Estudos têm demonstrado que há ligação entre práticas respiratórias diárias e uma maior longevidade.[56] A teoria é que, quando gerenciamos nossas respostas a estresses, abrandamos nossas respostas inflamatórias e estimulamos os hormônios que mantêm as partes dos cromossomos (chamados telômeros) associadas a uma maior longevidade. Segundo James Nestor, autor de *Respire: A nova ciência de uma arte perdida*, uma pesquisa realizada ao longo de duas décadas com 5.200 pessoas revelou que "o maior indicador da expectativa de vida não é a genética, a dieta ou a frequência de exercícios, como muitos acreditavam, mas sim a capacidade pulmonar. Pulmões maiores significam vidas mais longas. Isso porque pulmões grandes nos permitem obter mais ar com menos respirações".[57] A respiração superficial (respiração pela boca, em particular) pode gerar ou agravar várias doenças, desde hipertensão até TDAH, pois retira nutrientes essenciais de nosso corpo e enfraquece nossa estrutura esquelética.

Um dos mais prodigiosos usuários do poder da respiração é o holandês Wim Hof, popularmente conhecido como "O Homem do Gelo". Wim estabeleceu o Recorde Mundial de natação sob gelo, permaneceu quase duas horas imerso em um recipiente cheio de gelo (com exceção da cabeça) e correu uma meia maratona (21 quilômetros) sobre neve e gelo – sem camisa e descalço – acima do Círculo Polar Ártico (!). "Sua mente torna você forte por dentro. É sua sábia companheira", escreveu ele em seu livro *Becoming the Iceman* (Tornando-me o Homem do Gelo). "Se você conseguir segurar o volante de sua mente, poderá dirigi-la para onde quiser."[58]

Para simplificar: a técnica de respiração de Hof envolve inalar pelo nariz, prender a respiração e expirar pela boca, o que força e expande os pulmões. Ele costuma associar esse procedimento com a exposição ao frio, outro tipo de abordagem de baixo para cima que testa os limites de nosso corpo e pressiona o nervo vago de formas benéficas.

Eu sou um pouco menos radical, mas gosto de expor meu corpo a desafios. Existem muitas técnicas de respiração a serem exploradas. Eu adoto a que se segue. Caso você tenha espaço e tempo para se envolver em uma prática um pouco mais longa, lá vai:

1. Tente começar com o estômago vazio (de manhã ou à noite é melhor).
2. Sente-se ou deite-se em um lugar confortável, com poucas distrações.
3. Respire fundo a partir da parte mais baixa do estômago.
4. Quando não conseguir inspirar mais, pare e prenda a respiração por dois a três segundos.
5. Expire suave e lentamente, sem fazer força. Depois respire normalmente algumas vezes (inspirando e expirando).
6. Repita o ciclo 10 vezes.

Faço isso todas as manhãs logo depois de acordar. Na maioria dos dias, pratico por cinco minutos, o que parece curto, mas é desafiador quando se é novo na prática. Para um iniciante, esse exercício deve durar no máximo um minuto. Com o tempo, você poderá adicionar mais repetições.

Levei anos de prática diária para chegar a esse ponto. No início, tive dificuldade em respirar a partir da parte mais baixa do estômago e achei quase insuportável ficar parada por alguns minutos. Com o tempo, me aperfeiçoei e passei a adotá-la ao longo do dia, em substituição às minhas costumeiras respirações torácicas rasas. Descobri então que, conforme meu sistema nervoso se reinicializava, eu me sentia mais tranquila – o que, por sua vez, me permitia respirar ainda mais profundamente. Hoje, com uma prática consistente, sou capaz de usar a respiração profunda como ferramenta para acalmar meu corpo quando me sinto emocionalmente ativada ou quando julgo mais necessário.

A CURA PELOS EXERCÍCIOS

Qualquer atividade – corrida, natação, caminhada – em que mente e corpo estejam ligados em um lugar seguro nos ajuda a "alargar a janela", como escreveu o dr. Porges, da tolerância ao estresse. Exercícios que desafiem nossa mente e nosso corpo reduzem o risco de desenvolvermos doenças cardiovasculares e demência, e podem até retardar o processo de envelhecimento.[59,60] Exercícios físicos aprofundam o sono e melhoram o humor ao liberarem substâncias neuroquímicas no cérebro, incluindo dopamina, serotonina e norepinefrina, que fazem você se sentir mais feliz e menos estressado. Ao aumentar o volume de oxigênio no corpo, o exercício cardiovascular melhora a circulação sanguínea e a saúde, e cria mudanças mensuráveis no cérebro – como aumento de tamanho –, ao mesmo tempo que cria novas vias neuronais e fortalece as existentes.

Um exercício definitivo para "alargar as janelas", por sua ativação direta do nervo vago, é a ioga, da qual o dr. Porges é também um grande defensor (ele escreveu extensivamente, em jornais acadêmicos, a respeito de seus benefícios sobre o tônus vagal). A ioga trabalha a mente e o corpo, combinando o poder regulador da respiração com movimentação. À medida que avançamos na prática, posturas cada vez mais desafiadoras testam os limites físicos do nosso corpo, estressando ainda mais nosso sistema e nos oferecendo um meio de nos reconectarmos ao poder tranquilizador de nossa respiração. A prática regular de ioga demonstrou ter também efeitos mais difusos no corpo (provavelmente devido ao fortalecimento da resposta vagal ao longo do tempo), incluindo a redução dos níveis de inflamação e a regulação da pressão arterial. O tipo de ioga que praticamos parece não fazer tanta diferença, quer seja Kundalini, Hatha, Ashtanga, ou até mesmo algum desses combinado com ioga quente (praticada em ambiente quente e úmido).

O dr. Porges começou a estudar ioga na década de 1990, na Índia, e descobriu que muitas das práticas são projetadas para ativar respostas do corpo ao estresse de lutar, fugir ou se imobilizar. A ideia por trás da ioga, disse ele em uma entrevista, "é que, por meio de treinamentos, você pode entrar em estados de imobilização normalmente associados a desmaios, porém com mais consciência e menos medo". Ele descreveu a ioga como "a capacidade de se aprofundar em si mesmo e se sentir seguro" como resposta a uma ameaça percebida.[61] Essa é a chave para a cura: aprender o poder de seu corpo e de sua mente testando seus limites externos. Conforme fazemos posturas que exigem mais do corpo, nosso nervo vago aprende a controlar nossa resposta ao estresse e a retornar mais prontamente ao estado de calma e segurança onde acontece a cura. E nós aprendemos a ser mais resilientes em face de adversidades físicas e mentais, o que nos permite uma recuperação mais rápida. Um estudo demonstrou que pessoas que praticavam ioga há seis anos ou mais conseguiam manter as mãos em água gelada durante o dobro do tempo suportado por pacientes-controles que nunca a haviam praticado.[62] Os praticantes de ioga continuaram sentindo dor, tal como os não praticantes, mas a enfocavam e canalizavam como um meio de passar pela sensação – o que é a base de todo exercício de resiliência.

A CURA PELA DIVERSÃO

A alegria, expressão da pura felicidade, é apenas uma lembrança para muitos de nós. Esquecemos como pode ser libertador fazer alguma coisa pelo simples prazer de fazê-la – não para obter ganhos secundários, por obrigação ou por alguma motivação externa. Quando crianças, fazíamos as coisas só porque queríamos. Muitos de vocês devem se lembrar de uma época na infância em que faziam aulas de dança, corriam livremente na praia ou se expressavam artisticamente através do desenho e da pintura.

Como adultos, ainda podemos vivenciar tal liberdade quando nos permitimos brincar. Podemos, por exemplo, dançar sem a interferência do ego, tocar música em instrumentos de brinquedo ou vestir determinada roupa e ingressar em um mundo imaginário. Quando nos deixamos levar dessa forma, nos tornamos capazes de entrar no que é conhecido como "estado de fluxo", induzido pelo puro prazer de *fazer* alguma coisa. Trata-se de uma sensação muito semelhante à que temos quando estamos imersos em uma conversa com alguém que amamos: prisioneiros daquele momento, vivendo quase fora dos limites do tempo e sentindo uma alegria curativa por si só.

Quando a diversão é social, podemos desafiar nossa neurocepção (a parte do sistema nervoso que examina o ambiente em busca de sinais de perigo). Quando cavalgamos ao lado de alguém, jogamos futebol ou mesmo competimos contra um amigo em um jogo de videogame, entramos e saímos tanto dos modos de luta/fuga/imobilização quanto dos de calma e segurança. Isso ensina nosso corpo a se recuperar rapidamente, de forma semelhante à prática de ioga. Criar uma alternância artificial entre perigo e segurança em um espaço aberto e divertido, em última análise, "melhora a eficiência do circuito neural que poderá diminuir instantaneamente os comportamentos de luta/fuga", escreveu o dr. Porges num artigo sobre diversão e o nervo vago.[63] Ou seja, aprendemos a desligar as respostas de luta/fuga e retornar à nossa linha de base segura, em vez de permanecermos cronicamente ativados, o que contribui para combater doenças crônicas.

A diversão favorita de muita gente, e que envolve o nervo vago, é cantar. Cantar é agradável para muitos de nós. Podemos ter sido condicionados a cantar para nós mesmos quando nos diziam que não poderíamos fazê-lo em voz alta. O canto pode ser usado de vários modos para desenvolver o autoconhecimento, a confiança e a alegria das crianças, mas esses benefícios não cessam na idade adulta. Cantar sua música favorita o ajudará a tonificar seu nervo vago tanto quanto a respiração, a ioga e atividades divertidas. Se você puder cantar com outras pessoas, os benefícios são ainda maiores. A força reguladora de uma sala cheia de cantores é incrivelmente edificante. Até cantar sozinho no chuveiro pode ter efeitos curativos.

Como você deve lembrar, o nervo vago se conecta a diversos músculos da face e da garganta, incluindo a laringe e as cordas vocais. Quando estamos em um local seguro e protegido, nossa voz soa diferente e ouvimos diversos tons, especialmente de vozes humanas. Quando cantamos, podemos criar uma sensação de calma por meio dos músculos da boca e do pescoço. O jornalista científico Seth Porges (filho do dr. Porges, citado anteriormente) sugere que ouçamos música em frequência média, de forma a abrir os músculos do ouvido médio (os mesmos que são ativados quando estamos no modo venturoso do engajamento social).[64] Sabe qual é um dos melhores lugares para encontrar músicas de frequência média? Em filmes da Disney. Ouça a abertura de *O Rei Leão* e cante para seu coração.

CONTROLANDO A ATIVAÇÃO EMOCIONAL EM TEMPO REAL

Com o tempo, cumprindo as pequenas promessas diárias que fiz a mim mesma, construí uma nova base para a cura. Ela ajudou meu corpo e seus sistemas a retornar ao equilíbrio de que ele tão desesperadamente precisava. Comecei a escolher alimentos que lhe permitissem se sentir energizado e nutrido. Priorizei o sono. Ao mesmo tempo, pratiquei diferentes exercícios de ativação da consciência. Iniciei um ritual diário de meditação e respiração, aprofundei a prática de ioga e incorporei diversão à minha rotina, encontrando tempo para cantar, dançar e caminhar em meio à natureza.

Demorei anos para incorporar todos esses elementos. Sem nenhum guia formal, utilizei diferentes técnicas para curar meu intestino e meu sistema imunológico, permitindo que minha voz intuitiva, há muito perdida, guiasse a jornada de cura. A primeira vez, em muito tempo, que fiz contato com essa voz interior foi quando meu gato George desapareceu. Voltando de uma viagem de fim de semana, Lolly e eu não conseguimos encontrá-lo. Procuramos em torno da casa e, depois, cômodo por cômodo. Fui ficando cada vez mais agitada. Gritei "Abra o forno! Abra o forno!" e escancarei a porta do forno, esperando encontrar seu corpinho incinerado lá dentro. Tive um ataque de fúria na frente do meu sobrinho, que na época estava com 5 ou 6 anos e viera conosco para casa. Meu rosto ficou vermelho e o coração disparou em meus ouvidos. Perdi o controle.

Cinco minutos depois, após ter conseguido me acalmar um pouco, liguei para os vizinhos e para o veterinário e conseguimos localizar George. Depois que tudo acabou, pedi desculpas a Lolly, dizendo: "Desculpe, perdi totalmente o controle."

Ao que ela me respondeu: "Tudo bem. Sei que você não fez isso *de propósito*."

A ideia de eu não ter me comportado daquele jeito *de propósito* despertou algo dentro de mim. Minha parte autêntica sabia que ela estava certa. Enquanto surtava, senti, em algum nível, que não estava realmente frenética. Era como se eu estivesse representando um papel, atuando na dinâmica familiar do meu condicionamento, surtando como fora treinada para fazer. A parte autêntica de mim, porém, sabia que aquilo não era real. Minha frequência cardíaca de fato aumentou, claro, e minhas glândulas suprarrenais produziram cortisol, já que esses sistemas foram ativados pela resposta simpática. Mas uma pequena parte de mim concordou com Lolly, sabendo que, no fundo, eu não fizera aquilo *de propósito*.

Isso me mostrou que algo mais profundo estava acontecendo. Comecei então a ficar mais atenta ao que me fazia explodir e a como meu corpo reagia quando eu perdia o controle. Muitos anos depois – durante os quais comecei e continuei a fazer trabalho de cura –, nosso gato Clark desapareceu. (Eu tenho gatos realmente aventureiros!)

Clark, um gato muito canino, devia ter saído e se perdido. Fiquei preocupada. Mas dessa vez, enquanto o procurávamos, meu sistema nervoso não se superativou. Permaneci calma e focada. Demoramos quase três semanas para encontrá-lo e, durante esse período, não chutei nada, não gritei nem magoei pessoas que amo.

Hoje, conheço a sensação de estar incorporada a meu eu físico e sei como sensações passam por mim: o frio na barriga quando estou nervosa ou excitada (embora pareçam iguais, são na verdade dois sentimentos diferentes), as pontadas de fome, a sensação de saciedade. Antes, eu nunca tinha me conectado de fato a essas mensagens sensoriais.

De modo geral, estou menos tensa, menos curvada. Também tenho mais energia. Após despertar, às cinco da manhã, sinto-me lúcida e produtiva o dia inteiro. Eu era a pessoa que não conseguia se lembrar das palavras. A pessoa que desmaiava. A pessoa tão contida e reprimida que vivia com prisão de ventre.

Isso não significa que deixei de vivenciar reações de trauma. Nem sempre sou sensata e correta, e ainda perco a cabeça às vezes. Quando isso acontece, ofereço a mim mesma indulgência e compaixão. Vejo tais reações como o que são: resultados de um sistema autônomo sobrecarregado e que se sente sob ameaça.

Nosso corpo é realmente incrível. Agora sabemos que não estamos "destinados" a ficar doentes só porque nossos familiares estão. Nada está gravado em pedra. Nossas células respondem ao entorno desde o momento da concepção. Vimos como nossos ambientes – desde nossos traumas de infância aos alimentos que ingerimos – nos moldam, sobretudo no âmbito do sistema nervoso, do sistema imunológico e dos microbiomas, que são particularmente sensíveis a estresses e traumas. Aprendemos sobre o poder do sistema autônomo para moldar a forma como vemos e habitamos o mundo e sobre o incrível papel do nervo vago, que viaja desde o cérebro a todos os sistemas do corpo. Dediquei muito tempo a esse assunto, pois compreendê-lo proporciona uma janela para a resiliência do corpo e para as possibilidades de transformação.

A próxima etapa é aplicar à mente o estado de consciência fortalecido e a crença na transformação – compreendendo nossa individualidade do passado, conhecendo nossa criança interior, tornando-nos amigos de nosso ego e tomando consciência dos vínculos traumáticos que continuam a moldar nosso mundo. Essa sabedoria nos ajudará a libertar nossa mente da mesma forma que libertamos nosso corpo.

Vamos lá.

DFE: TRABALHANDO A RESPIRAÇÃO

Eis um exemplo das afirmativas do *Diário do meu Futuro Eu* que eu usava todos os dias para iniciar uma nova prática de trabalho respiratório. No meu caderno, copiei versões semelhantes às declarações a seguir, para criar um lembrete consistente da minha intenção de mudar, de fazer novas escolhas e, com o tempo, de criar um novo hábito.

Hoje estou praticando a respiração abdominal profunda, de modo a tranquilizar meu corpo e trazer a mim mesmo uma sensação de segurança e paz.

Sou grato pela oportunidade de aprender um novo modo de regular meu corpo.

Hoje estou calmo e com os pés no chão.

Mudanças nesta área permitirão que eu me sinta mais capaz de tolerar o estresse.

Hoje estou treinando usar minha respiração abdominal profunda quando começar a me sentir estressada.

SEIS

O poder da crença

Dizem que contamos histórias a nós mesmos para viver. Muitas vezes tais histórias são baseadas em experiências reais. Podemos acreditar, por exemplo, que somos desejáveis porque todos queriam namorar com a gente quando ainda éramos jovens. Às vezes criadas na infância, essas histórias nunca são atualizadas e não refletem nossa realidade. Algumas pessoas, como eu, que foram crianças tímidas podem continuar a se achar tímidas, mesmo que já não se sintam assim nem sejam introvertidas.

Com frequência, contamos histórias a nós mesmos como forma de autoproteção. Na infância, não somos nem mental nem emocionalmente capazes de compreender que nossas figuras parentais tiveram uma vida inteira antes da que conhecemos. Quando crianças, somos limitados pelo que podemos compreender cognitiva e emocionalmente com base em nossa idade desenvolvimental. Dadas essas limitações, podemos acreditar que somos maus quando uma figura parental levanta a mão para nós, em vez de percebermos que essa pessoa, de quem dependemos para nossa sobrevivência, tem dificuldade de controlar a própria raiva. Às vezes nossa realidade é dolorosa demais para ser entendida ou processada. Assim, inventamos uma história alternativa que nos guia pela escuridão. Uma criança que se sente negligenciada pode inventar uma narrativa sobre como os pais têm um trabalho importante, desculpando a ausência deles sem ter que enfrentar a verdade mais dura.

Como todos nós, sou moldada por muitas dessas narrativas (que também são chamadas de crenças centrais): *Sou filha de Deus. Sou impassível. Sou ansiosa.* As crenças centrais são as muitas histórias sobre nós mesmos

– nossos relacionamentos, nosso passado, nosso futuro e inúmeros outros tópicos – que construímos com base em experiências vividas. Uma das minhas narrativas mais profundas, que dirigiu o espetáculo por muitos anos sem meu conhecimento, ficou nítida para mim quando iniciei o trabalho de me tornar consciente e observar meu mundo interno. Essa história é: *Ninguém se importa comigo*.

Isso tem sido um problema em quase todos os meus relacionamentos, pois me mantém reservada e patologicamente autossuficiente tanto nas minhas amizades quanto em minha vida profissional. Pode se fazer presente até quando alguém me interrompe em uma conversa telefônica, por exemplo, e a narrativa em minha cabeça me diz: *Ninguém se importa comigo*. Por quê? Nessas horas, eu de fato acredito que um completo estranho não tem consideração por mim, assim como minha mãe não conseguia ter. Sou um fantasma que eles ignoram.

Esse lampejo ocorreu durante uma prática de meditação, quando me lembrei de minha mãe na cozinha de nossa casa, na Filadélfia. Eu devia ter 4 anos.

Meu pai voltava do trabalho à noite sempre à mesma hora. Pouco tempo antes, minha mãe começava a preparar o jantar, arrumava a mesa e se certificava de que a comida estaria quente quando ele chegasse. Enquanto trabalhava, ela se posicionava ao lado da janela que dava para a rua por onde meu pai chegava. Era possível vê-lo se aproximando pelo menos cinco minutos antes de ele entrar em casa. A rotina mantinha minha mãe a salvo dos próprios traumas infantis: imprevisibilidade, escassez, indisponibilidade emocional dos pais, morte repentina do pai. Tenho certeza de que a estabilidade que meu pai lhe proporcionava, com sua rígida programação, a importância que dava à vida familiar e a previsibilidade do tempo que passavam separados acalmavam minha mãe de modo considerável.

Naquela noite, meu pai não apareceu como de costume. Dez minutos depois do horário, ele ainda não tinha chegado. Quinze, vinte, trinta minutos – ele estava atrasado. De minha posição preferida, sob a mesa da cozinha, observei minha mãe ficar cada vez mais tensa. Passei horas embaixo daquela mesa, movimentando os pedais do meu pequeno triciclo, girando e girando. Aquele era um lugar seguro, um refúgio do caos (apesar da superficial aparência de harmonia doméstica) que me cercava. E o gasto adicional de energia me ajudava a aliviar a agitação interna que me consumia quase permanentemente.

O tempo passou. Minha mãe já nem fingia que não estava chateada. Retorcendo as mãos, olhava pela janela. Não precisava dizer nada, eu conseguia *sentir* sua preocupação. Minhas perninhas movimentavam cada vez mais rápido os pedais do triciclo, numa representação física da ansiedade de minha mãe – que se mantinha totalmente alheia à pequena criatura a seus pés. Como naquele momento não estava sintonizada comigo, não se dava conta de minhas necessidades ou de meus medos. Simplesmente não conseguia. Tornei-me uma nulidade, uma presença ignorada. Consumida pela própria ansiedade e por sua resposta ao trauma, ela restringia sua atenção à ameaça presente. Sem a maturidade de desenvolvimento e a sabedoria para compreender essa experiência humana evolutiva, incorporei uma dolorosa realidade e comecei a forjar uma crença central: *ninguém se importa comigo*.

Então, de repente, lá estava ele descendo a colina. Quase imediatamente, a energia na sala mudou e minha mãe voltou a preparar o jantar.

Naquele curto espaço de tempo, aprendi também uma segunda lição: o alívio para minha agitação interna viria sempre de fora de mim. Assim como minha mãe, passei a estar sempre à espera de alguma corporificação de meu pai para poder me sentir segura. Já adulta, percebi isso na frenética inquietação que me dominava quando uma namorada não respondia a alguma mensagem e no medo (alarmante) que percorria meu corpo quando eu notava que alguém estava emocionalmente fora do meu alcance. Quando me sentia desesperada, enlouquecida ou mal-amada, era como se estivesse em casa – um simulacro de minha de mãe à janela: *Essa pessoa não se importa comigo, mas eu preciso dela para viver*.

A ORIGEM DA CRENÇA

Compartilhei essa história com você como um exemplo de como algo aparentemente corriqueiro – meu pai chegando tarde do trabalho, nada de mais – pode conter mensagens que se instalam nas crenças que nos moldam.

Mas vamos dar um passo para trás. O que é uma crença, exatamente?

Uma crença é um pensamento praticado com base na experiência vivida. As crenças são construídas ao longo de anos de pensamentos padronizados e requerem validação interna e externa para prosperar. Crenças sobre nós mesmos (nossa personalidade, nossas fraquezas, nosso passado, nosso futuro) são filtros acoplados às lentes com as quais vemos o mundo. Quanto mais praticamos certos pensamentos, mais nosso cérebro se conecta aos padrões criados – o que é particularmente verdadeiro se forem pensamentos que ativem o nervo vago e nossas respostas ao estresse. Forma-se então uma turbulência interna que pode facilmente se tornar compulsiva com o tempo. Esta nada mais é do que a reação condicionada ao trauma que conhecemos como vício emocional. O hábito de pensar repetidamente determinada coisa muda nosso cérebro, nosso sistema nervoso e a química celular de todo nosso corpo, induzindo-nos a repetir esse pensamento no futuro. Em outras palavras: quanto mais pensamos em algo, mais provavelmente acreditaremos nele. Pensamentos praticados se tornam nossa verdade. Lembre-se: para a maioria de nós, que temos padrões condicionados de desregulação fisiológica, é necessário reequilibrar nosso sistema nervoso antes de começarmos, de fato, a mudar crenças enraizadas.

Quando uma crença é repetidamente validada, pode se tornar o que é conhecido como crença central. Elas são nossas percepções mais profundas sobre nossa identidade. Foram instaladas em nosso subconsciente às vezes antes dos 7 anos de idade. São histórias de quem "eu sou" (*sou inteligente, sou atraente, sou extrovertido, sou introvertido, não sou bom em matemática, sou notívago, sou solitário*) que alicerçam a estrutura de nossa personalidade. Embora possa parecer que nossas crenças fundamentais são nossas porque as praticamos sem questioná-las, elas chegaram a nós, de modo geral, por meio de nossas figuras parentais, de nossos ambientes domésticos e comunitários, e de nossas experiências iniciais. Infelizmente, muitas de nossas crenças básicas são moldadas por traumas.

Uma vez que uma crença central é formada, você se engaja no que é chamado de confirmação de preconceito, e informações que não estão de acordo com suas crenças são descartadas ou ignoradas. Se você acredita que é indigno, verá uma promoção no emprego como algo que aconteceu por engano, que é apenas questão de tempo até que alguém descubra o impostor que você realmente é. Quando comete algum erro no trabalho, por acaso ou autossabotagem, esse erro será filtrado pelas lentes da inevitabilidade: *Claro, eu errei. Sou um incompetente.* Universalmente, nós nos inclinamos para algo chamado viés da negatividade, no qual tendemos a priorizar (e, portanto, valorizar) as informações negativas sobre as positivas. É por isso que você pode obter uma ótima avaliação de desempenho, mas esquecê-la logo depois, embora jamais se esqueça da mágoa que sentiu quando um colega o criticou.

Esse viés é evolutivamente instalado. Nos primórdios de nossa espécie, tínhamos muito mais probabilidade de sobreviver se nos concentrássemos nas coisas que poderiam nos matar em vez de nas coisas que nos faziam felizes. Tal como a resposta de luta ou fuga do sistema nervoso autônomo, esse viés está embutido em nosso sistema operacional no nível fisiológico e se encontra, em grande parte, fora de nosso controle consciente. Se não fôssemos capazes de filtrar e priorizar a entrada de dados em nosso sistema sensorial, seríamos esmagados pela quantidade de informações que recebemos. Há *muita coisa* acontecendo no mundo o tempo todo. Experimente assimilar a totalidade do mundo ao seu redor nesse instante. Se seu cérebro recebesse todos os estímulos ao mesmo tempo, simplesmente não funcionaria.

Essa filtragem subconsciente é trabalho do sistema ativador reticular (SAR), um feixe de nervos localizado no tronco cerebral que nos ajuda a organizar nosso ambiente, permitindo que nos concentremos nas coisas à nossa volta que consideramos essenciais. O SAR atua como guardião do cérebro, usando crenças formadas em nossa infância para filtrar as informações que chegam e priorizando os indícios que apoiam essas crenças. Assim sendo, recruta ativamente informações que reforçam o que já acreditamos ser verdadeiro.

Eis um exemplo comum do SAR em funcionamento: digamos que você esteja planejando comprar um carro novo. Você vai à concessionária, gosta de determinado modelo e pesquisa na internet tudo sobre o veículo. De repente, percebe que todo mundo parece estar dirigindo esse mesmo modelo, embora possa jurar que dificilmente via algum nas ruas. O SAR pode dar a impressão de que o universo está lhe enviando uma mensagem. E talvez esteja mesmo – é seu próprio universo, concebido por seu próprio e incrível cérebro.

O SAR faz mais que criar um viés de confirmação quando queremos comprar um carro. Uma teoria sobre depressão, embora excessivamente simplificada, propõe que pessoas deprimidas enxergam o mundo através de lentes negativas. Pense em seu último dia realmente ruim, quando uma coisa atrás da outra deu errado e nada parecia acontecer como você queria. Pode ser que você estivesse realmente sem sorte – mas o SAR, com certeza, também estava em ação, desprezando as partes positivas ou mesmo neutras do seu dia. É por isso que às vezes pode parecer impossível combater uma sensação de medo: seu SAR não vai permitir.

O cérebro às vezes pode usar o filtro SAR como mecanismo de defesa. Conheci muitas pessoas que afirmam que sua infância foi colorida e perfeita, recusando-se a reconhecer qualquer coisa negativa ou penosa apesar das evidências em contrário. Uma visão idealizada de nossa infância pode se tornar uma crença central oriunda da autopreservação. Na vida real, nenhuma infância é perfeita, e encarar abertamente nossas experiências passadas e atuais constitui algo fundamental para a nossa cura.

Assim como aprendemos no capítulo 2 que não somos nossos pensamentos, também não somos nossas crenças. Isso geralmente é mais difícil de aceitar, pois nossas crenças estão tão arraigadas em nossa identidade que fica difícil abandoná-las. Quanto mais você aprende sobre o cérebro das crianças e sobre como as crenças centrais são formadas, melhor você conseguirá, com o tempo, observá-las, compreendê-las e, por fim, escolher ativamente quais deseja reter e quais deixar para trás.

PROGRAMADO PARA SOBREVIVER

Embora a primeira infância seja um momento de pura essência espiritual, pode ser difícil nos lembrarmos disso quando estamos sentados ao lado de um bebê chorando em um avião ou implorando a uma criança birrenta que se comporte. O deslumbramento, as diversões e a verdade presentes na infância são expressões do Eu autêntico – ou do que considero ser *a alma*. Quando crianças, ainda não acumulamos as experiências que nos desconectam desse Eu autêntico. Ainda não formamos nossas crenças centrais.

Você pode pensar no cérebro de um bebê como o sistema operacional de um celular – cabe à criança "baixar" tudo, desde como caminhar até o que acreditar e por quanto tempo chorar para conseguir comida. Não é de admirar que os bebês olhem para o mundo maravilhados, quase como se estivessem em um estado de hipnose. Vivem em constantes receptividade e aprendizado.

A infância é uma época de infindável aprendizagem. Aprendemos a falar, a nos movimentar, a interagir socialmente e a perceber causas e efeitos. Tudo a serviço de nossa sobrevivência. Os neurônios – os blocos de construção de nosso cérebro – comunicam-se uns com os outros por meio de impulsos elétricos sincronizados chamados de ondas cerebrais. Essas ondas dão origem a tudo o que constitui a individualidade humana: comportamentos, emoções, pensamentos e até mesmo a mecânica do corpo. É uma bela sinfonia, uma canção única, nunca antes tocada, ocorrendo na mente de um recém-nascido.

Hoje sabemos que nossas crenças fundamentais sobre nós mesmos e nosso lugar no mundo são formadas no instante em que saímos do útero de nossa mãe. Tão logo emergimos, as vias neurais de nosso cérebro são fortemente estimuladas, aprimorando-se à medida que tentamos entender o estranho mundo novo e nosso lugar nele. Pode ser um momento assustador, pois nos encontramos em um estado de total dependência e o desconhecido é aterrorizante. Com as crianças não é diferente. Embora o cérebro delas ainda não esteja maduro o suficiente para compreender totalmente as implicações dessa dependência, elas ainda sentem o medo inerente à vulnerabilidade. Isso é impactado pelo ambiente – tanto no sentido imediato (o que está ou não disponível em termos de necessidades básicas, como comida, abrigo e amor) quanto no sentido mais amplo (viver em um país em desenvolvimento, ou sob opressão sistêmica ou em meio a uma pandemia). Durante esse período de enormes necessidades, múltiplos fatores moldam nossa sensação de segurança e conforto – ou da falta dela –, deixando marcas duradouras em nosso corpo, nossa mente e nossa alma.

A impressão mais significativa vem das pessoas às quais estamos mais ligados: nossas figuras parentais. A emergente neurociência corrobora o efeito irresistível delas sobre o cérebro de seus bebês. Um estudo mostrou que quando adultos e bebês se entreolham, suas ondas cerebrais se sincronizam, criando uma "rede conjunta"[65] que conecta ambas as partes em uma silenciosa comunicação.

Sem nossas figuras parentais, morreríamos de fome, não só fisicamente como também emocionalmente, pois nosso objetivo principal é receber amor. Se formos amados estaremos em segurança, seremos bem alimentados e, de modo geral, bem tratados. O modo de interação social – que aprendemos no capítulo 4 – é o mais benéfico para o desenvolvimento do cérebro durante a infância. Trata-se de um estado de paz em que nos sentimos seguros para brincar, arriscar e aprender. Esse estado é essencial para superarmos etapas no desenvolvimento neurológico e comportamental. O "cérebro que aprende" permite que nos sintamos seguros o suficiente para arriscar. Assim teremos mais probabilidade de nos levantarmos quando cairmos.

Olhamos para nossos pais em busca de pistas sobre como devemos nos conectar, navegar pelo mundo e lidar com o estresse, em um processo chamado corregulação (que você viu em andamento na história da janela da cozinha). A corregulação é uma experiência de aprendizado não só para a mente, como também para o corpo. É quando nossos pais nos ensinam como moderar nossas reações emocionais e retornar à linha de base do modo de interação social. Quando não aprendemos essa regulação ou não nos sentimos seguros o suficiente para tentar aprendê-la, entramos em um estado de luta/fuga/imobilização em que nossa neurocepção examina o ambiente e vê ameaças em todos os lugares.

Quando estamos presos ao modo de luta/fuga/imobilização, destinamos nossos recursos para o controle do estresse, e isso faz com que nosso cérebro infantil sofra. A infância é uma época de grande vulnerabilidade. Como somos incapazes de sobreviver por conta própria, a omissão de uma figura parental em relação a qualquer coisa percebida por nós como obstáculo à nossa sobrevivência nos envia sinais de estresse que inundam nosso corpo. Isso resulta no "cérebro de sobrevivência" (como eu o chamo), extremamente focado em ameaças percebidas. Movido pelo pânico, vê o mundo em preto e branco, costuma ser obsessivo e é sujeito a raciocínios circulares. Assim, diante de um estresse, podemos nos descontrolar ou mesmo parar de funcionar.

Isso é particularmente verdadeiro no período compreendido entre o nascimento e os 2 anos, quando o cérebro de um bebê funciona no ciclo de ondas cerebrais mais lento e com as amplitudes mais altas, conhecido como estado delta. Na idade adulta, por sua vez, entramos no estado delta apenas quando estamos em sono profundo. O estado delta é um modo de aprendizagem e codificação que não possui pensamento crítico, pois o cérebro esponjoso de um recém-nascido se dedica com exclusividade à absorção.

O cérebro se desenvolve ainda mais entre 2 e 4 anos, à medida que as ondas cerebrais mudam para o estado theta, o mesmo que é observado quando os adultos entram em hipnose. No estado theta, as crianças se voltam para dentro. Estão conectadas à própria imaginação em níveis profundos e, muitas vezes, têm dificuldade em distinguir os sonhos da realidade. Embora desenvolvam habilidades de pensamento crítico nessa época, ainda estão absortas em um estado egocêntrico, um estágio de desenvolvimento em que não conseguem enxergar nenhuma perspectiva além da própria.

Aqui a definição de egocêntrico não é a que vemos associada a pessoas egocêntricas na idade adulta. O egocentrismo das crianças é um estágio de desenvolvimento em que há uma incapacidade de entender a diferença entre elas mesmas e as outras pessoas. No egocentrismo, acreditamos que tudo o que acontece conosco é *por nossa causa*. Como resultado do desenvolvimento de nosso cérebro, ficamos incapazes de ver o mundo sob a perspectiva de outra pessoa, mesmo quando o outro é uma figura parental, um irmão ou outro parente próximo. Na infância, quando qualquer uma de nossas necessidades físicas, emocionais ou espirituais não é satisfeita de forma consistente, assumimos incorretamente a responsabilidade por essa negligência, muitas vezes internalizando crenças falsas (*ninguém está me ajudando porque sou mau*) e as generalizando em seguida de forma mais ampla (*o mundo é um lugar ruim*). Esse pensamento egocêntrico pode ser observado quando tentamos dar sentido a experiências emocionalmente dolorosas com nossas figuras parentais. Uma criança, ao ouvir os gritos de seu pai depois de um dia estressante no escritório, não consegue entender que ela não é a causa da explosão de raiva.

Somente no estágio seguinte de desenvolvimento cognitivo e emocional, por volta dos 5 anos, nossa mente analítica assume o controle. Embora ainda possa haver problemas para discernir o real do imaginário, as crianças começam a usar o pensamento racional e a compreender as relações entre causa e efeito (*quando não obedeço, fico de castigo*). Segue-se o estado beta, que conta com as ondas de menor amplitude e maior rapidez, no qual começamos a ingressar aos 7 anos. É quando um pensador crítico, lógico e engajado se faz mais presente e a mente adulta entra em cena. A essa altura já acumulamos as crenças básicas e a programação subconsciente que conduzirão nosso dia a dia na idade adulta.

INFÂNCIA INTERROMPIDA

À medida que nosso cérebro se desenvolve, nossas necessidades se expandem do nível básico – abrigo, comida e amor – para requisitos mais amplos, complicados e matizados de inteireza física, emocional e espiritual. Espiritualmente, nossa alma tem três necessidades básicas:

1. Ser vista
2. Ser ouvida
3. Expressar de forma única nosso Eu mais autêntico

Poucas pessoas, muito menos pais estressados, possuem ferramentas que atendam a essas necessidades o tempo todo. Mesmo as famílias mais plenamente realizadas têm limitações. Quando suas necessidades emocionais não são satisfeitas de forma adequada ou consistente, as crianças frequentemente desenvolvem uma crença subconsciente de que *não são dignas* de tê-las atendidas. Assim, quando estão emocionalmente carentes, elas supercompensam – exagerando algumas características de si mesmas e negando outras, com base no que percebem ser aprovado, ou considerado digno, por seus pais.

Uma figura parental que se sinta constrangida e pouco à vontade com as próprias emoções pode dizer ao filho angustiado: "Você é sensível demais." A criança, cujo objetivo principal é receber amor, passará a suprimir ou ocultar suas sensibilidades percebidas na tentativa de continuar a recebê-lo. Se esse padrão se repetir, a criança pode "endurecer" ou se distanciar, ignorando seu Eu autêntico e apresentando um eu falso, oriundo de uma crença central de que partes de sua identidade são inaceitáveis. Vejo muito isso com clientes e amigos homens. Para alguns que cresceram em um ambiente de masculinidade tóxica, no qual os homens são desencorajados de expressar emoções, pode ser difícil até reconhecer que têm um lado emocional. Em casos como esses, estamos lutando não apenas contra o condicionamento de nossas figuras parentais e da unidade familiar, mas também da sociedade em geral.

Essas mensagens curtas e repetitivas são, muitas vezes, internalizadas como crenças centrais. Alguns de vocês, ao ajudarem seus pais a cuidar de seus irmãos mais novos, podem ter ouvido: "Você é muito prestativo(a). Vai ser um ótimo(a) pai/mãe algum dia." Se você ouvir mensagens do tipo repetidamente, sua crença central talvez venha a ser: "Eu preciso cuidar dos outros para ser amado." Com o tempo, você poderá se sentir egoísta por cuidar de si mesmo, ou até por reconhecer as próprias necessidades. É possível que você também tenha ouvido com frequência: "Eu gostaria que você fosse mais parecido com seu/sua irmão/irmã." Essa crença central – de que você não é tão bom quanto o irmão – pode se traduzir em um baixo senso de identidade. Isso poderá torná-lo mais propenso a se comparar com os outros, sem nunca acreditar que você é bom o bastante. Ou você pode, como aconteceu comigo, receber prêmios e reconhecimento sem trabalhar muito ativamente, o que o levou a internalizar a seguinte crença: *Gosto de fazer as coisas em que sou naturalmente bom e abandonarei qualquer coisa que me desafie ou que não seja fácil logo de cara*. Isso constituía uma parte importantíssima da minha crença central: eu só participava de algum jogo se achasse que conseguiria ganhar.

Embora as figuras parentais produzam a maior parte de nossas crenças centrais, vale ressaltar que nossas crenças também são influenciadas pelo ambiente mais amplo. Nosso sistema educacional, que não tem capacidade para cuidar das crianças individualmente, adota um ensino "de mão única" que as força a se adaptar à instituição para serem aprovadas. Essa pressão é reforçada por nossos pares, que estimulam determinados comportamentos, estilos ou características de nossa aparência. Muitas vezes somos colocados em categorias como "cdf", "piranha" ou "atleta", que criam narrativas em torno da identidade que internalizamos inconscientemente. Uma jovem com dificuldades em matemática, numa cultura segundo a qual as mulheres têm desempenho inferior ao dos homens em ciências exatas, pode internalizar uma verdade imprecisa sobre si mesma. Ao aceitarmos a crença de que não somos bonitos, magros ou inteligentes o bastante, nosso SAR continuará a procurar, em nossa sociedade, fontes de informação que confirmem isso.

Mesmo na idade adulta tendemos a ver o mundo através dos filtros aplicados pelas crenças centrais – muitas vezes negativas – que desenvolvemos durante os anos "esponjosos" da infância. Continuar a fortalecer essas crenças às custas de uma narrativa mais precisa, completa e atualizada resulta em uma crescente desconexão de nosso Eu autêntico. Essa é uma das razões pelas quais quase todo adulto vive ansioso para ser visto, ouvido e aceito externamente. Nossa necessidade de validação pode se manifestar como codependência, necessidade crônica de agradar e martírio. No outro lado do espectro, pode se externar como ansiedade, raiva e hostilidade. Quanto mais desconectados estivermos, mais deprimidos, perdidos, confusos, paralisados e sem esperanças nos sentiremos. Quanto mais nos sentirmos paralisados e sem esperanças, mais projetaremos nossas emoções nas pessoas ao redor.

Nossas crenças são incrivelmente poderosas e continuam a moldar nossas experiências diárias por meio de nossa mente subconsciente. Essas crenças, especialmente as centrais, não foram formadas da noite para o dia nem mudarão da noite para o dia. Mas com dedicação e persistência podem ser alteradas. Para mudar de verdade, você precisará saber quem realmente é – e parte disso inclui conhecer sua criança interior.

ENTRE EM AÇÃO: INVENTÁRIO DE CRENÇAS CENTRAIS

Passe algum tempo refletindo e escrevendo sobre suas crenças centrais. Caso se sinta intimidado pela palavra crença ou não tenha certeza de quais são as suas, tudo bem. Lembre-se de que uma crença é simplesmente uma ideia praticada. Você possui crenças fundamentais a respeito de si mesmo, dos outros, do mundo, do futuro e de muitos outros tópicos. Comece a prestar atenção nos temas e nas narrativas que passam por sua mente o dia todo. Observe e anote no diário tudo o que surgir. Para ajudá-lo a refletir, fique à vontade para usar os seguintes lembretes, acrescentando quaisquer outros temas que lhe ocorram.

Ao observar meus pensamentos ao longo do dia, detecto os seguintes temas:

Sobre mim: _____

Sobre outras pessoas ou meus relacionamentos: _____
_____

Sobre meu passado: _____
Sobre meu presente: _____
Sobre meu futuro: _____

DFE: CRIANDO UMA NOVA CRENÇA

Agora que você entendeu que as crenças são apenas pensamentos praticados, não será uma grande surpresa saber que, para criar uma nova crença, você terá que começar a praticar um novo pensamento. Dos temas que você acabou de observar no Inventário de Crenças Centrais, escolha um para começar a mudar. Não tem certeza de qual escolher? Siga seu instinto. Se ainda não tem certeza, pense naquele que teria mais impacto em sua vida se fosse alterado.

Após identificar a crença que gostaria de mudar, pense no que você preferiria acreditar. Isso pode ser tão simples quanto observar o oposto de sua crença atual. Por exemplo, se você escolher o tema "eu não sou bom o suficiente" em seus pensamentos (como muitos de nós), deverá acreditar em "eu sou bom o suficiente".

Antiga crença: _____

Nova crença: _____

Esta será sua nova afirmativa ou seu mantra diário. Agora você deverá praticar esse novo pensamento. *Muito.* Alguns de vocês talvez queiram escrever o novo mantra em algum lugar, em qualquer lugar ou em todos os lugares. Cada vez que se deparar com ele, recite-o para si mesmo. Outros podem se sentir mais à vontade para praticá-lo em determinadas horas do dia, quando poderão incorporá-lo a uma rotina matinal, vespertina ou noturna.

Não se preocupe se achar difícil aceitar essa nova afirmativa como verdadeira. O melhor mesmo é não acreditar, nem por um segundo, que o pensamento seja verdadeiro. Isso vai demorar a acontecer. Mas continue praticando. Com o tempo, seu cérebro começará a considerar a possibilidade, muito pequena, de que o novo mantra possa algum dia até conter um pouquinho de verdade. Tente não ficar obcecado a respeito de quando esse dia chegará e um dia você terá o vislumbre. Foi assim comigo.

SETE

Conheça sua criança interior

A primeira coisa que qualquer um notava em Anthony era seu forte sotaque nova-iorquino, que me lembrou da época em que eu andava de metrô pelo Brooklyn.

Anthony era o "rebelde" de uma grande família italiana e católica – embora tentasse ao máximo se enturmar. Sua família lhe ensinara algumas noções de certo e errado, e ele sabia que determinadas ações erradas lhe garantiriam uma viagem direta para o inferno.

Ainda menino, Anthony sentiu que era diferente ou *mau* de um modo que seus irmãos não eram. Sua "maldade" começou antes mesmo da idade escolar, quando foi molestado por um vizinho, outra criança, que praticava os mesmos abusos que sofria em casa. Anthony viu o abuso sexual como uma provável mensagem de Deus lhe dizendo que ele era uma pessoa ruim, sobretudo porque o perpetrador fora outro garoto. Então se convenceu de sua maldade inerente quando seu pai começou a agir de forma abusiva – física, verbal e emocionalmente – quando bebia. Esses casos de violência muitas vezes ocorriam como reação à sua natureza, um pouco mais branda e emotiva que a de seus irmãos. Já adolescente, para escapar do crescente desconforto de sua vida doméstica, Anthony começou a passar mais tempo com os garotos mais velhos da vizinhança. Um deles acabou iniciando outra rodada de abuso sexual após convencer Anthony de que além de ele mesmo ter pedido os encontros, também havia gostado de estar com o abusador.

Mas ele sabia intuitivamente que o abuso era algo errado, que não desejava aquilo e que estava sofrendo. Quando teve coragem de contar a história a um parente próximo, não foi levado a sério. Enquanto isso, a violência e as bebedeiras do pai se intensificaram a tal ponto que Anthony saiu de casa e foi morar com um parente. Lá, mergulhado em uma sombria depressão, começou a beber secretamente.

Pouco depois, passou a extravasar sua sexualidade colecionando obsessivamente fitas VHS de pornografia, além de pilhas e mais pilhas de revistas pornográficas. Por fim, se isolou das pessoas à sua volta e decidiu viver dentro das próprias fantasias sexuais. Continuou a frequentar os cultos semanais da igreja, junto com a família de seu parente, onde ressoavam no púlpito mensagens de que sexo e sexualidade eram um pecado e iam contra a vontade de Deus. Isso o deixava ainda mais envergonhado de seus insaciáveis pensamentos, impulsos e comportamentos sexuais. Não se sentindo seguro o bastante para compartilhar seus crescentes fetiches e compulsões com mais ninguém, Anthony continuou achando que seu segredo era um atestado de sua pecaminosidade. Segundo aprendera, a cura só viria por meio de orações, arrependimento e punições autoinfligidas, embora àquela época ele já se considerasse "um caso perdido". Decidiu então ingressar em uma faculdade onde estivesse longe dos olhos condenatórios de sua igreja e de sua família. Ele via a mudança como uma oportunidade para fugir de seu passado – o que lhe proporcionaria o único alívio possível para sua dor infinita. Mal sabia que estava apenas transferindo para outro local a criança molestada e envergonhada que havia dentro de si.

Olhando de fora, Anthony parecia perfeito. Era um homem atraente e tinha uma carreira bem-sucedida como corretor de ações em Wall Street, o que lhe permitia viver cercado de luxo e requinte. Mas seu lado sombrio o mantinha afastado de seus amigos íntimos. Para aliviar o estresse do trabalho exigente e frenético, ele começou a abusar da bebida, porém reservadamente, pois não queria que ninguém testemunhasse mais um de seus *maus* hábitos. Durante esses momentos de bebedeira secreta e isolada, ele começou a olhar para além de sua coleção de pornografia, na esperança de ter experiências sexuais que atendessem sua profunda insaciabilidade. Passou a navegar em plataformas on-line que atendiam a fantasias sexuais únicas, com cujas mulheres fazia sexo consensual, porém sem sentido e às vezes fisicamente agressivo. Logo após o ato, era tomado por uma avassaladora aversão a si mesmo. Sentindo que a vergonha por esses encontros iria consumi-lo, ele olhava para o teto e implorava por perdão e paz. Mas uma de suas crenças centrais era: *Sou um indivíduo altamente sexualizado*. Assim, continuava a fortalecer essa narrativa.

Após anos vivendo uma vida secreta, ele sofreu um colapso que o levou a cortar os laços que ainda mantinha com amigos e familiares. Confinou-se em casa durante meses, fechou as cortinas e se isolou de um mundo com o qual nunca fora preparado para lidar. Mergulhado em uma névoa espessa de implacável depressão, perdeu as esperanças de que um dia seria "normal". Até que ele emergiu do ventre de sua casa, pronto para abordar seus profundos conflitos internos.

Anthony jamais falara com ninguém sobre o assunto. Antes do colapso e do isolamento, a simples ideia de desabafar era debilitante. Por fim, com a ajuda de um compreensivo terapeuta de trauma, ele começou a se abrir, pela primeira vez, sobre suas compulsões sexuais ocultas e suas preocupações sobre ser viciado em sexo. Foi como se uma represa se rompesse dentro dele. Ele entendeu então que fora vítima de seus agressores e que não provocara o abuso que sofrera. Anthony revelou seu segredo, mas ainda convivia com muitas mágoas.

Foi quando decidiu que era hora de conhecer sua criança interior.

TEORIA DO APEGO

Antes de introduzirmos o conceito de criança interior, é importante oferecer algum contexto sobre a importância de nossos primeiros laços de infância. Para simplificar, nosso relacionamento com nossas principais figuras parentais – conhecido como laço afetivo – é a base da dinâmica de todos os relacionamentos que temos na idade adulta. Em 1952, o psicanalista John Bowlby apresentou o que chamou de "teoria do apego"[66] após estudar o relacionamento de crianças com suas mães em uma clínica de Londres.[67] Foi quando observou que as crianças, para chamar a atenção de seus pais, exibiam uma variedade de comportamentos de apego, como chorar ou sorrir. Concluiu então que essas reações intensas eram geradas por um instinto de sobrevivência. O apego entre mães e filhos, que ele definiu como "conexão psicológica duradoura entre seres humanos", era "evolutivamente benéfico" para ambas as partes, mas sobretudo para a criança, que depende totalmente de outras pessoas para sobreviver.

O apego, concluiu ele, é indispensável para o desenvolvimento social, emocional e cognitivo dos bebês. A psicóloga do desenvolvimento Mary Ainsworth deu continuidade ao trabalho de Bowlby, criando a Classificação da Situação Estranha. Essa técnica avalia diferentes estilos de apego mediante a observação da resposta de uma criança quando a mãe a deixa sozinha – ou na companhia de uma pessoa estranha – em um aposento por um breve período. Em termos ideais, a presença de uma figura parental faz a criança se sentir segura, livre para vagar, brincar e explorar. Mas nem sempre é o caso. Ainsworth e seus colegas observaram e delinearam quatro estilos de apego diferentes que surgem durante os primeiros 18 meses de vida:

1. **Seguro.** Um bebê com apego seguro pode ficar triste por um breve período após sua mãe sair do quarto, mas se recuperará rapidamente. Quando a mãe retornar, a criança estará aberta e receptiva ao reencontro. A mãe parece ter criado um ambiente positivo e estável, que funciona como uma base doméstica segura que a criança pode explorar e onde pode interagir. (Para usar os termos que aprendemos antes, crianças com apego seguro entram livremente no modo de interação social do sistema nervoso.)
2. **Ambivalente ou resistente.** O bebê com apego ambivalente ou resistente pode ficar tão estressado e angustiado com a ausência da mãe que permanecerá triste o tempo todo em que a mãe estiver fora. Quando a mãe retorna, a criança não se consola facilmente, agarra-se a ela e pode até puni-la de alguma forma por tê-la abandonado. Isso normalmente resulta de um descompasso entre as necessidades da criança e a atenção que recebe da figura parental – o que pode ser ilustrado pela resistência da criança a ser acalmada e/ou a voltar a se sentir segura após o retorno da mãe.
3. **Evitativo.** As crianças nessa categoria quase não apresentam resposta ao estresse quando a mãe sai e quase nenhuma reação quando ela retorna. Essas crianças não procuram consolo nas mães. Algumas as evitam ativamente. Isso normalmente resulta de uma figura parental desconectada (um tipo de desconexão que apresenta várias gradações), que deixa a criança às voltas com os próprios sentimentos. Essas crianças não procuram a figura parental para obter ajuda

quando têm alguma perturbação emocional, pois de fato nunca tiveram suporte.
4. **Desorganizado ou Desorientado.** Essas crianças não apresentam um padrão previsível de resposta. Às vezes se mostram extremamente angustiadas e estressadas, outras vezes não demonstram nenhuma reação. É o estilo de apego mais raro entre os quatro e está tipicamente associado aos traumas de infância catalogados nos EAIs, como abuso severo e negligência. O mundo da criança é tão imprevisível que seu corpo não sabe como reagir ou encontrar segurança.

Quanto mais seguro e confiante for o vínculo entre uma criança e suas figuras parentais, mais segura e mais confiante a criança se sentirá no mundo. Pesquisas têm demonstrado que pessoas que tiveram apegos seguros na infância tendem a ter apegos seguros na idade adulta, o que comprova os efeitos notáveis e duradouros de nossos laços parentais. Varreduras do cérebro confirmam essa conclusão, revelando que as crianças que tinham apegos seguros aos 15 meses possuíam um volume maior de massa cinzenta (a parte do cérebro que contém células e fibras nervosas) do que as que não tinham.[68] Isso indica uma função cerebral mais saudável. Além disso, a incapacidade de formar vínculos seguros na infância tem sido associada à ansiedade social, distúrbios de conduta e outros diagnósticos psicológicos.

Nos últimos anos, alguns pesquisadores e clínicos expandiram o conceito da teoria do apego, indo além da figura parental imediata. Um exemplo disso é a teoria dos sistemas familiares, desenvolvida pelo dr. Murray Bowen, que estende a teoria do apego a toda a unidade familiar, incluindo irmãos e parentes próximos. Trata-se de um acréscimo importante, pois estende as redes de existência do indivíduo de seus ambientes imediatos para suas comunidades e então para o mundo.

Ainda que eu não goste muito de rótulos, acho muito útil entender qual estilo de apego mais repercute em você. O que você ouvirá de conselheiros matrimoniais em todo o mundo é que nossos apegos permanecem dentro de nós, sobretudo em nossos relacionamentos amorosos. Essa é também a base empírica do tópico a seguir, já que as mágoas de nossa criança interior que se mantêm até a idade adulta são frequentemente baseadas no apego.

APRESENTANDO A CRIANÇA INTERIOR

Quando eu era criança, nunca parecia abalada. Era como se nada me incomodasse. Eu mantinha uma expressão indiferente no rosto, e era como se Nicole permanecesse fisicamente presente mas tivesse saído da sala. Na verdade, as emoções que eu sentia eram tão fortes que quase explodiam pelos meus poros. Como não sabia como lidar com sentimentos tão poderosos, aprendi a me distanciar deles como mecanismo de sobrevivência.

Quanto mais eu praticava o desligamento, melhor conseguia neutralizar meu mundo interior. Eu me distanciava de mim mesma – meu corpo, minhas sensações, meus sentimentos. Entrei em minha "nave espacial" para me proteger das experiências consistentemente avassaladoras. Outras pessoas me descreviam como permissiva e indiferente, então internalizei essas descrições. Realmente acreditava que não tinha emoções, que não ser afetada fazia parte do meu ser. Havia um incêndio oculto em meu âmago que eu não conseguia acessar nem identificar. Sentia-me alheia, distante, incapaz de encontrar prazer ou alegria em qualquer situação. No início de minha adolescência, após dar minha primeira tragada em um narguilé de plástico cheio de maconha e beber minha primeira dose de uísque, comecei a usar drogas para projetar externamente meu desligamento da realidade.

Mesmo quando acreditava que estava sendo muito receptiva, eu não me sentia conectada com as pessoas. Embora pudesse ter explosões violentas com minhas parceiras (temia que elas me deixassem, assim como minha mãe, à janela, temia que meu pai jamais voltasse para casa), na maioria das vezes me mantinha distante, evasiva e impassível. Era como se eu estivesse aprendendo a não amar nada com devoção, pois se amasse realmente alguma coisa ela poderia ser tirada de mim. Não se tratava apenas de um sentimento de perda e abandono, mas de um medo de que *eu não sobreviveria* sem determinada pessoa. Construí então uma concha na qual ninguém podia entrar. De uma pessoa que não conhecia as próprias necessidades, transformei-me em uma pessoa que não tinha nenhuma.

Percebi essa desconexão quando comecei a observar meus pensamentos durante a prática da auto-observação. Ao longo do caminho, encontrei narrativas recorrentes, inclusive a familiar sensação de que *ninguém se importa comigo*, que eu sentia quando me escondia sob a mesa da cozinha durante a infância. A crença era consistente. Eu a percebia no modo como vivenciava quase tudo, nas minhas reações emocionais, no que me enchia de raiva e no que me distanciava. Havia uma mensagem ali, mas eu simplesmente não estava pronta para recebê-la.

Então me deparei com o trabalho do terapeuta John Bradshaw,[69] que dedicou sua carreira a falar sobre a criança interior em pessoas com vício em drogas. Bradshaw se baseou em sua própria infância, pois foi criado por um pai que lutava contra o alcoolismo. Como muitas crianças cujos pais usam drogas, Bradshaw também começou a beber. Entretanto, quanto mais estudava a história de sua família, assim como o histórico familiar daqueles sob seus cuidados, mais ele percebia que todos lidavam com uma criança interior profundamente ferida. Em seu livro *Homecoming: Reclaiming and Championing Your Inner Child* (Volta ao Lar: Como Resgatar e Defender sua Criança Interior), ele apresentou a convincente ideia de que muitos de nós acabamos em relacionamentos tóxicos (palavra dele) porque nunca abordamos os traumas que nos afetaram na infância. "Acredito que essa criança interior negligenciada e ferida do passado é a principal fonte das misérias humanas", escreveu ele.[70]

Em minha extensa prática, observei padrões semelhantes aos descritos por Bradshaw e acabei entendendo que todos temos uma parte infantil em nós mesmos. Essa parte infantil, que é livre, cheia de deslumbramento e assombro, está conectada à sabedoria interior de nosso Eu autêntico. Só pode ser acessada quando estamos em segurança, no modo de interação social de nosso sistema nervoso, onde somos capazes de nos sentir espontâneos e receptivos. É lúdico, desinibido e tão focado no momento que o tempo parece não existir. Essa mesma parte infantil de cada um de nós, quando não reconhecida, pode se desenvolver desenfreadamente em nossa vida adulta, muitas vezes reagindo de forma impulsiva e egoísta.

Tais reações emergem de uma mágoa central com que a criança interior tem que conviver em resposta a um trauma da infância. As mágoas de infância são as necessidades emocionais, físicas e espirituais não satisfeitas de nossa infância – expressas por meio de nosso subconsciente – que continuam a impactar a nossa individualidade presente. É quase impossível atender a todas as necessidades de outro ser humano, especialmente quando ambas as pessoas estão lidando com seus próprios traumas não resolvidos. A maioria de nós se sente invisível, não ouvida e mal-amada, e carregamos essa mágoa com a gente pela vida inteira. Mesmo aqueles que chamamos de narcisistas não estão de fato vivendo em estado de extremo amor-próprio. Na verdade, são crianças grandes que estão reagindo a uma mágoa interior de infância profundamente dolorosa.

Nossos parceiros amorosos tendem a ativar nossas mágoas nos níveis mais intensos, embora possamos ser emocionalmente ativados por qualquer pessoa que toque nelas. Podemos discutir em voz alta com parceiros ou amigos, bater portas ou sair batendo pé – basicamente fazendo birra. Podemos pegar nossos "brinquedos" e sair da "caixa de areia" (recusando-nos a compartilhar nosso sucesso no trabalho ou ficando ressentidos por termos que dividir a conta em um restaurante, mesmo tendo comido menos). A criança interior é uma parte petrificada de nossa psique que se formou quando éramos limitados em nossa capacidade emocional de enfrentamento. Eis por que acabamos agimos como crianças quando somos ameaçados ou magoados. A realidade é que muitos de nós estão presos a esse estado infantil. Somos emocionalmente analfabetos porque somos crianças pequenas em corpos adultos.

Existem arquétipos comuns de personalidade que descrevem nossos estados de criança interior e são úteis para identificar suas variadas reações. Muitos se identificarão com mais de um. Os sete tipos que vejo mais comumente vão desde o cuidador, cuja autoestima advém de cuidar dos outros, até a alma da festa, que parece estar sempre confiante e feliz, mas que precisa de constante validação externa para se sentir completo. O que esses arquétipos têm em comum é que todos emergem de necessidades interiores não atendidas na infância – tais como ser visto, ouvido e amado.

OS 7 ARQUÉTIPOS DA CRIANÇA INTERIOR

O cuidador. Normalmente foi modelado por dinâmicas de codependência. Acredita que a única forma de receber amor é cuidar dos outros. Adquire uma sensação de identidade e autoestima negligenciando as próprias necessidades.

O vencedor. Sente-se visto, ouvido e valorizado por meio de sucessos e conquistas. Usa a validação externa como forma de lidar com a baixa autoestima. Acredita que o único modo de receber amor é em consequência de suas realizações.

O perdedor. Mantém-se invisível e abaixo de seu potencial por conta de medo de críticas ou vergonha de um fracasso. Sai do jogo emocional antes mesmo de começar a jogar. Acredita que a única maneira de receber amor é permanecendo invisível.

O salvador/protetor. Tenta tenazmente socorrer as pessoas ao seu redor no intuito de se curar da própria vulnerabilidade, principalmente na infância. Vê os outros como desamparados, incapazes e dependentes, e obtém amor e valorização alcançando uma posição de poder. Acredita que a única forma de receber amor é concentrando-se nos desejos e necessidades dos outros e os ajudando a resolver seus problemas.

A alma da festa. É a pessoa cômica, sempre feliz e alegre, que nunca demonstra dor, fraqueza ou vulnerabilidade. É provável que essa criança interior tenha sido humilhada devido a alguma situação emocional. Agora acredita que o único modo de se sentir bem e receber amor é se certificando de que todos ao seu redor estejam felizes.

A pessoa do sim. Abandona tudo e negligencia todas as necessidades a serviço dos outros. Provavelmente foi modelada por sacrifícios feitos na infância e se envolveu em padrões profundos de codependência, assim como o cuidador. Acredita que a única maneira de receber amor é ser boa e altruísta.

O adorador de heróis. Precisa ter um guru para seguir. Provavelmente emerge de uma mágoa provocada na infância por um cuidador percebido como sobre-humano, sem falhas. Acredita que a única forma de receber amor é rejeitando os próprios desejos e necessidades, e tomando os outros como modelos de vida.

FANTASIAS DE INFÂNCIA

Uma defesa comum contra o tormento das necessidades não atendidas da infância é a idealização. Às vezes isso se manifesta como um poderoso filtro que bloqueia qualquer coisa negativa e nos induz a conclusões incrivelmente otimistas: *Eu tenho a família perfeita! Minha infância foi feliz!* Quando não podemos concluir com verossimilhança que nossa família é perfeita, começamos a nos envolver em modos alternativos e imaginativos de lidar com a situação. Um deles é inventar fantasias baseadas em heróis ou no sonho de que a vida poderia mudar se alguém ou alguma coisa aparecesse para nos salvar.

Nancy, uma integrante da minha comunidade on-line, contou que quando criança costumava sonhar acordada com a banda Duran Duran, que chegava em uma limusine para tirá-la de seu lar infeliz. Passava longas horas pensando em como isso aconteceria, em como se sentiria bem, em como a fuga mudaria sua vida e a tornaria a pessoa amada que ela desejava ser.

Mais tarde, Nancy removeu Duran Duran da fantasia, embora isso não tenha extinguido sua ânsia escapista por um herói. Já um pouco mais velha, passou a responsabilidade para seus flertes e, mais tarde, para seus namorados. Nenhum deles conseguia suportar a pressão de estar à altura do pedestal inatingível em que ela os colocava. Quando inevitavelmente falhavam, Nancy procurava outra pessoa para alimentar seus devaneios. O relacionamento durava até que ela se visse na mesma situação de sempre: infeliz e insatisfeita, ansiando por outra saída de emergência.

Não há nada de inerentemente errado em sonhar acordado. Acho que imaginar uma vida diferente é, na verdade, um exercício produtivo. Mas as fantasias de Nancy não eram produtivas, pois a faziam depositar todas as suas esperanças em uma figura externa. Suas ligações amorosas lhe proporcionavam uma fuga. O mesmo princípio se aplica a outras fixações: as pessoas acham que serão "salvas" ou estarão realizadas quando conseguirem um bom emprego, comprarem uma casa ou tiverem filhos. Porém, uma vez que alcançam seus objetivos, sentem-se tão infelizes quanto antes, se não mais – daí a onipresente crise de meia-idade.

A criança interior magoada leva todas essas compulsões para a idade adulta. Suportamos nossa inoperância esperando que outros mudem nossas circunstâncias e nos façam felizes, sonhando acordados com soluções rápidas e realidades alternativas. Buscamos a aprovação dos outros para nos sentirmos bem com nós mesmos. Escolhemos escapes – drogas, álcool, sexo – para sentir um prazer momentâneo que entorpecerá nossa dor, mas nosso verdadeiro objetivo a longo prazo é encontrar segurança *dentro de nós mesmos*. Nosso trabalho é internalizar a sensação de ser bom o bastante, um estado de bem-estar que não depende dos outros. Como podemos chegar a esse lugar? Essa é a questão central de nosso trabalho com a criança interior.

CONHEÇA SUA CRIANÇA INTERIOR

Quando começa a trabalhar sua criança interior, o primeiro passo é aceitar que ela permanecerá presente em sua vida adulta. É importante destacar que mesmo que você não consiga se lembrar da maior parte da sua infância (como eu), isso não significa que não pode acessar sua criança interior. É bem provável que, de uma forma ou de outra, o que você faz, sente e pensa todos os dias seja uma réplica viva dessas experiências passadas. É por meio delas que todos podemos acessar nossa criança interior.

O próximo passo é reconhecer que nossa criança interior está magoada. Isso parece simples, mas pode ser bastante difícil. Como aprendemos no capítulo 3, só porque você não consegue se lembrar de um momento traumático não significa que você não tenha vivenciado traumas ou que eles não tenham lhe criado mágoas. Você pode até dizer: "Minha infância não foi tão ruim. Estou reclamando sem motivo." Ouço muito isso. Mas devo lembrá-lo: você está olhando para trás com a perspectiva de seu cérebro adulto, com a consciência e a maturidade que podem posicionar suas lembranças no alinhamento adequado. Nosso cérebro infantil não tinha essa capacidade. Tudo era maior, mais intenso e mais extremo do que podemos imaginar agora. Dê à sua criança interior o presente de reconhecer suas mágoas.

Aceitar que você tem uma criança interior magoada o ajudará a remover sua vergonha e sua decepção com sua incapacidade de mudar – o travamento que já discutimos aqui. Essa incapacidade de seguir em frente ou de fazer mudanças não tem nada a ver com *você*, é uma extensão de padrões condicionados e crenças centrais que você desenvolveu na infância.

Sua criança interior ainda sente as mágoas. Isso é apenas um fato. Não é nada para se envergonhar.

Mas há de se reconhecer que, embora sua criança interior esteja presente, ela é apenas parte de você. Não é seu Eu intuitivo e essencial. Portanto, quando reagir a partir do lugar da mágoa, comece a observar essa reação de uma posição de curiosidade. Seu objetivo é coletar informações. Quando sua mãe critica seu corte de cabelo novo e você se fecha, que narrativa sua criança interior está lhe contando? Quando você irrompe numa torrente de palavrões porque alguém o interrompeu em seu caminho para o trabalho, o que sua criança interior está lhe comunicando? Honre o que sua criança interior está tentando lhe dizer. Honre as experiências dela.

Você não precisa ter as respostas. Apenas comece a ouvir as perguntas. Quanto mais você cultiva essa escuta, mais se torna presente e consciente. Quanto mais sua presença e consciência crescerem, maior será sua capacidade de distinguir as reações de sua criança interior das de seu Eu autêntico. E quanto melhor você for capaz de distinguir uma coisa da outra, melhores escolhas fará sobre seu comportamento. Esse distanciamento lhe dará a oportunidade de escolher a forma de reagir.

A CRIANÇA INTERIOR DE ANTHONY

Trabalhar com sua criança interior não o livrará dela. Nem vai curar totalmente as mágoas do passado. Na época em que Anthony se juntou à comunidade de SelfHealers, ele já havia feito algumas pesquisas a respeito do trabalho de John Bradshaw sobre a cura da criança interior e achou úteis algumas das minhas discussões sobre o assunto. Agora estava começando a compilar os modos pelos quais sua criança interior filtrava as crenças centrais que ele mantinha sobre si mesmo. Como resultado, já desvendara algumas das narrativas baseadas na vergonha que envolvia seus comportamentos sexuais e, mais recentemente, seu consumo abusivo de álcool. Também havia destrinchado suas crenças sobre sua suposta participação no abuso sexual ocorrido na infância, que há tanto tempo aceitava como um fato, por observá-las apenas com seu cérebro infantil. Após aplicar a lógica da sábia figura parental interior, ele conseguiu ver, sob uma perspectiva adulta, a realidade daquela experiência: ele fora vítima de um predador sexual.

Quando Anthony começou a aceitar que sua criança interior (pelas experiências dolorosas que sofrera) estava incrivelmente magoada, foi capaz de entender como essas mágoas o compeliam a encenar narrativas que não lhe serviam mais.

Ao mesmo tempo, Anthony identificou seu arquétipo de criança interior vencedora e percebeu quanto associava realizações com amor. Percebeu também como sua obsessão com o sucesso o ajudava a se dissociar de seu mundo emocional, tal como fazia na infância. Por fim, acabou deixando seu cargo importante em Wall Street.

Mas sua história não termina aqui. As coisas nunca são tão simples, concorda? Anthony não se limitou a reconhecer a existência da sua criança interior, pois há sempre a tentação de simplesmente virar a página e dizer a si mesmo: "Conheci minha criança interior. Agora estou melhor. É hora de seguir em frente." Na verdade, o trabalho nunca termina.

A verdadeira mudança para Anthony aconteceu quando ele aceitou que sua criança interior sempre estará presente, cultivando um diálogo contínuo com sua individualidade atual. Ao falar mais abertamente sobre suas compulsões sexuais e seu uso de drogas, ele identificou o círculo vicioso de vergonha e fuga (sexo e drogas) que sua criança interior vinha repetindo havia anos.

Anthony se lembrou do que aconteceu quando ele ainda era muito jovem. Ao voltar para casa, seu pai lhe perguntou por que ele parecia chateado. Anthony respondeu que sofrera bullying no pátio da escola. Seu pai não só sugeriu que ele "estava dando importância demais a uma bobagem", como também pareceu estremecer quando o filho contou como reagira: ele chorara na frente dos colegas. Foi nessa interação que Anthony percebeu que seu pai tinha vergonha dele e de suas emoções. Foi como um soco no estômago – sua primeira experiência dolorosa com o sentimento de vergonha.

Essa lembrança continuava surgindo durante as sessões de terapia, mas ele não conseguia descobrir como superá-la. Só quando começou a reconhecer sua criança interior ele percebeu que aquela interação criara uma mágoa, aprofundada pelo abuso que ele sofreu mais tarde. Naquela interação entre pai e filho, após um dia particularmente difícil na escola, ele aprendeu que nunca deveria ser honesto nem demonstrar fraqueza, ou seria humilhado por aqueles que mais amava. Depois de ter até seu abuso sexual ignorado e minimizado pelas pessoas mais próximas, Anthony começou a ocultar dos que estavam à sua volta cada vez mais aspectos de si mesmo. E para lidar com a vergonha profundamente enraizada, ele passou a se anestesiar em segredo, usando qualquer coisa que pudesse aliviar seu incômodo.

No fundo, Anthony se sentia indigno – uma pessoa ruim – e lidava com esse sentimento da única forma que conhecia, o que só lhe acrescentava mais atos dos quais se envergonhar. Com o tempo, decidiu que o único modo de superar isso seria acessar e enfrentar as mágoas centrais de sua criança interior. E aprendeu que, quando sua vergonha fosse ativada, a melhor estratégia seria lhe oferecer um lugar seguro para se expressar, quebrando assim a expressão contínua da vergonha e seu problemático enfrentamento.

Assim como Anthony e eu fizemos, eu adoraria que você começasse a reconstruir a conexão com sua criança interior. Portanto, incluí a seguir vários modelos que você poderá usar para iniciar um diálogo escrito com o arquétipo que mais repercute em você.

ENTRE EM AÇÃO: ESCREVA UMA CARTA PARA SUA CRIANÇA INTERIOR

Passe algum tempo refletindo e observando sua criança interior ao longo do dia e observe quais arquétipos dela são ativados com mais frequência. Lembre-se de que vários podem repercutir, mas tente escolher um para iniciar. Siga seu instinto para saber qual a melhor opção ou escolha a que é ativada com mais frequência. Não há respostas erradas aqui, garanto. Com o tempo, você poderá visitar cada um dos arquétipos, reservando algum tempo para reconhecer as partes magoadas de sua criança interior.

- **O cuidador.** Normalmente foi modelado por dinâmicas codependentes. Acredita que a única forma de receber amor, assim como de adquirir uma noção de identidade e autoestima, é cuidando dos outros e ignorando as próprias necessidades.

Querida Cuidadorazinha Nicole,

Sei que você sentiu que precisava cuidar de todos ao seu redor, para que se sentissem melhor e para garantir que todos ficassem felizes com você. Sei que isso faz você se sentir muito cansada e nem sempre faz as pessoas se sentirem melhor. Você não precisa mais fazer isso. Você tem permissão para cuidar de si mesma agora. Garanto que os outros vão continuar amando você.

Eu te vejo, eu te ouço e sempre te amarei,
Nicole Adulta Sábia

- **O vencedor.** Sente-se visto, ouvido e valorizado mediante sucessos e conquistas. Usa a validação externa como forma de lidar com a baixa autoestima. Acredita que o único modo de receber amor é por meio de realizações.

Querida Vencedorazinha Nicole,

Sei que você achou que precisava fazer algumas coisas com perfeição para que os outros – e você também – se sentissem felizes, orgulhosos ou amados. Sei que isso não faz você se sentir bem o bastante tal como é. Você não precisa mais fazer isso. Você tem permissão para parar de se esforçar tanto para fazer as coisas com perfeição. Garanto que você é mais que o suficiente tal como é.

Eu te vejo, eu te ouço e sempre te amarei,
Nicole Adulta Sábia

- **O perdedor.** Mantém-se pequeno, invisível e abaixo de seu potencial por ter medo de críticas ou vergonha de um fracasso. Sai do jogo emocional antes mesmo de começar a jogar. Acredita que a única maneira de receber amor é permanecendo invisível.

Querida Perdedorazinha Nicole,

Sei que você acha que precisa ocultar algumas das coisas que faz bem, as conquistas que teve e outras partes boas de si mesma para não ferir os sentimentos de outras pessoas. Sei que esse fato impede que as coisas boas a seu respeito sejam celebradas e pode até fazer você se sentir mal com a existência delas. Você não precisa mais fazer isso. Você pode deixar que os outros vejam como você é competente. Garanto que você vai continuar sendo amada mesmo que mostre esse lado.

  Eu te vejo, eu te ouço e sempre te amarei,
  Nicole Adulta Sábia

- **O salvador/protetor.** Busca tenazmente socorrer as pessoas ao seu redor na tentativa de se curar da própria vulnerabilidade, principalmente na infância. Vê os outros como desamparados, incapazes e dependentes, e obtém amor e valorização alcançando uma posição de poder. Acredita que a única forma de receber amor é concentrando-se nos desejos e nas necessidades dos outros e os ajudando a resolver seus problemas.

Querida salvadorazinha/ protetorazinha Nicole,

Sei que você acha que deve ajudar todos ao seu redor sempre que eles têm algum problema, precisam de ajuda ou estão tristes. Sei que isso faz você se sentir cansada e desapontada com os outros. Além disso, você nem sempre consegue fazer com que se sintam melhor. Você não precisa mais fazer isso. Você tem permissão para deixar de ajudar outras pessoas. Garanto que você vai continuar sendo amada mesmo que se concentre em si mesma.

  Eu te vejo, eu te ouço e sempre te amarei,
  Nicole Adulta Sábia

- **A alma da festa.** É a pessoa cômica, sempre feliz e animada, que nunca demonstra dor, fraqueza ou vulnerabilidade. É provável que essa criança interior tenha se sentido humilhada devido a alguma situação emocional. Agora acredita que a única forma de se sentir bem e receber amor é garantindo que todos ao seu redor estejam felizes.

Querida Alminha da Festa Nicole,

Sei que você acha que deve estar sempre feliz, alegrando os outros ou sendo forte. Sei que você receia que outras pessoas a vejam triste, com raiva ou com medo. Você se sente mal quando isso acontece. Você não precisa ser assim. Você tem permissão para se sentir como quiser. Garanto que você vai continuar sendo amada mesmo que sinta todas as suas emoções.

Eu te vejo, eu te ouço e sempre te amarei,
Nicole Adulta Sábia

- **A pessoa do sim.** Abandona tudo e negligencia todas as necessidades a serviço dos outros. Provavelmente foi moldada por sacrifícios feitos na infância e se envolveu em padrões profundos de codependência, assim como o cuidador. Acredita que a única forma de receber amor é sendo boa e altruísta.

Querida Pessoinha do Sim Nicole,

Sei que acha que deve dizer sim sempre que alguém pede que você faça algo, como passear, emprestar sua camisa favorita ou qualquer outro favor. Sei que você se sentiria uma pessoa ruim se dissesse não. Você não precisa mais fazer isso. Você pode dizer não se sentir vontade. Garanto que vai continuar sendo amada mesmo que faça isso.

Eu te vejo, eu te ouço e sempre te amarei,
Nicole Adulta Sábia

- **O adorador de heróis.** Precisa ter um guru para seguir. Provavelmente emerge de uma mágoa provocada na infância por um cuidador percebido como sobre-humano, sem falhas. Acredita que a única forma de receber amor é rejeitando os próprios desejos e necessidades, e tomando outros como modelos de vida.

    Querida Adoradorazinha de Heróis Nicole,

    Sei que você acha que as outras pessoas sabem mais que você e sempre recorreu a elas para ajudá-la a tomar decisões. Sei que isso faz você achar que não é inteligente o bastante e sei que não confia em si mesma para fazer suas próprias escolhas. Você não precisa mais ser assim. Você é capaz de chegar a conclusões e tomar decisões sem buscar respostas nos outros. Garanto que você vai continuar sendo amada mesmo que confie em si mesma.

    Eu te vejo, eu te ouço e sempre te amarei,
    Nicole Adulta Sábia

MEDITAÇÃO GUIADA DA CRIANÇA INTERIOR

Quem estiver interessado em uma meditação guiada sobre a criança interior pode visitar meu site theholisticpsychologist.com, em inglês.

OITO

Histórias do ego

Eu sempre quis ser descontraída, tranquila, alguém que os outros descreveriam como "uma hippie inata". De certa forma, sou essa pessoa. Mas sempre havia os malditos pratos.

À simples visão de uma pilha de panelas, pratos e talheres sujos na pia, eu simplesmente enlouquecia. Estou falando de fúria. No passado, às vezes eu ficava tão reativa que tinha acessos de raiva – socava a bancada, gritava, batia o pé. Seguia-se uma reação de estresse: meu nervo vago ativava a resposta de estresse do meu sistema nervoso, enviando mensagens de luta, fuga ou imobilização para todo o meu corpo. Fisiologicamente, eu reagia como se um urso tivesse acabado de pular em cima de mim numa floresta: debatendo-me para me salvar do ataque dos pratos sujos.

Às vezes, era diferente. Eu não jogava coisas no chão nem ficava com raiva. Ficava paralisada, mergulhada em um estado de agitação interna que durava horas. Tornava-me evasiva e distante, levando minha parceira a me encher de perguntas.

"Você está bem?"

"Sim", eu respondia, impassível.

"Tem certeza?"

"Sim, estou bem."

Em qualquer dos casos acima (luta ou imobilização), o resultado final era sempre o mesmo: uma briga com minha companheira.

Tenho certeza de que muitos de vocês devem estar pensando *Nossa, é só louça suja. Que exagero.* (Embora alguns possam ter a mesma reação, tenho certeza!) Mas o fato é que eu não conseguia controlar meu estado emocional porque os pratos acionavam alguma coisa dentro de mim sem que eu percebesse. Era meu subconsciente se comunicando comigo – quisesse eu ouvi-lo ou não.

CONHEÇA O EGO

Somente agora, olhando para trás, sei que aqueles pratos na pia me transmitiam uma narrativa: *Minha parceira não tem consideração por mim*. Lembre-se: essa é uma das minhas principais crenças a meu respeito (*ninguém se importa comigo*), que advém da minha infância. Ou seja, é uma história do ego.

A maioria de nós não tem consciência do ego nem de como ele conduz nosso comportamento, apesar de seu profundo impacto em nossa vida. O ego, o grande protetor da criança interior, é a identidade do Eu. Qualquer coisa que siga a palavra "eu" é uma extensão do ego: *Eu sou inteligente. Eu sou sem graça. Eu sou sexy. Eu sou desleixado. Eu sou bom. Eu sou mau.* O ego é nosso senso de identidade, nossa identidade pessoal, nossa autoestima. O ego é um magistral contador de histórias (*Quando minha parceira deixa louça na pia, isso significa que ela não tem consideração por mim*), criando e mantendo narrativas sobre quem acreditamos que somos. O ego em si não é bom nem mau. Ele apenas existe.

Desenvolvido na infância, o ego é formado por crenças e ideias que habitam nosso subconsciente e são transmitidas por figuras parentais, amigos, comunidade e ambiente como um todo. Também o chamamos de personalidade ou identidade. As crenças do ego não surgem do nada, elas são baseadas em experiências vividas.

Ao longo de nossa vida, criamos uma história a respeito de quem somos com base em nossas experiências. Essa narrativa inclui aspectos de nossas características, opiniões e crenças. O ego trabalha com narrativas familiares, pois estas são previsíveis, embora frequentemente dolorosas. Como sabemos hoje, a previsibilidade parece mais segura que a incerteza do desconhecido.

Apegado a suas ideias, opiniões e crenças, o ego funciona como um fluxo infinito de pensamentos que nos mantém presos em nossa identidade. O objetivo central do ego é nos proteger em todos os momentos e a qualquer custo. Essa rigidez faz parte da postura defensiva do ego. Ele precisa ser inflexível para garantir que nossa parte mais suave e indefesa (ou seja, nossa criança interior) permaneça segura. Eis por que é tão defensivo e alicerçado no medo. O ego vê tudo no contexto de uma dicotomia rígida: bom x mau ou certo x errado. E não só é fortemente apegado às suas opiniões como acredita que *somos* nossas opiniões. O ego interpreta qualquer desacordo ou crítica como uma ameaça direta à nossa própria existência. Isso ocorre porque, quando estamos sob seu controle, nossas crenças e opiniões *são quem somos*. Qualquer coisa que as questione é antagônica. Quando nossas opiniões são questionadas, o ego acredita que nossa identidade central está sendo ameaçada.

Se não praticarmos a observação do ego, ele lutará para se afirmar e estabelecer seu domínio, suscitando sentimentos de insegurança e baixa autoestima, pois o ego faz hora extra para nos defender. Ouviu aquela piadinha? Aquele pequeno comentário de um colega de trabalho que fez seu sangue ferver? Sentiu vontade de se defender, de condenar, de vencer? De estar certo ou de ter a última palavra, custe o que custar? De julgar e depreciar? De comparar e contrastar? Teve a sensação de que não [preencha o espaço em branco] o suficiente? Esse é o ego em seu estado reativo. Quando ele é ativado, tudo se torna pessoal (como no estado egocêntrico da infância, quando tudo girava ao nosso redor). O ego presume que tudo o que acontece com você acontece *por sua causa*. Eis por que tantas pessoas são obcecadas em agradar ou impressionar os outros – e por que muitas vezes se sentem travadas.

Funciona mais ou menos assim:

1. Sinto raiva quando estou emocionalmente ativado.
2. Sinto-me emocionalmente ativado quando meu parceiro não responde logo às minhas mensagens.
3. Se meu parceiro não está respondendo rápido às minhas mensagens, isso significa que não sou digno de consideração, o que me deixa com raiva.
4. Quando fico com raiva, berro ou dou um gelo naqueles que amo. Meu ego sente a mágoa central da indignidade e a projeta para fora,

preferindo despejar a emoção nos outros a experimentar a dolorosa emoção do desmerecimento.
5. Conclusão: sou uma pessoa imprestável e irritável.

Embora isso não seja verdade, quanto mais ouvimos nosso ego, mais essas narrativas se tornam a nossa realidade. Digamos que você queira começar a fazer registros no diário e seu ego lhe diga "Isso é uma perda de tempo. Você tem coisas muito mais importantes para fazer" como forma de salvá-lo do medo do fracasso ou de qualquer outro medo que possa ser desenterrado. Ou o faça desistir da disputa por uma promoção no emprego, mesmo que você seja altamente qualificado, como forma de protegê-lo do possível choque de uma rejeição. Quanto mais vergonha carregamos, mais o ego deseja evitar situações em que possamos sentir vergonha ou ter alguma mágoa mais profunda. Tentando assegurar que você nunca se magoe, o ego ergue barreiras – pois em cada oportunidade de mudança positiva há também a chance da dor do fracasso.

ATIVAÇÃO DO EGO

O ego é supervigilante e age como um guarda-costas. É rígido, muitas vezes hostil a controvérsias, não faz concessões nem oferece compaixão. Mantém uma postura defensiva quase constante, pronto para entrar em ação ao sentir qualquer vislumbre de antagonismo. As ameaças contra nosso ego podem se manifestar das seguintes maneiras:

- Uma forte reação emocional (agindo devido a uma antiga mágoa)
- Falsa autoconfiança (que alguns podem chamar de narcisismo), que na maioria das vezes é uma bravata que emerge de um sentimento de insegurança provocado pela falta de conexão com seu Eu autêntico
- Falta de nuances no pensamento – tudo está certo ou tudo está errado, não existe meio-termo
- Competição extrema (a crença de que o sucesso de outras pessoas prejudica o seu)

Essas reações ocorrem quando há uma fusão entre sua individualidade e seus pensamentos, opiniões e crenças. Eis por que as histórias do ego assumem um aspecto de vida ou morte: quando alguém discorda de você ou o critica, as opiniões dessa pessoa não são vistas pelo ego como um tópico específico, mas, fundamentalmente, como críticas a respeito de *quem você é*. Quando uma crença sua é ameaçada, como quando alguém detestou um filme do qual você gostou (um exemplo bobo, mas que pode nos irritar se estivermos reagindo a partir do ego), todo o seu ser se sente ameaçado.

Muitas vezes, numa situação de desacordo sério, o objetivo do ego não é tentar chegar a uma verdade compartilhada, mas invalidar as realidades conflitantes de modo a destruir a outra pessoa e afirmar o próprio valor e poder. Por isso as divergências se agravam tão rapidamente. Por isso ninguém escuta os demais. Pois se aquilo em que você acredita é quem você é, não há espaço para diálogo ou benevolência. Não há espaço para tolerância ou adaptabilidade. Às vezes, quando assisto a debates, tudo que consigo ver são posturas protetoras ególatras. Todas as mágoas e ativações da infância estão à mostra ali, no palco, para todo mundo ver.

PROJEÇÕES DO EGO

Nosso ego defende sua percepção de quem somos. Ao fazê-lo, reprime emoções que consideramos *ruins* ou *erradas* para que sejamos sempre *bons* ou *desejáveis*, de modo a recebermos o máximo de amor possível. Essas partes ruins ou erradas de nós são às vezes chamadas de "o eu sombrio".

Os adultos possibilitam essa repressão dizendo às crianças que algumas coisas devem ser escondidas e outras, louvadas. Por conta de nossa extrema dependência quando crianças, aprendemos que, para manter nossas conexões e nossa segurança, devemos parecer aceitáveis. Trata-se de um mecanismo de sobrevivência, de uma parte evolutivamente vantajosa de amadurecer e entender como interagir com o mundo. Quando reprimimos consistentemente qualquer parte de nosso Eu autêntico para receber amor, e o ato de repressão se torna uma história do ego, nós nos tornamos quem acreditamos que deveríamos ser.

Esse processo, como se sabe, é inconsciente. Quanto mais negamos partes de nosso eu sombrio, mais vergonha sentimos e mais desconectados ficamos de nossa intuição. Passamos então a ver em outras pessoas os erros que criticamos em nós mesmos. E quanto mais desconectados e com vergonha nos sentimos, mais projetamos nos outros essa desconexão e vergonha.

Para continuarmos a nos sentir valorizados, seguros e presumivelmente boas pessoas, dizemos a nós mesmos: *Não sou como eles*. Na realidade, em essência, temos exatamente as mesmas "falhas". Digamos que você esteja numa fila para tomar um café. Uma mulher entra na sua frente. Você fica indignado! *Essa mulher é uma idiota arrogante! Não se manca e é mal-educada! É uma pessoa ruim! Não é nada parecida comigo!*

Essa é mais uma história do ego. Nenhum de nós tem o dom de ler a mente de outra pessoa. Não temos como saber o que a mulher que furou a fila está pensando. Ainda assim, é fácil inventar uma história – baseada quase totalmente em nossas experiências anteriores. A projeção de nosso ego recria padrões inconscientemente, sem nunca interagir com outra pessoa. Talvez uma figura parental tenha dito que estávamos sendo arrogantes quando fomos assertivos. A partir daí, começamos a reprimir nossas próprias necessidades e a policiar as necessidades dos outros.

As histórias do ego ocorrem naturalmente porque a incerteza é assustadora. Quando não sabemos por que uma pessoa está se comportando de uma forma que nos deixa irritados ou desconfortáveis, nosso ego se concentra ao máximo para descobrir o motivo e nos manter seguros, insistindo que *nós* jamais faríamos algo tão terrível. Se uma pessoa *ruim* fez aquela coisa *ruim*, então eu, uma pessoa *boa*, jamais faria o mesmo. Eis por que julgar os outros é tão viciante: nos alivia da luta interna do ego contra a vergonha. Quando identificamos as falhas dos outros, podemos ignorar as nossas e até mesmo nos convencer de que somos melhores que eles. Nada disso é errado ou ruim (linguagem egocêntrica!), é somente parte da natureza humana.

COMO LIDAR COM SEU EGO

Agora que conhecemos o papel do ego, é hora de iniciar o processo de aprender a lidar com ele. O objetivo desse trabalho é nos tornarmos cientes e conscientes, em vez de nos submetermos à reação do ego ao mundo. O processo começa com a simples observação. Quando estamos no piloto automático, nosso ego está no controle. Portanto, ao envolvermos ativamente a mente consciente, contribuímos para reduzir o controle do ego no nosso dia a dia. Se nos tornamos cientes e conscientes, conseguimos enxergar os padrões de pensamento e os medos de nosso ego, observando suas defesas e crises de raiva sem julgá-las. A defensividade e a vulnerabilidade de nosso ego são semelhantes às de nossa criança interior: ambas precisam ser vistas e ouvidas sem julgamento. Nosso ego precisa de espaço para relaxar.

1º passo: permita que seu ego se apresente

O objetivo aqui é ver seu ego como uma parte separada de você e tentar ser um observador neutro. Você pode iniciar o ato de separação com esta pequena rotina. Demora um ou dois minutos.

1. Encontre um lugar tranquilo, sem distrações, talvez algum local onde você já tenha feito exercícios de consciência.
2. Feche os olhos e respire fundo, bem fundo.
3. Repita a seguinte afirmação: *Estou seguro e escolhi um modo novo de existir separado de meu ego.*

Vou avisá-lo: embora rápido e aparentemente simples, esse primeiro passo costuma ser o mais difícil. O ego não gosta de ser observado. Portanto, envolver-se com ele no estágio inicial de observação pode gerar muito incômodo. Você pode sentir irritação e até náuseas. Seu ego pode lhe dizer que você não deve praticar esse trabalho porque é bobo demais. Tudo isso faz parte do processo. Siga em frente. Superar esse incômodo exige esforço, então seja paciente consigo mesmo.

2º passo: tenha um encontro amigável com seu ego

Agora, quero que você comece a prestar atenção no que diz após usar a frase "eu sou". Ao falar essas palavras ou observar a si mesmo pensando nelas, use-as como uma dica para prestar atenção nos padrões que se seguem. Por exemplo: *Eu sou péssimo, estou sempre me atrasando; eu sou péssimo para me lembrar das coisas; eu atraio fracassados.* Sem julgamentos, sem irritação, sem decepções. Basta fazer anotações mentais ou, melhor ainda, escrever seus pensamentos em algum lugar. Observe quantas vezes você fala sobre si mesmo. Quantas conversas você desvia para poder falar sobre si mesmo? Você evita discutir suas emoções? Quão negativas são as palavras que se seguem ao "eu sou"?

Trata-se de seu ego falando. Você tem repetido essas narrativas há tanto tempo que já nem as nota, não percebe sua recorrência nem questiona sua veracidade. Esse passo o retirará da zona de conforto dos padrões familiares. Antes de observar as reações de seu ego, você vivenciou inconscientemente padrões, condicionamentos e mágoas de infância. O trabalho com o ego lhe dará oportunidade de escolher uma nova narrativa. Quanto mais você puder repetir essas práticas, melhor (ainda as faço sempre que me sinto ativada). A repetição criará novos caminhos no cérebro e permitirá que as observações se tornem mais fáceis ao longo do tempo.

3º passo: dê um nome a seu ego

Pode parecer bobagem, mas dar um nome ao ego é um passo poderoso para nos distanciarmos dele. Uma vez que o visualizamos e o nomeamos, podemos separar nosso Eu intuitivo de sua reação – ou pelo menos chegar perto disto.

Chamo meu ego de Jessica. Observo Jessica ir e vir. Às vezes ela desaparece por algumas horas só para então voltar com a força de um tsunami. Noto que certas coisas deixam Jessica extremamente suscetível – mas *tudo bem.*

Às vezes, quando me sinto ativada e estou prestes a ter um acesso de raiva ou ser sarcástica, percebo que meu ego está comandando minha mente.

Então, assumo o controle. "Jessica está se comportando mal de novo", digo. É incrivelmente útil dizer essas palavras em voz alta, pois ganho um momento para respirar e decidir se quero ou não satisfazer Jessica.

Recebi mensagens de pessoas com os nomes mais hilários para seus egos. Qual é o nome do seu?

4º passo: conheça o ego ativado

À medida que expandimos nosso nível de percepção consciente, conseguimos constatar que não somos as histórias contadas pelo nosso ego. Pensamentos nos ocorrem, mas não dizem nada a respeito de quem somos. São simplesmente nosso ego tentando defender nossa identidade e nos proteger de mágoas.

Nesse estágio de observação do ego, podemos aceitar e até tolerar ataques à sensação de segurança que nosso ego nos proporciona. A próxima vez que você se sentir emocionalmente ativado, anote como foi a experiência – trata-se de uma extensão do primeiro passo. Em seguida, registre as vezes em que estiver pouco à vontade ou com raiva. O que foi dito? O que ativou uma história do ego?

Eis um exemplo.

> Sua irmã diz: "Você parece cansada."
> Você responde sarcasticamente: "É claro que pareço cansada. Trabalho 60 horas por semana e tenho um filho para criar. Deve ser bom ter um pouco de tempo livre. Mas não se preocupe, da próxima vez que te vir, estarei ótima!"
> *O que sua irmã disse objetivamente:* "Você parece cansada."
> *O que seu ego interpretou:* "Ela é sempre tão rude e condescendente. Nunca reconhece as dificuldades que eu tenho nem quanto eu trabalho só para poder me manter."

Aqui, o ego sentiu uma emoção central (desmerecimento), o que foi doloroso. Como você nunca aprendeu a processar seus sentimentos, o ego os projetou em sua irmã. Como sabemos, o ego prefere despejar emoções dolorosas nos outros em vez de assimilá-las.

Um exemplo de como lidar com o comentário que acabamos de ver é reconhecer sua mágoa, não enterrá-la. Você poderia responder: "Ai, essa doeu. Acho que levei mais para o lado pessoal do que você pretendia."

Conforme começamos a navegar no ego de forma mais ativa, conseguimos de fato ter conversas difíceis sem nos sentirmos ameaçados quando somos questionados ou desafiados. Quanto mais praticamos essa consciência, mais nosso ego se suaviza, maior fica a nossa confiança e mais o ego pode se estabelecer e se integrar. Embora os estágios sejam apresentados de forma organizada neste capítulo, eles estão longe de ser lineares. Você entrará e sairá desses estágios, primeiro progredindo e depois retrocedendo. Seu ego está sempre lá.

O conceito de autoverdade

À medida que for desenvolvendo controles de atenção e praticando a auto-observação, você se sentirá forçado a olhar de forma mais objetiva para seus comportamentos. Apenas a auto-observação não é o bastante. Você só terá a ganhar se for aberto e honesto com o eu sombrio que existe dentro de você e ficar cara a cara com sua autoverdade.

O eu sombrio de todos nós reúne todas as partes desagradáveis de nós mesmos, de nossos relacionamentos, de nosso passado e de nossas figuras parentais – as quais, por vergonha, tentamos ocultar. Nosso ego se esforça muito para enfraquecer nossa capacidade de enxergar essa sombra. Quando você aprende a questionar seu ego, algumas dessas partes se tornam aparentes – muitas vezes por meio de julgamentos e projeções que você faz sobre os outros. Quanto mais você se distanciar de seu ego, maior será sua capacidade de observar as coisas.

Nossas projeções, ou emoções internas que externamos para os outros, são mensagens de nosso eu sombrio. Preste atenção em sua voz crítica ou julgadora na próxima vez que ela surgir, como inevitavelmente acontecerá. O que está dizendo sobre você? Uma de minhas primeiras oportunidades para conhecer as histórias do meu ego surgiu quando comecei a questionar meu aborrecimento automático com pessoas que postavam vídeos de si mesmas dançando no Instagram. Isso me deixava com raiva. Minha mente inventava muitas histórias sobre aquele egocentrismo, aquela necessidade de holofotes e assim por diante. A verdade é que tenho dificuldade em me soltar na frente de outras pessoas e me recuso a dançar em público desde pequena. Eu invejava a liberdade e a alegria que via naqueles vídeos.

Quando nosso ego está no comando, nossa mente faz uma notável ginástica para reprimir, evitar, rejeitar e desmerecer. Mas uma vez que você aceita o que existe, você pode ver a si mesmo de forma mais objetiva, mais honesta e, em última análise, mais compassiva.

O conceito de consciência do ego

Vivendo inconscientemente e sem atentar a nossos pensamentos, padrões e comportamentos, estamos identificados com o conceito ególatra de quem somos. Nossa resposta automática é externar sentimentos incômodos culpando os outros, de modo a descarregar essa energia. Esse estado de consciência, também chamado de consciência do ego, nos deixa impotentes para fazer nossas próprias escolhas. Sem responsabilidade e conhecimento interno, ficamos expostos aos caprichos de nosso ambiente.

Vou usar como exemplo minha experiência com a louça suja.

Quando vejo uma pia cheia de pratos sujos e começo a sentir uma espiral de raiva, inicio o processo de observação. Noto minhas reações corporais: coração acelerado, rosto vermelho, sensação de calor, impaciência, iminência de explodir. Ao observar minhas reações e lhes dar espaço para respirar, sem descartá-las de cara como "reações exageradas", aprendo com elas. Passo a ouvir a narrativa que estão me contando. Permito-me pensar um pouco mais objetivamente. Coração aos pulos. Sangue subindo para a cabeça. Agitação. Só que vejo isso mais de longe, numa espécie de percepção do meu mundo interno, sem entrar de imediato na espiral de raiva ou desconexão.

Espero um segundo e procuro ainda mais longe. Sinto um pavor na boca do estômago. Reconheço um sentimento de minha infância e depois a atração pela reação conhecida ao trauma. Meu subconsciente anseia pelo ciclo de estresse da minha infância. A irritação e a raiva, eu percebo, não foram provocadas apenas pela louça suja ou pela minha parceira, mas também por minha mãe. Por seu distanciamento emocional. Por sua distração. Por eu *não ser vista*. Os pratos sujos eram uma espécie de máquina do tempo que me levava de volta à Filadélfia, sentada embaixo da mesa e brincando com meus carrinhos, enquanto minha mãe olhava pela janela, esperando meu pai voltar para casa. Ela me conduzia de volta a todos os momentos e lugares em que eu não era vista nem ouvida, quando me sentia deixada de lado ou ignorada, e minha mãe – dominada pela preocupação – não tinha condições de me oferecer conforto ou segurança. Meu ego então criou uma história para impedir que eu sentisse novamente a mesma dor. Portanto, agir com egoísmo passou a significar empurrar a outra pessoa para longe de mim, cada vez mais, do modo mais dramático e agressivo possível.

Eu jamais me vira antes com clareza e honestidade suficientes para chegar a essa conclusão. Agora já poderia me esforçar ativamente para mudar minha relação com a louça suja.

Demorou anos, mas hoje gosto de lavar louça. Não a vejo mais como prova da minha inutilidade. A mudança, que não aconteceu da noite para o dia, começou assim: eu pratiquei novos pensamentos sobre a louça suja. Mesmo quando meu subconsciente revirava os olhos, eu dizia a mim mesma: *Você é respeitada. Você tem importância.* Abria então a torneira de água quente e sentia o sabão escorrer pelos pratos lisos que eu segurava. Mesmo que não acreditasse, eu repetia as frases.

Depois, criei um ritual de lavar os pratos que me deixou feliz. Quando terminasse, faria algo só para mim. Talvez reservasse meia hora para ler sozinha no quarto. Ou sairia para passear com o cachorro. Com o tempo e a prática desses pensamentos, meu subconsciente se aquietou e os pensamentos se tornaram crenças. Eu ainda me vejo às voltas com a ativação emocional – como provavelmente aconteceria com todos nós –, mas com o tempo (muito e muito tempo) consegui canalizá-la para uma ação intencional estudada.

Já não sou vítima das circunstâncias. Não tenho controle sobre os outros – não sei se vão ou não lavar os próprios pratos –, mas tenho controle sobre minhas narrativas. Sempre posso intervir e mudá-las. Não preciso depender de nada externo para ajustar o modo como me sinto. Sinto-me fortalecida pelos pratos e talheres sujos, pois me dão tempo para respirar a mim mesma quando os estou lavando.

Após anos trabalhando o meu ego, ainda sou ativada, principalmente após longos períodos em que meu ego parece estar hibernando. Ou quando meus recursos físicos e emocionais estão baixos por conta dos estresses da vida e da falta de sono que tantas vezes os acompanha. Como todos os aspectos do trabalho de cura, esse processo é contínuo. Nunca termina. Mas a simples prática é transformadora. Quanto mais consciência do ego tivermos, mais encontraremos graça, humor e empatia em nós mesmos – e, em última análise, nas pessoas ao redor.

O objetivo final, na verdade a etapa final do trabalho com o ego, é cultivar a consciência de empoderamento, assim como uma compreensão e aceitação do seu ego. Por meio da prática, esse estado de consciência criará um espaço de percepção que lhe permitirá fazer escolhas que transcendam a reatividade automática do ego. Novas escolhas consistentes abrirão caminho para as transformações futuras. Diferente do que prega a crença popular, o objetivo da prática não é a "morte do ego". Seu ego estará sempre com você, mesmo quando você achar que o dominou (o que, em si, é uma afirmativa do ego!). Na verdade, ele aparecerá várias vezes e o surpreenderá quando você menos esperar.

Em outras palavras, mesmo cultivando a consciência de empoderamento, muitos de nós não têm o privilégio de efetuar mudanças estruturais ou objetivas em nossos ambientes de vida. Muitos de nós continuam a viver na pobreza ou sob constantes ameaças diárias de racismo, em que escapar não é uma opção. Não podemos usar o ego para sair de ambientes opressores. Podemos, no entanto, nos capacitar com as ferramentas para sobreviver apesar desse ambiente. Minha esperança é que, enquanto continuamos a trabalhar em favor de uma mudança sistêmica e estrutural há muito esperada, todos possamos nos empoderar com escolhas, mesmo que pequenas, sempre que possível.

> **ENTRE EM AÇÃO: CONHEÇA SEU EU SOMBRIO**
>
> Para conhecer o seu eu sombrio, passe algum tempo refletindo e escrevendo a partir das seguintes instruções e perguntas.
>
> Quando tiver inveja, pergunte-se: o que sinto que a outra pessoa tem que eu não tenho? _____
>
> Com que frequência você dá conselhos aos outros e por que os dá? (Haverá padrões nítidos.) _____
>
> Como você fala sobre você para os outros? (Isso o ajudará a entender suas narrativas a respeito de si mesmo e suas crenças limitantes.) _____
>
> Como você fala sobre os outros quando eles não estão por perto? (Isso o ajudará a entender suas narrativas sobre relacionamentos, apegos ou traumas espirituais.) _____

Sempre que nosso ego e/ou nosso enredo sobre o eu são ameaçados, podemos nos tornar emocionalmente reativos – discutindo nossos pontos de vista, criticando os outros e tendo acessos de raiva ou desapego (geralmente o que fazemos quando estamos transtornados). Ao começar a explorar e identificar as crenças mais profundas que conduzem essas reações, você precisará entender que elas não vão embora da noite para o dia. Como você já aprendeu aqui, as histórias do nosso ego, assim como nosso eu sombrio, estão armazenadas nas profundezas de nosso subconsciente direcionando nossas reações. Assim, não podem ser alteradas de imediato. Ao iniciar esse trabalho, você continuará a sentir a presença de seu ego, das reações a ele relacionadas e de suas compulsões para reagir como sempre. E muitas vezes isso vai acontecer. E tudo bem.

DFE: MUDANDO DA CONSCIÊNCIA DO EGO PARA A CONSCIÊNCIA DO EMPODERAMENTO

Para romper com os hábitos e padrões condicionados por seu ego, você deverá criar um espaço antes de retornar instintivamente às reações do ego antigo. Para ajudá-lo nesse processo, você pode usar o seguinte exemplo (ou criar algo semelhante):

Hoje estou praticando romper velhos hábitos de reatividade emocional.

Sou grato pela oportunidade de escolher novas respostas para minha vida diária.

Hoje estou calmo e ancorado ao presente.

Mudanças nesta área me permitirão ter mais controle sobre minhas escolhas.

Hoje estou treinando usar minha respiração para alicerçar minhas reações e abrir espaço para escolhas novas e conscientes.

NOVE

Vínculos traumáticos

A frase que eu mais pronunciava quando era adolescente era "Estou entediada". Eu estava sempre buscando a montanha-russa intoxicante do cortisol. Até fora de casa ou quando estava sozinha, eu conseguia recriar um ciclo de estresse. Às vezes, quando não conseguia dormir, eu me acalmava (retornando ao ciclo de estresse com o qual estava familiarizada) listando todos os modos como minha família poderia morrer – em um incêndio, em uma enchente, durante um assalto.

Mais tarde, com minhas namoradas, procurava os mesmos ciclos de estresse. Permanecia emocionalmente distante e indisponível, padrão que aprendi com minha mãe na infância. Mas acabava ressentida, pois as considerava as únicas responsáveis pela desconexão e distância que eu tinha ajudado a criar. Sempre que elas tentavam se aproximar, eu as repelia, estranhando a intimidade. Quando iam embora, eu entrava em pânico, voltando ao mesmo ciclo de estresse (*sempre acontece alguma coisa*) de minha infância. Minha mente então disparava, investigando por que certa namorada havia me decepcionado (uma mensagem sem resposta, um presente irrefletido, um comentário de desaprovação). Independentemente do que acontecesse, eu sempre conseguiria encontrar *alguma coisa* para me estressar. Mesmo nos momentos mais pacíficos, minha mente me importunava: *Tem algo errado. Talvez eu não esteja me sentindo realmente atraída por essa pessoa. Talvez eu esteja farta desse relacionamento.* Eu precisava dessas respostas ao estresse para *sentir*. Sem isso me sentia entorpecida – entediada! – e acabava afastando a outra pessoa ou indo embora, confirmando minha crença: *Sempre vou acabar sozinha.*

Olhando para trás, percebo que comecei a me sentir atraída por minha namorada Sara exatamente porque ela me dava a sensação de incerteza que eu tanto queria. Eu nunca sabia em que pé estava com ela, e esse desconforto era excitante (e recorrente em meu sistema nervoso desregulado). Após anos de relacionamento, comecei a suspeitar que Sara estava me traindo com uma amiga em comum (minha intuição dizia que algo estava errado). Então a confrontei. Após negar minhas alegações, ela fez pouco caso e me chamou de paranoica, afirmando que eu não tinha fé suficiente em minha voz intuitiva para acreditar nela. Mais tarde, quando descobri que era verdade, que ela estava me traindo com aquela amiga, foi como se uma pedra desabasse sobre minha criança interior. O que mais doeu não foi a infidelidade, mas sua negação da minha realidade, uma das mágoas da minha infância, quando tudo era varrido para debaixo do tapete, inclusive minha sexualidade. Como nunca desenvolvera confiança em minha própria realidade, eu me descobri acreditando na dela.

Em retrospecto, posso ver como participei da desconexão que provocou o fim de nosso relacionamento. Agora eu sei como estava dissociada naquela época. Sei que fiz o papel da parte prejudicada, mas a verdade é que eu não estava presente. Durante todo o tempo em que apontei meu dedo para ela, eu me mantinha a uma distância emocional do tamanho de uma cratera em nosso namoro. Alguém só pode estar conectado aos outros se estiver conectado a si mesmo.

Quando o relacionamento inevitavelmente chegou ao fim, eu me mudei para um apartamento de três quartos que dividia com uma mulher vários anos mais velha que eu. Rapidamente desenvolvemos uma amizade que em pouco tempo se transformou em atração. Era um relacionamento equivalente a tomar um banho quente, calmante e convidativo. Só agora, olhando para trás, vejo que essa sensação de segurança emergiu de padrões reconhecíveis da minha infância.

À medida que passávamos cada vez mais tempo juntas, fomos nos conectando emocionalmente em torno de uma experiência compartilhada de ansiedade. Fora desse vínculo tão familiar, permaneci emocionalmente distante. Como sempre fizera, corria para lá e para cá tentando agradar todos à minha volta, embora nunca conseguisse oferecer o que eles mais desejavam – uma conexão autêntica.

Alguns anos depois, surgiu o assunto do casamento. Parecia o próximo passo lógico. E lá fomos nós, voando para fora do estado, pois o casamento gay ainda não era legalizado em Nova York.

Pouco depois de nos casarmos, nós nos mudamos de Nova York para a Filadélfia, deixando para trás nossa rotina e uma vida social particularmente ativa. Em nossa nova casa, agora com menos distrações, parecia que uma lanterna iluminava a profunda desconexão que havíamos desenvolvido. Eu vivia em um estado quase constante de dissociação, incapaz de dar à minha esposa o que ela sentia que precisava e também me sentindo insatisfeita no relacionamento. Projetei nela anos de necessidades não atendidas, com meu crescente ressentimento sendo amenizado por meu contínuo padrão de dissociação. Mas esse afastamento a deixou ainda mais ansiosa, aumentando sua busca por segurança, por uma conexão verdadeira, o que me isolou ainda mais em minha desregulação e meu distanciamento. Trata-se de um ciclo que observei com frequência em casais com quem trabalhei e que leva muitos deles ao desespero e, por fim, ao divórcio.

Então, após um dia de trabalho exaustivo emocionalmente, voltei para casa e comecei a passar muito mal – meu coração disparou, comecei a suar frio e meu corpo ficou gelado. Calcei meu tênis e vesti um grosso casaco de inverno, achando que precisaria ir ao hospital pois estava tendo um ataque cardíaco. Na verdade, estava tendo um ataque de ansiedade que nem mesmo eu, sendo terapeuta, consegui identificar na hora. Abrigada pelo confortável agasalho acolchoado, eu balançava para a frente e para trás, dizendo a mim mesma para respirar fundo e aguentar firme. Felizmente, não fora um ataque cardíaco, mas uma severa advertência da alma. Minha mente evitara a verdade por tanto tempo que meu corpo assumiu o controle. Percebi que não escolhia aleatoriamente as pessoas que desejava amar. Tudo fazia parte de um padrão, de uma história mais profunda que se iniciara em meus laços de apego durante a infância. Meu relacionamento atual seguia esse padrão, e nosso casamento não fora ancorado em uma base sólida de autêntica conexão.

Após mais alguns cansativos meses escutando a verdade emergente, cheguei a uma das decisões mais difíceis da minha vida. Escutei meu verdadeiro Eu pela primeira vez e segui meus instintos: pedi o divórcio.

TEORIA DO APEGO EM ADULTOS

Nossa dependência de outras pessoas para sobreviver e prosperar não termina na infância. Como adultos, continuamos a buscar conexões, principalmente em relacionamentos amorosos. Na década de 1980, os pesquisadores dra. Cindy Hazan e dr. Phillip Shaver aplicaram a teoria do apego a parceiros amorosos, empregando um "teste do amor" para avaliar o grau de segurança de seus relacionamentos na idade adulta comparado ao dos relacionamentos que haviam vivenciado na infância.[71] Os resultados da pesquisa confirmaram o que muitos na comunidade de psicologia há muito suspeitavam: o apego na primeira infância cria a base para relacionamentos amorosos na idade adulta. Não se trata de uma regra rígida, mas se você teve laços afetivos, de amor e apoio na infância, é mais provável que tenha laços afetivos de amor e apoio na idade adulta. Se teve relacionamentos distantes, erráticos ou abusivos na infância, há uma boa chance de que você busque o mesmo tipo de vínculo no futuro.

O dr. Patrick Carnes, autor de *The Betrayal Bond: Breaking Free of Exploitive Relationships* (O vínculo da traição: Libertando-se de relacionamentos abusivos),[72] deu seguimento a essa pesquisa, cunhando o termo *vínculo traumático* para descrever o relacionamento entre duas pessoas com apego inseguro. Trata-se de um vínculo problemático, reforçado por expressões neuroquímicas de recompensa (amor) e punição (remoção do amor). O dr. Carnes se concentrou nos casos mais extremos de vínculo traumático – verificados em casos de violência doméstica, incesto, abuso infantil e até mesmo em casos envolvendo a síndrome de Estocolmo, que incluem sequestros, cultos e reféns. Segundo sua definição, entramos em um vínculo traumático quando buscamos conforto na fonte de nosso trauma – no caso, a pessoa que está abusando de nós ou nos magoando. Quando a fonte de nosso trauma é a pessoa de quem dependemos, aprendemos a lidar com a situação (nesse caso, receber amor) nos enredando nesse vínculo. O dr. Carnes descreveu o fenômeno como o "uso indevido de medo, excitação, sensações sexuais e fisiologia sexual para envolver outra pessoa".[73]

Em minha definição, mais ampla, um vínculo traumático é um padrão de relacionamento que o mantém preso a uma dinâmica que não favorece a expressão de seu Eu autêntico. Os vínculos traumáticos são frequentemente aprendidos e condicionados na infância e, mais tarde, repetidos nos relacionamentos na idade adulta (de amizade, familiares, amorosos, profissionais). São padrões de relacionamento que se baseiam em nossas primeiras necessidades, muitas vezes não satisfeitas.

Os vínculos traumáticos não são exclusivos dos relacionamentos amorosos, embora geralmente sejam mais óbvios nestes. Quase todos nós temos vínculos traumáticos, e é muito provável que suas necessidades particulares – físicas, emocionais, espirituais – nem sempre sejam atendidas de forma consistente.

Eis alguns sintomas que costumam ser observados em um vínculo traumático:

1. *Você tem uma atração obsessiva e compulsiva por determinados relacionamentos, embora saiba que devem repercutir em consequências ruins a longo prazo.* Frequentemente, confundimos as emoções intensas associadas a um vínculo traumático com amor. O processo se desenvolve em uma dinâmica de gangorra, em que as emoções de medo e abandono parecem gerar uma "química" excitante. O outro lado dessa dinâmica pode resultar em tédio, quando o relacionamento "seguro" perde a emoção da ameaça de perda. A excitação é um motivador poderoso que leva muitas pessoas a repetir o ciclo.
2. *Suas necessidades raramente são atendidas em determinados relacionamentos, ou você não tem consciência de quais são suas necessidades nos relacionamentos.* Todas as crianças têm necessidades físicas e emocionais. Com nossas figuras parentais primárias, aprendemos como atender a essas necessidades. Elas podem ter sido incapazes de atender às suas necessidades por não terem sido capazes de atender às deles próprios. Isso o deixará igualmente incapaz de atender às próprias necessidades na idade adulta, o que pode se manifestar como uma incapacidade de se impor ou de dizer não por medo ou vergonha. Após uma vida inteira de necessidades não atendidas, você pode se sentir constantemente ressentido, insatisfeito ou carente.
3. *Você continua a trair a si mesmo em determinados relacionamentos para ter suas necessidades satisfeitas e por falta de confiança em seu Eu.* Quando você não confia em si mesmo, você terceiriza seu valor para outras pessoas. Quando você faz isso, torna-se cronicamente

dependente das percepções das outras pessoas a respeito de quem você é. Em vez de tomar decisões com base em seu próprio conhecimento de si mesmo, você as toma sob a perspectiva de outra pessoa, permitindo que ela valide ou invalide sua realidade. Isso se torna um círculo vicioso que o deixa constantemente desestabilizado – algumas pessoas descrevem essa desestabilização como um sentimento louco – e dá seguimento à sua desconexão da orientação interior de seu Eu autêntico.

Vínculos traumáticos são o resultado de dinâmicas de relacionamento enraizadas em histórias sobre nós mesmos, criadas na infância e manifestadas na idade adulta. São extensões de como aceitamos ou nos adaptamos à uma necessidade intrínseca não satisfeita. Histórias de proteção do ego (como a minha de *ninguém se importa comigo*) foram medidas adaptativas no início da vida para amenizar emoções difíceis e lidar com traumas. Essas estratégias de enfrentamento nos ajudaram a sobreviver diante de problemas com nossas figuras de apego primárias, portanto nos agarramos a elas firmemente quando entramos na idade adulta e enfrentamos "ameaças" percebidas em outros vínculos. Nós as usamos para manter uma armadura de autoproteção, de forma que as feridas de nossa criança interior jamais possam ser reabertas.

A atração inconsciente por esses padrões é tão forte que faremos quase qualquer coisa para preservar um relacionamento alicerçado em um vínculo traumático – muitas vezes nos envolvendo em atos de autotraição em troca de amor. Trata-se da mesma traição que aprendemos na infância, quando nos ensinaram que certas partes de nós eram más ou indignas de amor. Assim, reprimimos ou ignoramos esses aspectos de nosso Eu autêntico. O objetivo era sempre receber amor, cujos vínculos equivaliam à sobrevivência. E o amor é vida.

VERGONHA, VÍCIOS E VÍNCULOS TRAUMÁTICOS

Para pessoas que sofreram traumas, é fácil confundir a sensação de ativação mental e física com uma conexão autêntica. Quando as respostas de estresse são identificadas como nosso padrão homeostático pelo subconsciente, podemos confundir sinais de ameaça e estresse com atração sexual e química. Por fim, desenvolvemos um apego emocional a esse estado intensificado que nos mantém presos a ciclos, que, por sua vez, nos levam à mesma dinâmica de sempre – com o mesmo parceiro ou com parceiros diferentes. Essa ligação traumática é um vício tão real e desgastante quanto qualquer outro, e nos leva a uma montanha-russa bioquímica similar.

Para muitos de nós, o ciclo de proximidade e rejeição começa na infância, como parte de nossos primeiros relacionamentos. Assim, somos compelidos a procurar relacionamentos adultos que espelhem esse ciclo condicionado. Na infância, pode ter sido uma figura parental que não expressasse amor com consistência, demonstrando atenção em um momento e total falta de interesse em outro. Ansiamos por amor, então nosso cérebro de criança aprende a se adaptar. Se nossas figuras parentais nos deram atenção quando nos comportamos mal (ainda que fosse atenção negativa), podemos ter agido propositalmente para receber mais atenção. Pode não parecer que nossas necessidades estivessem sendo atendidas, mas estávamos recebendo atenção e sendo vistos, necessidades básicas na infância. Nossas tentativas infantis de termos nossas necessidades físicas, emocionais e espirituais satisfeitas por nossas figuras parentais (por mais incompletas, impessoais ou até mesmo autotraidoras que possam ter sido) formam a base de como tentaremos satisfazer essas mesmas necessidades nos relacionamentos adultos. Gravitamos em torno de dinâmicas familiares, independentemente dos resultados.

Não é de se admirar, portanto, que crianças nascidas em ambientes estressantes e caóticos busquem lugares semelhantes na idade adulta. Quando vivemos em estado de medo (de danos físicos, abusos sexuais ou abandono), nosso corpo é alterado em nível molecular, neuroquímico e fisiológico. A sensação que obtemos com a liberação dos hormônios do estresse e a resposta do nosso sistema nervoso pode se tornar viciante se formos condicionados a associá-la à experiência do amor. Isso se torna homeostase até na programação e no funcionamento das vias neurais de nosso cérebro. Subconscientemente, estamos sempre procurando reviver o passado, pois somos criaturas que gostam de poder prever o futuro, mesmo que este futuro seja doloroso, miserável ou até aterrorizante. É mais seguro que enfrentar o desconhecido.

A química sexual também tem poderosos efeitos fisiológicos. Quando um relacionamento amoroso é constituído por extremos altos e baixos, muitas vezes tem altos e baixos sexuais correspondentes que podem nos induzir à sensação de que estamos *vivos*. Os hormônios liberados durante o sexo são potentes: a oxitocina aumenta a sensação de união e atua como analgésico, entorpecendo momentaneamente qualquer dano emocional e físico; a dopamina melhora nosso humor; e o estrogênio aumenta o nível de energia das mulheres. Não é de admirar que queiramos mais desse "barato", sobretudo quando está entrelaçado com a dinâmica condicionada de nossa infância. Pode ser incrivelmente difícil manter a cabeça acima da água quando as ondas se mostram tão fortes.

Eis por que os problemas só começam a aparecer após as fases iniciais de nossos relacionamentos amorosos – quando a atividade sexual é intensa. Tão logo ultrapassamos esse estágio, muitas vezes reclamamos de tédio ou criamos nosso próprio estresse, destacando o que percebemos ser as falhas de nosso parceiro. Quando somos condicionados a associar o amor a uma resposta a traumas, acabamos nos sentindo morosos e entorpecidos sem um trauma. Eu vivi esse mesmo ciclo. Se houvesse paz em meus relacionamentos, se não houvesse alguma crise iminente, eu me sentia irritada, inquieta, e tratava de provocar um pouco de estresse. Viciada em meu passado, fiz dele meu futuro. Depois, sentia-me envergonhada por repetir sempre os mesmos erros.

A vergonha surge do sentimento de que deveríamos ter mais juízo – mas nosso subconsciente ilógico e sempre poderoso nos impede de seguir o caminho mais racional. Trabalhei com muitos clientes que se viam presos no ciclo de atração/vergonha dos vínculos traumáticos. Frequentemente, mesmo cientes de que temos essa história, ainda nos encaixamos nesses padrões, e isso não nos passa despercebido. Os sinais de alerta estão quase sempre à vista. Mesmo quando não estão, muitos de nós têm amigos e familiares que os veem e gentilmente (ou não) tentam nos alertar.

Quando estamos engajados em vínculos traumáticos, não reagimos com base em nossa mente racional. Seguindo o piloto automático do que nos é familiar, somos arrastados pelas mágoas subconscientes de nosso passado. Se não tiver consciência desses padrões condicionados, mesmo que encontre o parceiro perfeito (o que quer que isso signifique para você) e não veja nenhum sinal de alerta, você sentirá que falta algo essencial no relacionamento: *conexão*. Isso porque você ainda estará preso ao vínculo traumático e nenhuma dose de bom senso poderá livrá-lo disso.

Estou contando tudo isso para ajudá-lo a compreender que vínculos traumáticos não são algo de que devemos nos envergonhar. Existe em seu corpo uma enxurrada de respostas fisiológicas trabalhando para mantê-lo no exato lugar em que está. Os conselhos "Caia fora" ou "Você deveria ter sido mais esperto" não são úteis e não provêm da compreensão da dinâmica do trauma. A vinculação traumática é um processo que deve ser desaprendido. Requer tempo e dedicação. E dá trabalho.

ARQUÉTIPOS DE VÍNCULOS TRAUMÁTICOS

Como acontece com as outras possibilidades de crescimento mencionadas neste livro, o primeiro passo para quebrar os padrões de vínculos traumáticos é observá-los. Visitaremos agora os traumas da infância que apresentei no capítulo 3 sob a perspectiva de seus efeitos em nossos relacionamentos na idade adulta. Lembre-se de que não se trata de uma lista organizada. Muitas pessoas se identificam com vários desses arquétipos, outras não se veem em nenhum deles. Nossas reações a traumas podem não se encaixar perfeitamente nesta lista. Correspondências exatas são muito difíceis. O objetivo aqui é capacitar você a voltar no tempo e perguntar a si mesmo: *O que aconteceu naquela época, como aquilo me magoou e como lido agora com meus relacionamentos?*

Uma figura parental nega a sua realidade. Sempre que alguém diz a uma criança que o que ela pensa, sente ou vivencia não é válido, um vazio se cria no Eu. Aqueles de nós que têm essa mágoa muitas vezes continuam a negar a própria realidade no intuito de manter a harmonia. Não reconhecem as próprias necessidades ou podem ser patologicamente calmas. Tais pessoas podem vir a ser mártires, agindo abnegadamente em detrimento de si mesmo. Normalmente evitam conflitos e seguem o mantra: "Se você está bem, eu estou bem." Indivíduos com mágoas que os fazem negar a realidade podem até ficar confusos com sua própria natureza, já que passaram muito tempo desconectados e desconfiados de sua intuição. Assim, continuam a terceirizar suas decisões e necessidades para todos ao seu redor.

Mas, à medida que estas persistem e seu ressentimento aumenta, eles podem acabar responsabilizando os que o cercam pelas escolhas que fez.

Uma figura parental não vê ou ouve você. Quem sentiu que os pais ignoraram ou negligenciaram suas necessidades básicas de ser visto e ouvido aprende desde cedo que, para ser amada, uma pessoa deve aquietar sua verdadeira natureza. Vemos reação semelhante em pessoas que viveram em famílias cujos membros eram emocionalmente imaturos (que davam gelo, ou o tratamento do silêncio, como forma de punição). O amor pode ser tanto escasso quanto incondicional num ambiente em que as pessoas eliminam quase inteiramente seus desejos e necessidades para receber tudo o que puderem. Muitas vezes, a modelagem comportamental também se faz presente. Os que receberam um gelo muitas vezes dão um gelo em outras pessoas quando ameaçados. Esse tipo de mágoa também pode se manifestar na escolha de parceiros com "muita personalidade". Uma cliente com quem trabalhei costumava se sentir atraída por parceiros poderosos e realizadores que "sugavam todo o ar" de qualquer lugar onde estivessem. Pessoas como ela têm uma crença central: *não sou vista nem ouvida*. Assim, escolhem um parceiro que as mantém nesse estado, o que as puxa ainda mais para o conhecido estado de inferioridade ou invisibilidade. Desempenhar esse papel, no entanto, ativa todas as emoções desconfortáveis associadas a não ser visto nem ouvido. Todas as vezes que essa mulher escolheu uma grande personalidade, o relacionamento inevitavelmente fracassou quando ela começou a ficar ressentida com o parceiro pelas mesmas razões que a atraíram.

Uma figura parental vive indiretamente através de você ou molda você. Quando nossos pais, direta ou indiretamente, julgam nossas crenças, nossos desejos e nossas necessidades, isso cria uma falta de espaço para nossa expressão autêntica, o que pode se manifestar de várias formas e muitas vezes resulta em dependência de orientação externa – parceiros, amigos e até mentores – para todas as decisões da vida, grandes ou pequenas. Pessoas assim precisam sempre de aconselhamento, em geral diversas vezes com diversas pessoas, para descobrir como elas se sentem. Como sempre lhes disseram o que deveriam sentir, pensar ou ser, elas não têm nenhuma conexão com uma orientação intuitiva. Isso as leva a buscar gurus ou guias, ou a seguir crenças potencialmente perigosas.

Uma figura parental não estabelece limites. Quando crianças, entendemos a noção de limites de forma intuitiva, embora muitos de nós tenhamos sido criados em lares em que os limites não eram bem impostos. Alguns pais, inconscientemente, passavam dos limites nos mandando fazer coisas que não nos deixavam à vontade para que fôssemos educados ou bonzinhos. Tais atitudes ignoravam nossa intuição e nossos limites inatos, fazendo-nos questioná-los. Assim, já adultos, às vezes ignoramos nossas próprias necessidades e permitimos que nossos limites sejam infringidos. Com o tempo, essa negação da necessidade pode se transformar em raiva ou ressentimento. O renomado terapeuta de casais dr. John Gottman descreve esse processo como um assassino do relacionamento.[74] Sentindo-nos ressentidos, nós nos perguntamos: "Por que as pessoas se aproveitam de mim?" ou "Por que as pessoas não me dão valor?". O que é uma resposta normal a violações de limites. O que não entendemos é que esse comportamento está relacionado à falta de definição de limites para o tempo, a energia e os recursos emocionais que gastamos com os outros durante a vida.

Uma figura parental é excessivamente focada na aparência. Muitos de nós recebemos mensagens diretas e indiretas de pais que se preocupavam excessivamente com nossa aparência (peso, corte de cabelo, roupas) e como a unidade familiar era vista por outras pessoas na comunidade. Como adultos, podemos desenvolver o hábito de comparar nossa aparência com a dos outros, sem entender que o bem-estar emocional é muito mais importante. A confiança na aparência nos leva a ficar obcecados pela imagem que apresentamos ao mundo. Podemos até negar ou ocultar intencionalmente problemas dolorosos que estejam nos afligindo para manter a fachada de "perfeição". As mídias sociais, que nos permitem postar belas fotos e legendas, podem potencializar essa prática.

Uma figura parental não consegue controlar as próprias emoções. Quando vemos nossas figuras parentais explodindo ou se retraindo, sentimo-nos emocionalmente desgastados. Assim, quando chegamos à idade adulta, carecemos de habilidades adaptativas de enfrentamento e de resiliência emocional em geral. Muitos de nós copiam a reatividade ou inibição emocional expressada por nossas figuras parentais. Alguns de nós descarregam as emoções gritando com os outros ou batendo as portas pela casa. Outros lidam com elas se alienando e evitando conflitos. Nos casos mais extremos, mergulham na dissociação. Alguns usam fontes externas para criar o estado desejado, entorpecendo-se com drogas ou álcool, distraindo-se nas redes sociais ou se enchendo de comida. O próprio vínculo pode ser o entorpecente, pois, quando estamos preocupados com um relacionamento, não precisamos nos perguntar se alguma coisa mais profunda está nos deixando infelizes.

Tendo em mente esses arquétipos gerais, observe como seu corpo se comporta perto das pessoas que fazem parte de sua vida. Nossos relacionamentos são um guia que nos permite determinar como está nossa mente. Reserve algum tempo para anotar os nomes de algumas pessoas com quem você tem um relacionamento mais próximo. Abaixo dos nomes, escreva como você se sente ao interagir com elas. Sente-se tenso e ansioso? Ou livre e seguro? Isso começará a lhe dar alguma noção dos padrões de relacionamento que você aprendeu na infância.

A ARMADILHA DO VÍNCULO TRAUMÁTICO

Com muita frequência, em um relacionamento, cada pessoa lida com os efeitos colaterais de seus traumas de infância enquanto, ao mesmo tempo, ambas as partes procuram viver, amar e prosperar juntas. Ninguém nunca disse que relacionamentos eram fáceis.

Uma de minhas clientes, também terapeuta, veio me pedir ajuda na sua relação instável com o marido. Como em qualquer vínculo traumático, há aspectos únicos e outros mais gerais. O relacionamento de Joshua e Shira mostra que o que é pessoal pode, muitas vezes, tornar-se universal.

Joshua e Shira são membros ativos de uma comunidade judaica ortodoxa. Família, rituais e tradições são essenciais para ambos. Porém, afora esses valores compartilhados, os dois não poderiam ser mais diferentes. Por terem necessidades especiais, os pais de Shira eram incapazes de cuidar dela da forma devida. A responsabilidade foi então assumida por outros membros de sua grande família – avós e tias. Nunca foi ocultado de Shira que seus pais tinham necessidades especiais, mas em nível mais profundo ela ansiava por um vínculo que seus pais não podiam oferecer. O abandono emocional a fez se sentir eternamente carente de amor. Assim, em busca de uma validação externa de que era digna de ser amada, Shira se tornou uma pessoa que fazia de tudo para agradar as outras.

Joshua, pelo contrário, vinha de uma família com oito irmãos e irmãs. Sua mãe, muito egocêntrica, lutava para controlar as emoções. Suas necessidades vinham antes das de qualquer um de seus filhos. Filho mais velho, Joshua acreditava que precisava mantê-la estável para poder sobreviver. A melhor maneira de fazer isso – segundo ele aprendeu com o tempo – era ficar quieto e sufocar as próprias emoções. O que, como é fácil de adivinhar, resultou em dissociação. Seu ambiente familiar, além de ter sido construído sob a cultura de que homens não podem demonstrar emoção, impeliu Joshua a encontrar seu amor no mundo externo, por meio de realizações e sucesso. Aceito por uma das melhores faculdades de medicina do país, ele se tornou cirurgião.

Quando Shira me procurou, Joshua estava acometido por dores físicas que o deixavam frágil e frustrado, e às vezes tornavam seu trabalho como médico terrivelmente difícil. Sua dor física exacerbava os problemas que, desde o início, existiam no relacionamento dos dois. Joshua não demonstrava emoção e se afastava em momentos de estresse e conflito, o que reabria as mágoas de Shira em relação a abandono e a fazia se sentir desesperada, temerosa e carente. Quando Joshua chegava em casa, exausto após um dia complicado, ele simplesmente se fechava. Sentindo falta de uma conexão, Shira reagia.

"O que houve? Está com raiva de mim?" Assim começava a busca por afeto, que logo desencadeava acusações: "Você não me ama! Você está tendo um caso!"

Em pânico e se sentindo profundamente sozinha, Shira perseguia Joshua. Ligava para ele cinquenta vezes seguidas, aparecia em seu consultório e até confrontava parentes para discutir o comportamento dele. A única coisa que a fazia se sentir segura era reduzir o espaço entre eles.

Do outro lado, também tentando encontrar segurança, Joshua enterrava ainda mais suas emoções, sentindo-se acuado com as aproximações de

Shira, assim como ocorria quando as emoções de sua mãe suplantavam as suas. O relacionamento de Shira e Joshua é um exemplo clássico do padrão aproximação/retraimento: como ele retém seu amor, ela se sente ainda mais abandonada e, compreensivelmente, profundamente magoada, o que a leva a se aproximar mais ainda dele, de modo a recuperar a própria segurança emocional. Mas quanto mais ela se aproxima, mais ele se afasta e maior é a ansiedade dela. As necessidades de nenhum dos parceiros estão sendo atendidas, e eles ficam magoados um com o outro. Essa é a essência da dinâmica do vínculo traumático. Quando as necessidades não são atendidas de forma consistente, logo surge um ressentimento. E o ressentimento é um assassino do relacionamento.

AMOR AUTÊNTICO

Só porque você tem vínculos traumáticos, não significa que seu relacionamento está fadado ao fracasso – longe disso. Vínculos traumáticos nos ensinam, delineiam os padrões de relacionamento que sempre tivemos e as áreas em que podemos trabalhar para iniciar mudanças. Felizmente, não há nada imutável nesses padrões. Como tudo o que aprendemos até agora, quando você tomar consciência deles, o processo de mudança poderá começar.

Eu não diria que Joshua e Shira superaram totalmente seus vínculos traumáticos, mas posso afirmar que ambos concordaram em fazer o trabalho, tanto em si mesmos quanto em seu relacionamento, aceitando o papel que a infância de ambos teve sobre eles. Quando a gangorra do vínculo traumático emerge, Shira lida compassivamente com sua compreensível reatividade emocional, praticando respiração e meditação, no intuito de se distanciar de seus impulsos. Por sua vez, Joshua aprendeu a se expressar quando começa a se desligar emocionalmente, e diz à esposa: "Estou me sentindo distante" ou "Estou me sentindo oprimido por essa situação". Pode não significar muito para um estranho, mas, para Shira, só o fato de ouvir seu parceiro verbalizar a experiência de seu mundo interior já a ajuda a se sentir mais conectada emocionalmente, desativando seu sistema nervoso da suposta ameaça de abandono. Quando ela o ouve se expressar, obtém a conexão que anseia e se sente segura o suficiente, dando a Joshua o espaço emocional de que ele necessita.

Lolly e eu também começamos com um vínculo traumático. Nós nos conhecemos logo após o meu divórcio, quando finalmente decidi que estava pronta para namorar novamente. Lolly parecia extremamente autoconfiante, e essa energia era muito atraente. Não demorou para me sentir atraída.

Mas mesmo as pessoas que parecem mais seguras têm mágoas. Lolly tem sua própria história de traumas, pois cresceu em um ambiente emocional intenso, assim como Joshua. Para lidar com isso, assumiu o apego evitativo, que adiciona muito medo às relações amorosas. Basicamente: *Estou com medo de que você me deixe./Estou com medo de que você fique.* Um dia estava namorando e apaixonada. No outro, diante de algum conflito, ela ia embora. Isso, claro, ativou o meu inferno emocional, mas também me manteve ligada a ela, já que a montanha-russa de nosso relacionamento inicial espelhava estreitamente o estresse e o caos de minha infância. Quando as coisas estavam ruins, eu sentia todas as antigas emoções me invadirem e navegava na onda de ansiedade até as coisas melhorarem. Mas antes que qualquer uma de nós se desse conta, começamos a conspirar de várias formas para que tudo desse errado, num ciclo de estresse em que ambas nos viciamos.

Lolly sempre quis ser uma agente de mudanças. Nunca quis permanecer estagnada, acreditando que, para prosperar, os relacionamentos devem evoluir naturalmente. Desejava crescer e se expandir, em vez de se sentir confortável com o status quo. Eu também almejava crescer, aproveitando a consciência recém-adquirida com meus relacionamentos anteriores.

Quando conheci Lolly, tinha acabado de voltar para a Filadélfia, minha cidade natal. Assim, vinha passando mais tempo com a minha família. Como passei a vê-los com mais frequência, muitos dos padrões do passado estavam vindo à tona – quisesse eu ou não admiti-lo ativamente. Tão logo começou a conviver mais com todos nós, Lolly gentilmente me expôs suas observações. Havia percebido que, antes de visitar minha família, eu ficava ansiosa e retraída. Na hora, ficava em um estado emocional intensificado – pronta para brigar – e depois permanecia tensa durante dias. O que a deixava tensa também, pois eu descarregava minha energia emocional nela.

Não percebi isso de imediato. Na verdade, no início fui francamente hostil a essas observações. Com o tempo, com uma percepção mais profunda e acesso à autoverdade, comecei a enxergar minhas respostas condicionadas, agora óbvias. Lolly me ajudou a ver a luz. Em vez de se afastar de mim ou me punir, ela se tornou uma instigadora de mudanças positivas.

Nosso desejo de crescimento aumentou ainda mais à medida que mergulhávamos profundamente no trabalho de cura. Assim, ambas nos comprometemos a fazê-lo juntas. Íamos para a cama cedo. Cumpríamos nossas rotinas matinais. Fazíamos exercícios físicos. Registrávamos nossas observações em diários. Mudamos nossa alimentação e desintoxicamos nosso corpo. No início, era frustrante tentar implementar todas essas mudanças. Às vezes deitávamos no chão e chorávamos – era uma rotina massacrante. Mas massacrante para ambas. Nossa união tornou a jornada de cura ainda mais transformadora. Mesmo nos dias em que realmente não estava disposta a seguir a rotina, eu *decidia* fazê-lo, pois *Lolly* a estava seguindo. Com o tempo, comecei a participar sempre das atividades por vontade *própria*.

Para prosperar, um relacionamento não pode ser usado para preencher vazios ou desconsolos provocados por uma figura parental. Um relacionamento saudável oferece espaço para uma evolução mútua, quando duas pessoas oferecem uma à outra liberdade e apoio para se expressarem por completo. O amor autêntico não é uma montanha-russa emocional, mas a certeza de que ambas as partes optaram por uma atitude de respeito e admiração. O amor autêntico proporciona paz interior. Está enraizado na consciência de que a outra pessoa não é uma propriedade e que seu parceiro não é a figura de seu pai, não é alguém que possa consertar ou curar você.

A descrição acima não constitui uma representação romântica do amor. O amor autêntico nem sempre é bom, ou mesmo romântico. Os ciclos de vício emocional que comumente associamos ao romance não são ativados, portanto não existe a carga de excitação nascida do medo do abandono, da retirada do apoio e do desaparecimento do amor. Trata-se de um estado base. Você não precisa agir de determinada forma nem esconder quem você é para receber amor. Mas ainda se sentirá entediado ou inseguro. Ainda se sentirá atraído por outras pessoas e poderá até lamentar a perda da vida de solteiro. Relacionamentos conscientes não são contos de fadas. Não há a frase "Você me completa". Não há um sorriso e *bum!* – eles viveram felizes para sempre. Como tudo que você encontrou até agora, o amor autêntico exige trabalho. O caminho a seguir é se tornar consciente do papel da autotraição em seus vínculos traumáticos e do que você pode fazer para honrar as próprias necessidades.

ENTRE EM AÇÃO: IDENTIFIQUE SEUS VÍNCULOS TRAUMÁTICOS

Para ter consciência de como suas mágoas de infância ou seus sentimentos reprimidos continuam a afetar você e seus relacionamentos na idade adulta, reserve algum tempo para refletir e escrever usando os modelos a seguir quando se aplicarem. Lembre-se de relembrar o exercício de registro no diário que você concluiu no capítulo 3, tomando nota das suas mágoas de infância.

UMA FIGURA PARENTAL NEGA A SUA REALIDADE

Reflita e escreva sobre como você reage ao perceber que alguém está refutando seus pensamentos, sentimentos ou experiências. Passe algum tempo observando a si mesmo e explorando que tipos de experiências ativam esses sentimentos e pensamentos, e observe suas reações. Use este lembrete para o diário:

Hoje, quando [insira uma experiência em que você sente que sua realidade é negada], eu senti _____
e reagi _____.

UMA FIGURA PARENTAL NÃO VÊ OU OUVE VOCÊ

Observe as experiências que lhe dão a sensação de que você não é notado. Analise como você tenta ser visto ou ouvido na idade adulta. Por exemplo: você se descobre tentando desesperadamente fazer com que os outros o notem ou tem uma profunda sensação de que não é reconhecido? Você se descobre desempenhando papéis em seus relacionamentos para receber validação? Você esconde alguns pensamentos, sentimentos ou características suas que acha que os outros não vão aprovar? Como você reage ao sentir que não é reconhecido? Use este lembrete para o diário:

Hoje, quando [insira uma experiência em que você sente que não foi visto nem ouvido], eu senti _____
e reagi _____.

UMA FIGURA PARENTAL VIVE INDIRETAMENTE ATRAVÉS DE VOCÊ OU MOLDA VOCÊ

Observe os momentos, relacionamentos ou experiências em que você se descobre realizando certas ações sem nenhum propósito pessoal ou paixão verdadeira. Você tem sentimentos de vergonha, confusão ou falta de autorrealização? Muitas vezes isso reflete uma vida alheia à nossa verdadeira natureza e ao nosso propósito. Passe algum tempo observando os diferentes modos pelos quais você continua a fazer escolhas com base em fatores externos, como desejos expressos por outras pessoas, elogios recebidos ou medos imaginários (por exemplo: *Eles vão parar de me amar se eu mudar*).

Observe como você continua a aceitar, confiar e mudar com base nas mensagens que recebe de outras pessoas a respeito de quem você é (ou não é). Repare nas muitas formas como você continua a expressar apenas as características que considera aceitáveis e reprime as que considera inaceitáveis com base nas referidas mensagens. Não se preocupe se você ainda não sabe quem realmente é. Muitos de nós não sabemos, pois desde pequenos nos dizem quem somos.

Use estes lembretes para o diário:

Hoje continuei a fazer escolhas diárias movido mais por fatores externos e influência de outras pessoas das seguintes formas: _____

Hoje continuei a receber as seguintes mensagens que moldam meus comportamentos atuais: _____

UMA FIGURA PARENTAL NÃO ESTABELECE LIMITES

Passe algum tempo se analisando – sem julgamentos nem críticas – em seus relacionamentos com outras pessoas (amigos, família, parceiros amorosos). Os lembretes para o diário que se seguem lhe permitirão ter consciência de seus limites nesses relacionamentos. Pode ser que você não tenha limites (eu antigamente não tinha). À medida que nos tornamos mais conscientes, podemos fazer novas escolhas sobre nossos limites e sobre como responderemos aos limites das outras pessoas. Lembre-se, isso é uma *prática*. Você levará algum tempo para se sentir confortável e confiante ao falar de seus limites.

Você se sente à vontade para dizer não ou sente culpa/medo ao fazê-lo? _____

Você se sente livre para declarar seus limites e verdadeiros sentimentos sobre as situações? _____

Você, inconscientemente, tenta forçar as pessoas a assumir seus pontos de vista ou opiniões? _____

UMA FIGURA PARENTAL É EXCESSIVAMENTE FOCADA NA APARÊNCIA

Passe algum tempo observando – repito: sem julgar ou criticar – a relação que tem com sua aparência. O modo como você enxerga seu corpo moldará seu relacionamento consigo mesmo e com os demais. A maioria de suas narrativas sobre a própria aparência é inconsciente. Portanto, tomar conhecimento delas permitirá que você entenda suas narrativas atuais e crie novas. Ao responder a essas perguntas, lembre-se de ser gentil e compassivo consigo mesmo. Você não está se julgando aqui. Seu objetivo é permanecer objetivo e curioso.

Como posso falar comigo mesmo sobre meu corpo? _____
_____

Como falo com meus amigos sobre meu corpo? _____
_____

Com que frequência comparo meu corpo com o dos outros?
_____

Como falo sobre a aparência de outras pessoas? _____
_____

UMA FIGURA PARENTAL NÃO CONSEGUE
CONTROLAR AS PRÓPRIAS EMOÇÕES

Passe algum tempo observando como você regula as próprias emoções agora que é adulto. Observe como vê a si mesmo vivenciando e lidando com suas emoções. Especificamente, passe algum tempo reparando nas muitas maneiras de negar certas emoções em seu dia a dia, ou em muitas áreas de sua vida. Você tenta sempre ser positivo ou mesmo a alma da festa? Sente-se incapaz de comunicar aos amigos e parceiros o que está sentindo? Esconde algumas emoções e expressa outras plenamente? Reflita usando os seguintes modelos no diário:

Quando você tem uma forte experiência emocional, como reage? _____

Você tem alguma estratégia de enfrentamento quando suas emoções lhe provocam estresse? Qual? _____
_____

Quando você tem uma forte experiência emocional, como se comunica com as pessoas ao redor? _____

Após ter uma forte experiência emocional, você pratica cuidar de si mesmo ou se descobre envergonhado por suas reações?
_____

Hoje continuo a negar minhas emoções das seguintes formas:
_____

DEZ

Limites

Minha cliente Susan foi criada numa família típica de classe média, em que o mantra era "Família acima de tudo", semelhante ao que se ouvia em minha casa. No início de sua jornada de cura, Susan idealizou sua família, falando apenas sobre o amplo apoio e amor que seus pais lhe proporcionavam. Quanto à sua sensação de se sentir perdida e insatisfeita, ela dizia: "Não sei por que sou assim. Sempre tive tudo o que quis." O casamento de seus pais era estável. Eles sempre compareciam a todos os eventos da escola e eram muito afetuosos.

Susan idealizava particularmente sua mãe, a quem adorava de forma quase mítica. Ao ouvir falar pela primeira vez sobre o trabalho com a criança interior, ela o chamou de uma "bobagem pseudocientífica". Os traumas de Susan a amedrontavam tanto que deram origem a uma admiração supercompensada, a qual não deixava espaço para nenhum sentimento negativo – mesmo que mínimo – quando ela falava sobre seu passado. Mas à medida que continuou a se observar com honestidade, um quadro mais crítico emergiu. Muitas vezes, sua mãe era autoritária e controladora. Susan fora alvo de muita moldagem na infância, pois a mãe queria que ela tivesse uma vida que a própria jamais poderia ter – dinâmica que pareceu se intensificar tão logo Susan deixou o ninho de codependência. Sua mãe ligava várias vezes ao dia, sempre usando a culpa como arma quando Susan não atendia ou não retornava suas ligações com a rapidez que ela gostaria.

O que realmente incomodava Susan era que sua mãe com frequência simplesmente aparecia em sua casa sem avisar e esperava que a filha largasse tudo para recebê-la. O que a deixava extremamente irritada, pois lhe lembrava da infância, quando sua mãe invadia seu quarto e lia seus diários.

Mesmo assim, nunca reclamava – nem mesmo diante de transgressões bem óbvias. Susan, que se encaixava no arquétipo "cuidador" da criança interior, sempre tentava estar de bem com a mãe. E na vida assumiu um papel maternal, oferecendo a todo mundo a paciência e o amor sem limites que nunca estiveram presentes em sua própria dinâmica mãe/filha.

O mais curioso é que Susan iniciou sua jornada de cura após muitos anos se sentindo desanimada e incapaz de se conectar com outras pessoas. Muitas vezes ela se considerava um "capacho" para os amigos. Era uma mera caixa de ressonância para os problemas e as tensões das pessoas ao redor (algo que chamo de depósito de lixo emocional, sobre o qual falaremos mais adiante neste capítulo). Uma amiga específica, aproveitando sua complacência e paciência, ligava para ela a cada situação catastrófica que ocorria em seu relacionamento amoroso, que era particularmente caótico. Essa amiga não via o menor problema em ligar no meio da noite para desabafar. Mesmo achando inapropriado, Susan sempre atendia. A simples ideia de ignorar o telefonema da amiga a fazia se sentir doente e a preenchia de um sentimento de culpa e vergonha. *Sua amiga precisava dela.*

Susan sempre foi a boa amiga, a simpática, aquela que está sempre disposta a ajudar. Essa era a narrativa à qual ela se apegava. Assim, continuou atendendo ao telefone. Continuou gastando seu tempo e seus recursos emocionais com pessoas que não os retribuíam. Continuou dando seguimento a relacionamentos desgastantes, mesmo sentindo o tempo todo que as interações eram unilaterais, injustas e até superficiais. *Algum de seus amigos realmente sabia alguma coisa sobre ela?* Ela se sentia invisível. Muitas vezes chorava durante nossas sessões. "Será que algum dia encontrarei alguém que realmente se importe comigo?", perguntava.

Com o tempo, como o relacionamento com a mãe continuava a lhe causar estresse, ela acabou percebendo que a mãe a fazia se sentir insegura. Porém, não se considerava livre para expressar seus verdadeiros sentimentos, pois sistematicamente ignorava os próprios desejos para poder atender aos da mãe. Já não *queria* visitar a mãe com tanta frequência, mas o fazia movida por culpa, vergonha e medo – assim como sempre atendia ao telefone quando seus amigos ligavam. Encontrara sua identidade agradando aos outros e, como não estabelecera limites para se proteger, tornou-se tão *dedicada a ajudar os outros* que perdeu toda a conexão com seu Eu autêntico.

ENREDAMENTO

Quando somos apresentados à ideia de limites, muitos de nós ficamos surpresos. Mas a capacidade de definir limites e mantê-los ao longo do tempo é fundamental para nosso bem-estar. Limites nítidos, que separam você (seus pensamentos, crenças, necessidades, emoções e espaços físicos e emocionais) dos outros, são necessários para que você seja capaz de desenvolver e manter relacionamentos autênticos.

A falta de limites na infância geralmente se manifesta, na idade adulta, como uma dificuldade semelhante para estabelecer limites. Quando não temos espaço para expressar nossa diferenciação – emoções, opiniões e realidades diferenciadas – na infância, ou quando estamos envolvidos na expectativa familiar (*Nós fazemos isso, não aquilo. Não gostamos dessas pessoas. Nós somos esse tipo de família*), muitas vezes não temos chance de expressar nosso Eu autêntico. Algumas figuras parentais, como resultado de experiências vividas e mágoas relacionadas, inconscientemente veem o filho como um meio de ter as próprias necessidades atendidas (o que pode significar usá-lo como confidente ou tratá-lo como um melhor amigo).

Nessa dinâmica, as linhas emocionais se confundem, pois ninguém na família tem espaço para desenvolver autonomia ou expressar plenamente seu verdadeiro Eu. Isso é o que chamamos de enredamento. No estado de enredamento, há uma completa falta de diferenciação. As figuras parentais estão abertamente envolvidas na vida dos filhos. A ativação emocional se alastrou por toda a família, e passar algum tempo longe de outros membros da família é algo ativamente desencorajado ou mesmo punido. Embora possa haver contato quase constante (sobretudo porque estar fora de contato provoca medo e reatividade emocional em todos), as figuras parentais temem não ser capazes de controlar os filhos, e os filhos temem ser afastados da unidade familiar. Não há uma conexão verdadeira, uma união de almas, já que ninguém é totalmente o que de fato é em sua essência. Aqueles que se envolvem em padrões de enredamento muitas vezes sentem uma falsa sensação de proximidade e intimidade com sua unidade familiar. O compartilhamento de emoções intensas une o grupo e a falta de limites impõe uma realidade compartilhada. Mas não há conexão autêntica, pois a verdadeira proximidade, como você verá, envolve um compartilhamento mútuo com limites bem estabelecidos e liberdade para que realidades separadas existam ao mesmo tempo.

Como vimos no caso de Susan, mágoas enredadas durante a infância moldam a forma de nos relacionarmos com os outros quando adultos (ou seja, constituem vínculos traumáticos), já que seguimos sistemas de orientação externos, não internos. Como não temos um relacionamento seguro com nós mesmos e negamos ativamente nossas próprias necessidades, não sabemos de fato quais são elas, muito menos como comunicá-las com objetividade. Em vez disso, esperamos que outros definam nossos limites. Susan é um exemplo clássico de criança enredada crescida: sentindo-se compelida a agradar as pessoas, sacrifica seu bem-estar emocional, psicológico e espiritual sem pedir nada em troca, pois foi o que lhe exigiram em sua infância para que ela recebesse amor. Sob muitos aspectos, é uma mártir. Mas quando nossas necessidades essenciais não são atendidas, um sentimento de inutilidade pode emergir, muitas vezes acompanhado de raiva, tristeza ou depressão. Tudo entrelaçado com uma sensação de culpa e medo do abandono, o que nos mantém emocionalmente presos a um círculo vicioso.

Como veremos, a verdadeira proximidade envolve compartilhamento mútuo e a implementação de limites bem estabelecidos. Só depois de aprendermos a estabelecer limites haverá espaço para sermos quem somos e aceitarmos os outros como realmente são.

UMA INTRODUÇÃO AOS LIMITES

Os limites incorporam todos os aspectos do trabalho de cura e consciência que aprendemos até agora. Detesto identificar um conceito como sendo "o mais importante", mas se algo permanecer em sua memória quando você terminar este livro, que seja este capítulo. Os limites protegem você. Os limites o mantêm fisicamente equilibrado. Ajudam-no a se conectar com o seu Eu intuitivo e são essenciais para que você possa vivenciar o amor autêntico.

Os limites proporcionam a base necessária para todos os relacionamentos que você tem, inclusive – o que é mais importante ainda – consigo mesmo. São os muros que o protegem do que parece impróprio, inaceitável, falso ou, simplesmente, não desejado. Quando limites são estabelecidos, nós nos sentimos mais seguros para expressar nossas aspirações e necessidades autênticas, somos mais capazes de regular as respostas de nosso sistema nervoso autônomo (o que nos permite viver mais plenamente no modo de interação social, pois a criação de limites nos oferece segurança) e nos livramos do ressentimento que acompanha a negação de nossas necessidades essenciais. Limites são indispensáveis – e também assustadores, sobretudo quando procedemos de uma dinâmica familiar enredada, em que eles eram inexistentes ou constantemente infringidos.

A maioria de nós jamais aprendeu a dizer não. Dizemos sim a muitas coisas e atendemos a diversas exigências, até que um dia atingimos um ponto de ruptura e pisamos no freio. Depois, muitas vezes, dominados por sentimentos de culpa e vergonha, pedimos desculpas, descartamos nossas próprias necessidades ou nos explicamos demais. Caso você tenha se visto em qualquer uma dessas situações, é provável que se beneficie com alguns novos limites em sua vida.

A primeira barreira para o trabalho de estabelecer limites é a noção de gentileza – um traço de caráter que precisa ser reavaliado. Em seu livro *Not Nice: Stop People Pleasing, Staying Silent & Feeling Guilty...* (Nada de gentilezas: Pare de agradar as pessoas, ficar em silêncio e se sentir culpado...), o especialista em autoconfiança dr. Aziz Gazipura argumentou que a gentileza se baseia na seguinte fórmula incorreta: "Se eu agradar os outros... então os outros gostarão de mim, me amarão, me darão aprovação e tudo o mais que eu quiser."[75] Ele se referiu a esse fenômeno como "a gaiola da gentileza" – em que a compulsão de ser valorizado nos aprisiona numa armadilha criada por nós mesmos. A realidade é que "não ser gentil" (ou seja, ser fiel ao seu Eu verdadeiro) nos permite afirmar nosso próprio valor. Não se trata de ser mesquinho, arrogante ou imprudente, mas de saber o que você quer, quais são seus limites e comunicar isso. Aprender a dizer não e a não ser complacente o tempo todo é uma atitude importante para você se afirmar. Aprender a dizer não é frequentemente a coisa mais gentil que você pode fazer por si mesmo e por aqueles que ama.

Limites permeáveis ou inexistentes podem sem dúvida nos prejudicar, mas às vezes criamos limites rígidos demais. Não aceitamos qualquer interconexão e nos isolamos em fossos de retração emocional para permanecermos separados dos outros. E para os que conseguem ultrapassar tais barreiras, defendemos regras estritas de conduta e comportamento. Se um limite nosso foi repetidamente violado em nossa infância por uma figura de apego primária, podemos continuar a nos sentir inseguros na maioria dos outros relacionamentos. Para alguns, o muro que constroem é uma forma de proteção após experiências de enredamento na infância. Quando batemos em retirada movidos pela autopreservação, tornamos impossível a existência de conexões livres e espontâneas com outras pessoas, o que – é o que presumimos – nos deixará mais seguros. Ao fazermos isso, reprimimos nossa voz intuitiva e acabamos no mesmo lugar solitário e enganoso dos que vivem sem limites.

Passe algum tempo observando diferentes aspectos de sua vida e use a seguinte ferramenta de autodiagnóstico para ajudá-lo a identificar em qual categoria seus limites se enquadram: rígidos, frouxos ou flexíveis.

Rígidos

- Tem poucos relacionamentos íntimos/próximos
- Tem medo crônico de rejeição
- De modo geral, tem dificuldade em pedir ajuda
- É extremamente introvertido

Frouxos

- Tenta compulsivamente agradar as pessoas
- Define seu próprio valor pelas opiniões dos outros
- Tem uma incapacidade generalizada de dizer não
- Compartilha informações pessoais sem restrições
- Dedica-se obstinadamente a ajudar, proteger e resgatar as pessoas

Flexíveis

- Está ciente das próprias opiniões e crenças
- Sabe comunicar suas necessidades aos outros
- Compartilha informações pessoais de forma equilibrada
- É capaz de dizer não sempre que necessário e aceita que os outros façam o mesmo

- É capaz de controlar as próprias emoções e permite que os outros se expressem

Com tantos tipos de limites existentes, é fundamental entender o seguinte: os limites não são para os outros, são para *você*. Não constituem um ultimato para que outras pessoas se comportem de determinada maneira. Um ultimato é uma declaração que atribui uma consequência ao comportamento de outra pessoa no sentido de tentar mudá-lo. Um limite, diferente disso, é um marco pessoal expresso de modo que sua necessidade seja satisfeita diretamente. É uma ação que realizamos por nós mesmos, independentemente de como a outra pessoa possa reagir. Caso essa ação acarrete uma mudança na outra pessoa, trata-se de um ganho secundário. Um aspecto importante quando você estabelece seus limites é respeitar os limites dos outros.

Quando nossas necessidades não estão sendo atendidas – ou estão sendo ativamente infringidas –, não podemos apontar o dedo para outra pessoa e dizer: "Você tem que mudar." A melhor pergunta a ser feita é: *O que preciso fazer para me assegurar de que minhas necessidades sejam mais bem atendidas?*

TIPOS DE LIMITES

Considerando que os limites se aplicam a várias experiências humanas – do corpo, da mente e da alma –, é preciso que haja limites diferentes para atender a todas.

O primeiro é o *limite físico*. Limites físicos frouxos podem resultar em uma excessiva preocupação com a imagem – atrelar seu valor à sua aparência, ao que seu corpo pode fazer, a como os outros o veem sexualmente. Na outra extremidade do espectro, você poderia até nem ter corpo, seria uma mente flutuante totalmente desconectada de suas necessidades físicas. Se tivermos limites físicos rígidos demais, podemos nos sentir oprimidos por nosso próprio corpo e tentar restringir nossas sensações, negando nossas necessidades e nossos desejos sexuais como atos de repressão.

Honrar os desejos e as necessidades de seu corpo é como delinear seu espaço pessoal e descrever seu nível ideal de contato físico. Pode incluir limites a respeito do que você vai ou não discutir (sua posição diante de comentários verbais sobre seu corpo ou sua sexualidade, por exemplo) e também a consciência e a satisfação de suas próprias necessidades de autocuidado, como o número necessário de horas de sono, o que comer, como movimentar o corpo.

O segundo é o *limite de recursos*. Quando somos muito liberais com nossos recursos, estamos sempre "de plantão", assim como Susan em relação aos amigos. Aqueles com poucas limitações para os próprios recursos são infinitamente generosos, o que lhes impõe trocas desiguais e exaustivas com amigos, parceiros e membros da família. Quando nos doamos sem limites, é por acreditarmos que quanto mais altruístas formos, mais amor receberemos, e que nosso tempo deve ser doado gratuitamente – o que não constitui um reflexo exato da realidade. O tempo é um de nossos recursos mais preciosos. Dentre as pessoas que conheci, as que não conseguem limitar seus recursos também não conseguem dizer não quando solicitadas a dedicar tempo ou energia a coisas com as quais na verdade não se importam.

Há também o outro lado da moeda: pessoas que limitam rigidamente seus recursos. Ter um limite rígido para o tempo pode envolver, por exemplo, aderir a uma programação predeterminada todos os dias (frequentar uma academia em determinado horário é comum), não importa qual seja a situação externa ou o estado interno. Quem obedece a limites rígidos de recursos se engaja em suas atividades programadas, mesmo que as circunstâncias ao seu redor sejam adversas ou até diante de uma emergência familiar. Eu costumava ser rígida com relação ao planejamento. Planejava meticulosamente até meu tempo em frente à TV. Em última análise, a falta de flexibilidade em torno da aplicação de nossos recursos pode não atender às diversas necessidades do Eu autêntico.

Em seguida, temos o *limite mental/emocional*, geralmente infringido em famílias com problemas de enredamento. Quando os limites mentais/emocionais são frouxos, podemos achar que somos responsáveis pelos estados mentais/emocionais dos que estão ao redor e sentir necessidade de "salvá-los" ou de manter todos felizes. Mas é impossível fazer com que outro ser humano seja sempre feliz. Portanto, a falta desse limite é exaustiva e muitas vezes prejudicial aos nossos próprios recursos. Atender sempre às necessidades alheias é uma meta inatingível que nos faz negligenciar as nossas.

Em uma família enredada, é comum desenvolvermos limites mentais/emocionais frouxos, o que gera uma tendência à unidade de pensamento. Isso acontece quando há uma conceituação grupal de nossos pensamentos e crenças, particularmente visível em lares religiosos, onde fica entendido que todos seguirão os mesmos preceitos. A mensagem recebida por todos os membros da família, tanto direta quanto indiretamente, é a de conformidade, acompanhada pelo medo de uma condenação ao ostracismo caso não haja concordância.

Pessoas com limites mentais/emocionais rígidos demais costumam ter completa falta de interesse na visão de mundo dos outros. Porém, quando somos inflexíveis em relação às nossas crenças e emoções, permanecemos separados das pessoas ao redor, tornando impossível uma verdadeira conexão. Quando estamos sempre na defensiva, não temos espaço para um encontro de mentes ou almas. Somos ilhas. Devo acrescentar que tal rigidez extrema não é comum, mas pode ser observada em pequenos atos – tal como quando fazemos questão de obter exatamente a metade de alguma coisa, mesmo quando não queremos a coisa de forma alguma.

Limites mentais/emocionais permitem que nos preservemos, possibilitando que os outros tenham o próprio mundo mental/emocional. Com limites estabelecidos, podemos acessar mais facilmente nossa voz intuitiva e controlar melhor nossos estados emocionais. A partir dessa segurança emocional, ficamos mais à vontade para compartilhar nossos pensamentos, opiniões e crenças com outras pessoas, sem nos sentir compelidos a agradar ou concordar com elas o tempo todo.

DESCARGA EMOCIONAL E COMPARTILHAMENTO EXCESSIVO

O compartilhamento emocional excessivo é um problema frequente na minha comunidade on-line, a SelfHealers. Muitos de nós nunca pudemos guardar as coisas para nós mesmos, especialmente quando tínhamos figuras parentais invasivas e enredadas que exigiam transparência total ou nos despejavam uma quantidade avassaladora de informações inadequadas ao nosso estágio de desenvolvimento. Ouço muitas histórias de mãe e filha "melhores amigas" que começaram assim. Olivia, uma SelfHealer que luta contra a compulsão de compartilhar informações, diz que essa dinâmica com sua mãe começou quando ela tinha apenas 6 anos e a mãe lhe contou sobre ter pedido a uma amiga para tirar seu pai de um clube de striptease. Era informação demais, cedo demais. A falta de limites da mãe moldou Olivia, que muitas vezes se via compartilhando informações demais em momentos de estresse ou inquietação. Ela se descreveu como uma "bomba de ar", que falava sem parar quando sentia algum desassossego na outra pessoa. Era uma reação automática que às vezes a fazia dizer coisas das quais se arrependeria mais tarde.

É importante estabelecer limites em torno de nosso mundo interno. Assim, podemos nos permitir momentos de silêncio em nossas conversas, sem nos apressarmos a preenchê-lo com nosso fluxo de consciência. Existem coisas que preferimos manter privadas. Quando temos limites adequados, podemos escolher quando e a quem direcionar nossa energia emocional. Nossos pensamentos, sentimentos e crenças nos pertencem, e somente nós podemos decidir se desejamos compartilhá-los com alguém ou com ninguém. A escolha é fundamental.

Outro resultado comum da ausência de limites mentais/emocionais e de recursos é a descarga emocional – o derramamento de problemas emocionais em alguma pessoa sem qualquer empatia com o estado emocional *dessa pessoa*. Tenho certeza de que você conhece pelo menos uma pessoa que faz isso (talvez seja você). Alguns chamam isso de "desabafo", embora o termo não seja preciso. Um desabafo tem associações positivas, pois gira em torno de um único tópico, ajuda a aliviar o estresse e em geral é voltado para um resultado produtivo. Por outro lado, a descarga emocional envolve a exposição de pensamentos negativos, tortuosos e obsessivos. Pessoas propensas à descarga emocional geralmente se engendram no laço do vício emocional. Seu estado emocional intensificado lhes reforça o comportamento, mesmo quando este não é reforçado pelas pessoas ao redor. Pedir ajuda e orientação a outras pessoas é um instinto humano que pode ser emocionalmente útil. A descarga emocional não é um pedido de ajuda, mas uma estratégia de enfrentamento repetitiva e obsessiva que não deixa espaço para as necessidades de ninguém, muito menos para orientações. A descarga emocional é um recurso de enfrentamento nascido da ausência de limites em ambos os lados: o descarregador tem limites mentais/emocionais frouxos, e as pessoas do lado receptor (caso se encontrem nessa situação regularmente) também não têm limites suficientes para interromper o fluxo.

As pessoas às vezes se entregam a uma descarga emocional na tentativa de fugir de uma emoção que acham difícil de suportar sozinhas. Descarregar energia emocional negativa em outro ser humano, no entanto, pode parecer uma punição – como no caso de alguém que só fala sobre desgraça e tristezas, mesmo quando recebe boas notícias sobre outra pessoa. Por exemplo: você conta a um amigo que recebeu uma promoção no emprego ou acabou de voltar das férias, e ele dirige a conversa para os problemas que tem em casa ou até para as desavenças que você está tendo com seu cônjuge. Embora esta possa parecer uma atitude agressiva ou mesmo destrutiva, não é necessariamente intencional. Pessoas que descarregam suas emoções costumam se sentir bem, ou em familiar homeostase, apenas quando discutem tópicos que lhes permitam entrar em depressão. Confrontados com algo não familiar, mesmo que seja um fato positivo, dirigem a conversa para a linha de base angustiante, onde todo o seu sistema se sente à vontade.

A descarga emocional não precisa ser unilateral, e pode inclusive ser a principal forma de conexão em um relacionamento. Um exemplo de descarga emocional mútua é quando um relacionamento gira em torno de um conflito central compartilhado. Duas pessoas podem se unir por causa de seus divórcios amargos e compartilhar diversos detalhes dos defeitos mais terríveis de seus parceiros, mesmo que seus casamentos tenham terminado anos antes. Ambas estão presas a um ciclo emocionalmente viciante de ativação autônoma.

COMO DEFINIR LIMITES

O primeiro passo para definir limites é examinar sua vida e perceber onde estão faltando. Se você não os tiver, pode ser difícil decidir onde deve posicioná-los. Isso é totalmente normal. Olhe para as pessoas e os eventos em sua vida. Quando você pensa em almoçar com um amigo da faculdade, o que sente? Um aperto no peito? Existe algum ressentimento que o leva a isso? E quando está com ele? Sente-se expansivo, à vontade e satisfeito – ou esgotado, tenso e tolhido? E depois? Gostaria de revê-lo em breve ou já está se perguntando o que fazer para recusar o próximo convite?

Limites nos mantêm conectados à nossa voz intuitiva. (Aquele aperto no peito é uma ótima pista!) É importante que você entre em sintonia com seus sentimentos ao usar os limites. Lembre-se de que não usamos a mente pensante quando observamos nossos sentimentos, apenas constatamos como algo ou alguém está registrado em nosso corpo.

Tão logo comece a observar suas sensações corporais, avalie onde estão faltando limites. O que você precisa mudar para se sentir seguro e protegido em seus relacionamentos? Esta avaliação é para *você*. Se você tem padrões de enredamento, sentirá uma pressão para imaginar o efeito sobre a outra pessoa (*Como Janet se sentirá se eu cancelar nossos planos?*). O objetivo é resgatar sua própria energia e saber o que o fará se sentir mais feliz, seguro e relaxado. Passe alguns dias analisando seus relacionamentos e liste os seus limites que mais costumam ser infringidos. Isso lhe dará uma boa indicação a respeito de como definir seus limites.

Eis alguns exemplos, por tipo, de limites infringidos:

> **Físico:** sua mãe faz piadas sobre o peso de outras mulheres.
> **Mudança necessária:** você quer que ela pare.
>
> **Mental/Emocional:** uma amiga vive reclamando do ex-namorado.
> **Mudança necessária:** você deseja um relacionamento mais recíproco com ela.
>
> **Atitude:** Um colega de trabalho insiste em sair para almoçar com você todos os dias.
> **Mudança necessária:** você quer passar algum tempo sozinho.

Agora que você localizou as áreas onde os limites seriam úteis e o que gostaria de obter com eles, é hora de determinar como estabelecê-los. Obviamente, seu procedimento deverá variar de acordo com o que você espera conseguir, e a primeira etapa é comunicar seus limites. Quando você se comunica com clareza, você se prepara (e prepara os que o cercam) para uma mudança bem-sucedida.

Definir uma intenção para si mesmo dá a você o espaço e a oportunidade de identificar o seu "por quê": *Estou fazendo isso por causa de x ou y porque quero que o relacionamento sobreviva, porque me preocupo com nossa amizade*. Embora não seja necessário comunicar isso à outra pessoa, é preciso que fique totalmente perceptível para você. Caso você queira comunicar seu "por quê" para a pessoa com quem se relaciona, seria bom que soasse como "Eu realmente gosto de você, mas terei que fazer algumas mudanças no modo como nos comunicamos".

Para estabelecer seus limites, é útil usar uma linguagem objetiva tanto quanto possível. Você precisa se concentrar nos *fatos*. "Se o telefone tocar no meio da noite, enquanto eu estiver dormindo, não vou atender." É melhor evitar a palavra "você" sempre que possível, já que esta poderá ativar a defensividade do ego da outra pessoa. Tente ser confiante e respeitoso, por mais difícil que seja. Lembre-se de que não está fazendo nada de errado. Está respeitando seu relacionamento e a si mesmo. Para ajudá-lo a começar, eis um exemplo de definição de limites que pode ser adaptado para atender às suas necessidades:

> Estou fazendo algumas mudanças para que [*insira o que deseja com seu novo limite*]. Espero que você entenda que isso é importante para mim. Eu imagino [*insira sua compreensão do modo de agir da pessoa*]. Mas quando você [*insira um comportamento problemático*], muitas vezes eu me sinto [*insira seus sentimentos*]. Entendo que é uma coisa da qual você pode não estar ciente. No futuro, [*insira o que você gostaria que acontecesse ou não*]. Se [*inserir o comportamento problemático original*] acontecer novamente, vou [*inserir como você responderá para atender às suas próprias necessidades*].

Lembre-se de que o momento certo é fundamental. Convém comunicar um limite num período em que ambas as partes estejam o mais emocionalmente estabelecidas possível. Quando estamos ativados, não temos condições de enfrentar nada desafiador. (Lembre-se de que até mesmo os músculos do ouvido médio se fecham quando nosso nervo vago é ativado.) Com o melhor de sua capacidade, tente encontrar o momento mais emocionalmente neutro possível para que ambas as partes compartilhem seus novos limites.

Conforme você começa a pensar na criação de novos limites, convém se concentrar em como você poderá reagir de modo diferente no futuro, em vez de ficar preocupado com os sentimentos da outra pessoa. Muitos limites deixam de existir antes mesmo de terem sido articulados – começamos a imaginar como poderão machucar os outros ou como os outros vão reagir e nos machucar. Então castigamos a nós mesmos, dizendo que somos ingratos ou egoístas. É o que chamo de "sensação ruim". Quando não fazemos antes o trabalho holístico – reequilibrando nosso sistema nervoso desregulado, reconhecendo as mágoas de nossa criança interior e entendendo nossos padrões de vínculo traumático –, essas "sensações ruins" podem facilmente nos impedir de executar uma ação que nos ajudaria a manter e fortalecer nossos laços de forma adequada.

Às vezes não é realista manter uma conversa ativa sobre limites, mas você pode comunicar seu novo limite sem um diálogo preventivo (o que é especialmente relevante em relações não tão íntimas, como a que se mantém com um colega de trabalho). Eis algumas sugestões para se estabelecer um limite com uma simples frase:

"Eu gostaria de poder, mas agora não é uma boa hora."

"Não me sinto à vontade com isso."

"Isso não vai ser possível para mim."

"Uau, obrigado pela oferta/pelo convite, mas não posso agora."

"Vou ter que te responder mais tarde."

Para mim, impor limites começou profissionalmente. Parecia mais seguro dizer não por e-mail a um estranho do que para minha parceira ou meus familiares. Comecei então a estabelecer limites de tempo a respeito de quanta energia emocional eu gastaria em certas atividades (como navegar em redes sociais) ou com certas pessoas.

Sobretudo se você for inexperiente em impor limites, sugiro que comece aos poucos. Pratique com eventos pouco estressantes, como almoçar com um colega de trabalho. Como não há muita história ou bagagem associada a relacionamentos casuais, lugares públicos são ótimos para que você flexione seus músculos de criação de limites e se acostume a dizer não. Quanto mais você praticar, melhor você se tornará. Com o tempo, aprenderá que estabelecer limites tem dois tipos de consequência: a outra pessoa ficará ofendida... ou não. Imagine os piores cenários. São realmente tão ruins? Na prática, acredite em mim, muitas vezes não são.

Vale a pena enfrentar um possível constrangimento, pois evitaremos anos de raiva e ressentimento. O relacionamento que surge após a definição de um limite pode não se parecer em nada com o anterior, mas será mais forte, mais honesto e, em última análise, mais sustentável. Os limites são essenciais para todos os relacionamentos saudáveis. Pense neles como uma gentileza.

A terceira etapa pode parecer simples, embora muitas vezes seja a mais difícil: mantenha seu novo limite. Após defini-lo, é importante permanecer tranquilo, resistindo ao impulso de se defender ou de se explicar, independentemente da reação da outra pessoa. Você poderá se sentir estressado por conta da reação de alguém ou de um grupo de pessoas (família, ambiente de trabalho, etc.), mas é muito importante que, após definir um limite, você o mantenha sempre.

Vale lembrar que quanto mais antigo é o relacionamento, mais expectativas são sedimentadas ao longo do tempo. Quando começamos a mudar nosso comportamento, convém aceitar que as expectativas da outra pessoa com relação a você serão interrompidas, às vezes de forma abrupta (sob a perspectiva dela). Além disso, essa pessoa provavelmente reagirá defensivamente, ou mesmo ofensivamente, sobretudo se tiver mágoas de abandono.

Grande parte da manutenção do novo limite consistirá em acalmar a voz interior (aquelas "sensações ruins") que se aproxima furtivamente de nós, dizendo: *Eu não tenho direito de impor limites. Estou sendo egoísta, rude e mesquinho*. Ao definir seu limite e mantê-lo, pode ser que você tenha que lidar com confusão, resistência, comentários sarcásticos ("Você mudou" é comum) ou mesmo raiva. E provavelmente sentirá medo, dúvidas e um impulso para retornar ao que lhe é familiar (aquele irritante impulso homeostático em ação). Após decidir honrar a si mesmo e se sentir um pouco mais seguro, não olhe para trás. Não dá para retornar aos velhos padrões se você realmente precisa e deseja mudar. Se criar um limite e derrubá-lo porque uma pessoa ficou furiosa, você só lhe dará mais poder para infringir seus limites. Assim, a pessoa repetirá o comportamento sempre que enfrentar oposição. *Se eu gritar bastante, tudo voltará ao normal.* Trata-se do clássico reforço negativo.

EXPECTATIVA E COMPAIXÃO

A mãe que espera que você ouça as fofocas dela, o colega que espera que você almoce com ele todos os dias, a amiga que espera que você atenda o telefone quando ela quiser desabafar – todas essas pessoas provavelmente ficarão desapontadas, chateadas ou enraivecidas quando suas expectativas (e suas necessidades percebidas) não forem atendidas. E tudo bem.

Em vez de expectativas, o que você lhes deu foi uma escolha. Talvez elas decidam manter o comportamento acima descrito ao se deparar com um limite (geralmente o seu afastamento ou a retirada de seu apoio), ou podem decidir respeitar seus limites e continuar o relacionamento com você de uma nova forma. É isto o que fortalece o estabelecimento de limites: você também está lhes dando uma escolha.

Lembre-se de que as expectativas são bidirecionais. O trabalho interno a respeito de limites envolve, muitas vezes, navegar por nossas próprias expectativas e reconhecer o que certas pessoas são e não são capazes de fazer. É importante aceitar que muitas não mudarão imediatamente, e algumas podem nunca mudar. Às vezes, pode ser útil usar experiências anteriores para formar nossas expectativas sobre a resposta de alguém a um limite. Se você tem uma mãe que sempre foi impenitentemente intrometida, pode optar por ceder em algum nível. É provável que ela continue fazendo o que sempre fez. Nesse caso, pode ser útil determinar seus limites absolutos, as áreas em que você não fará concessões. Você também pode achar útil mudar suas expectativas de que outras pessoas se tornem mais flexíveis em resposta às próprias limitações, habilidades e os próprios níveis de consciência. Numa situação em que a flexibilidade é impossível para nós, podemos ter que nos retirar completamente da interação ou do relacionamento, o que significa criar a forma mais extrema de limite: interromper o contato.

Quando começamos a usar as ferramentas de autocura e ganhamos mais compreensão de nossos próprios padrões repetitivos, começamos também a ver os outros sob um ponto de vista mais amplo. Ao fazermos isso, muitas vezes descobrimos que a compaixão pode surgir por parte de outras pessoas em nossos relacionamentos, mesmo daquelas com as quais poderíamos ter decidido cortar relações. Voltarei ao exemplo da mulher que costuma fazer piadas a respeito do peso de outras mulheres. Zoe, nossa colega da comunidade SelfHealer, filha da referida mulher, acreditou por muito tempo que o objetivo era atingi-la, já que ela sempre teve problemas com peso. Após iniciar sua própria jornada de cura, ela chegou a dar um passo para trás quando lhe perguntei: "Por que sua mãe é tão reativa com mulheres gordas?"

Uma luz se acendeu nos olhos de Zoe. "Meu pai a deixou para ficar com uma mulher que é gorda." Alguns segundos se passaram. "Minha mãe tem uma mágoa de abandono central, ativada pelas infidelidades do meu pai. Mas a verdadeira mágoa foi o abandono que ela sentiu quando criança, com a morte repentina do pai dela."

Ah! De repente, os comentários maldosos não eram dirigidos à filha, mas expressões da profunda mágoa de uma criança que perdera uma figura parental. Embora Zoe ainda se recusasse a aceitar os comentários da mãe (estabelecera um novo limite: encerrava toda e qualquer conversa quando a mãe começava a falar sobre peso), agora tinha compaixão e amor pela criança que havia dentro dela. Uma criança que se sentia tão indigna de ser amada, tão inútil, que precisava menosprezar outras pessoas para ficar melhor consigo mesma. Quando entendemos as limitações dos outros, quando vemos dor e medo onde antes víamos crueldade, estamos em um processo de cura.

O LIMITE FINAL

O trabalho com limites entrou em minha vida de forma orgânica. Não foi como se eu tivesse um lampejo do tipo: *Agora que trabalhei com meu corpo e com minha mente, chegou a hora de "trabalhar com as pessoas"*. Mas quando comecei a analisar meu Eu passado e meu Eu presente, minha necessidade de autoproteção se evidenciou.

Iniciei o processo na periferia, observando minhas experiências interiores quando estava perto de amigos e colegas. *Eu nunca fico animada quando essa pessoa me envia uma mensagem.* Ou: *Eu me sinto esgotada depois de almoçar com aquela pessoa.* Comecei então a passar cada vez menos tempo com várias delas. E também comecei a notar o efeito da minha ausência de limites sobre os outros. Sobre uma das minhas amigas, por exemplo, com quem eu sempre desabafava, despejando em seus ouvidos o mais recente drama ou problema da minha vida. Então constatei algo perturbador: eu não sabia tanto sobre ela quanto ela sobre mim. Não foi ótimo me enxergar como realmente era, mas foi um passo fundamental para salvar nosso relacionamento. Continuamos amigas até hoje, pois tenho trabalhado ativamente para mudar nossa dinâmica interpessoal.

O desenrolar da minha jornada de impor limites me levou à minha família. Demorou, mas um dia me vi preparada para perguntar a mim mesma: *É possível ter um relacionamento saudável com eles?*

Tudo começou com comida. Em uma grande família italiana, as refeições são a principal fonte de vínculos e uma demonstração de amor. Você se sente culpado quando não repete um prato e recebe olhares de desaprovação se recusa outro, por estar tomando cuidado com o que põe dentro do corpo. À medida que Lolly e eu começamos a modificar nossa alimentação, decidi estabelecer limites para a comida e a minha família: eu não comeria nada que não quisesse. Caso encontrasse resistência, permaneceria firme, mas também não esperaria que as pessoas mudassem seus hábitos ou fizessem refeições especiais para mim. Honraria minha nova decisão.

Comecei então a praticar limites de tempo, usando técnicas semelhantes às de minha vida profissional. E defini um cronômetro para mim mesma nos feriados: *Passarei duas horas com minha família na véspera de Natal, mas não participarei da ceia.* Quando meus pais ligavam para me convidar, eu fazia um esforço consciente para esperar um ou dois minutos antes retornar.

Como era inevitável, choviam mensagens: "Você está bem? O que houve?"

"Estou bem", respondia. "Só preciso de um tempo."

Alguns dias depois, as chamadas e as mensagens frenéticas recomeçavam. Assim, criei um novo limite: não ligaria nem enviaria nenhuma mensagem de volta até que quisesse de fato fazê-lo. Foi quando comecei a me desenredar de minha família por meio da validação de minha própria realidade. Eu poderia ter minhas aspirações e necessidades sem que estas precisassem corresponder às de minha família.

Depois negociei um limite com minha irmã, o que foi mais difícil porque sou bem próxima dela. O limite tinha a ver com nossas interações, que giravam em torno de minha mãe: seus medicamentos, suas consultas, sua saúde mental. Antes de mais nada decidi estabelecer um limite na minha disponibilidade para acompanhar minha mãe ao médico. Coloquei também um limite na duração dos telefonemas – chega de conversas de uma hora sobre nossa mãe. Nenhuma dessas etapas foi fácil. Veicular aquelas novas (e inesperadas) mensagens de não sacudiu minha criança interior, cujos padrões e condicionamentos estão enredados demais em minha identidade central. Vozes em minha cabeça me informavam todas as razões pelas quais eu deveria abandonar esses limites: *Você é uma filha/irmã/tia má*. Eu sabia que estava trabalhando para preservar meu relacionamento com minha família. Sem minha intervenção, as coisas permaneceriam exatamente iguais.

Naquela época, minha família não via necessidade de mudar nada. Diziam que eu era egoísta. Minha irmã gritou: "Você não pode fazer isso comigo!" Minha mãe fez eu me sentir culpada, meu pai me repreendeu. Quando confiei à minha irmã algumas das minhas percepções sobre como eu sempre me sentira emocionalmente distante de nossa mãe, ela saiu espalhando para o restante da família, quebrando o vínculo de confiança e conexão que havia entre nós. Parei de confidenciar qualquer coisa a ela.

Estava ficando cada vez mais difícil permanecer comprometida com minha cura e com minha família ao mesmo tempo. Isso me levou a questionar: *Qual é o custo, para minha própria cura, da administração desses relacionamentos?* Por fim, cheguei à conclusão de que era alto demais. Insatisfeita, ressentida e sem energia, decidi estabelecer o limite final: uma completa separação. Provei para minha criança interior que, sim, eu podia fazer escolhas boas para mim, mesmo "às custas" dos outros. Pela primeira vez, apareci autenticamente para mim mesma, ao mesmo tempo em que aprendia a aparecer autenticamente para os outros também.

Fruto de uma deliberação extremamente dolorosa, esse limite reorientou por completo minha vida e me levou a encontrar minha comunidade, uma espécie de nova família. E também me colocou no caminho em que eu descobriria minha vocação – meu verdadeiro caminho espiritual na vida.

ENTRE EM AÇÃO: CRIE UM NOVO LIMITE

1º passo. Defina o limite. Dê uma olhada na lista que se segue, sobre os diferentes tipos de limites disponíveis para você em todos os seus relacionamentos. Passe algum tempo tentando se situar neles. Por exemplo: muitos de nós temos amigos, parentes, colegas e/ou parceiros amorosos com quem interagimos com mais frequência. Analisar seus padrões com eles o ajudará a ter uma boa ideia dos limites mais consistentes (ou da falta deles) que você vê em cada um dos tipos.

- **Limites físicos:**

  - A amplitude de espaço pessoal, contato físico, etc. que seria mais adequada para você, bem como seu momento preferido para o contato físico.
  - Sua tolerância com comentários sobre sua aparência, sexualidade, etc.
  - Sua tolerância em compartilhar seu espaço pessoal (apartamento, quarto, escritório), senhas, etc. com outras pessoas (incluindo amigos, parceiros, colegas, etc.).

- **Limites mentais/emocionais:**

  - Sua tolerância em compartilhar suas ideias, opiniões e crenças com outros indivíduos sem alterá-las para corresponder às deles, e sem insistir em que os outros mudem as deles para corresponder às suas.
  - Sua capacidade para escolher quais ideias, opiniões e crenças pessoais você pode compartilhar com outras

pessoas sem sentir que é necessário compartilhar demais nem tentar insistir em que elas compartilhem demais.

- **Limites de recursos:**

  - Sua capacidade para escolher onde e como gastar seu tempo – evitando qualquer tendência de agradar as pessoas – e para permitir que outros façam uma escolha semelhante.
  - Sua capacidade para negar responsabilidade pelas emoções dos outros, evitando a tendência a desempenhar o papel de "reparador" ou de tornar os outros responsáveis por suas emoções.
  - Sua capacidade para limitar a quantidade de tempo gasto para ouvir problemas de qualquer pessoa.

Reserve algum tempo para identificar os seus limites que mais costumam ser infringidos em cada uma dessas áreas. Não tem certeza? Tudo bem. Muitos de nós nunca impusemos limites antes, então é difícil saber como defini-los. Se você é assim, vale a pena dedicar algum tempo para analisar seu comportamento. Você pode ter tendência a estabelecer e manter limites semelhantes na maioria de seus relacionamentos, deixando completamente de lado outros tipos de limites. Ou pode encontrar variações em diferentes tipos de relacionamento. Talvez você seja capaz de estabelecer limites relativos a seu tempo no trabalho e com amigos, mas incapaz de dizer não, categoricamente, a alguém da família ou às exigências de um parceiro amoroso.

Será útil identificar as mudanças que você gostaria de ver nessa área. Para ajudá-lo na tarefa, você pode usar os seguintes lembretes:

Meu eu físico se sente pouco à vontade/inseguro quando _____

No intuito de criar espaço para que meu eu físico se sinta mais à vontade/seguro, eu _____.

Exemplos:

Meu eu físico se sente pouco à vontade/inseguro quando meu colega de trabalho (tio, amigo, etc.) faz piadinhas sobre minha aparência.

No intuito de criar espaço para que meu eu físico se sinta mais à vontade/seguro, eu não quero mais ficar perto de pessoas que fazem esse tipo de comentário.

Meu eu mental/emocional se sente pouco à vontade/inseguro quando _____.

No intuito de criar espaço para que meu eu mental/emocional se sinta mais à vontade/seguro, eu _____.

Exemplos:

Meu eu mental/emocional se sente pouco à vontade/inseguro quando estou perto de um parente meu (amigo, parceiro, etc.) que constantemente desaprova meus hábitos mais saudáveis.

No intuito de criar espaço para que meu eu mental/emocional se sinta mais à vontade/seguro, eu não pretendo mais ouvir, discutir ou defender minhas escolhas pessoais.

Meus recursos parecem insuficientes/ineficazes quando _____.

No intuito de criar espaço para que meus recursos sejam suficientes/eficazes, eu _____.

Exemplos:

Meus recursos parecem insuficientes/ineficazes quando minha amiga me liga a qualquer hora para desabafar sobre seu relacionamento.

No intuito de criar espaço para que meus recursos sejam suficientes/eficazes, eu deixarei de atender ligações em determinados horários e escolherei ativamente quando desejo ter esse tipo de conversa.

2º passo. Estabeleça o limite. Isso exige prática. Quanto mais objetivamente você comunicar seu novo limite, maior será a chance de que a mudança seja bem-sucedida.

Aqui está um exemplo de abordagem útil, que você pode começar a praticar para comunicar seus novos limites a outras pessoas:

Estou fazendo algumas mudanças para que [*insira o que você pretende com o novo limite*]. Espero que você entenda como isso é importante para mim. Imagino que [*insira seu entendimento sobre o comportamento delas*]. Quando você [*insira o comportamento problemático*], muitas vezes sinto [*insira seus sentimentos*] e entendo que você pode não ter se dado conta deste fato. No futuro, [*insira o que você gostaria que acontecesse ou não*]. Se [*insira de novo o comportamento problemático*] ocorrer novamente, eu [*insira como responderá de modo diferente para atender à sua própria necessidade*].

Exemplos:

"Estou fazendo algumas mudanças para que possamos manter nosso relacionamento, pois me preocupo com você e espero que você entenda como isso é importante para mim. Imagino que você possa se sentir pouco à vontade com minhas novas opções alimentares. Quando você comenta sobre o que estou ou não comendo, o que faz sempre, muitas vezes me sinto pouco à vontade por estar comendo perto de você e entendo que você pode não ter se dado conta disso. No futuro, gostaria que não conversássemos sobre comida ou escolhas alimentares. Se isso voltar a acontecer, vou simplesmente me afastar."

"Estou fazendo algumas mudanças para que possamos manter nosso relacionamento, pois me preocupo com você e espero que você entenda que isso é importante para mim. Imagino que você esteja infeliz em seu relacionamento e queira ser ouvido. Quando você me chama para desabafar, o que faz sempre, muitas vezes me sinto emocionalmente esgotado e entendo que você pode não ter se dado conta deste fato. No futuro, pode ser que eu não esteja sempre disponível quando você sentir que precisa conversar. Se você voltar a ficar ligando a cada problema que tiver na relação, eu nem sempre serei capaz de apoiá-lo no exato momento."

Sinta-se à vontade para usar o modelo a seguir, preenchendo os espaços em branco com detalhes apropriados para o novo limite desejado. No início, você pode achar que esta nova linguagem é estranha. Isso é absolutamente normal. Considerando nossa mente subconsciente, a maioria de nós não se sente confortável com coisas pouco usuais. A prática o ajudará nisso. Você pode ensaiar esses roteiros quando estiver sozinho, o que o fará ganhar confiança antes de comunicar as mudanças a alguém.

"Estou fazendo algumas mudanças para que [_____] e espero que você entenda como isso é importante para mim. Imagino que [_____]. Quando você [_____], muitas vezes sinto [_____] e entendo que você pode não ter se dado conta deste fato. No futuro, [_____]. Se [_____] ocorrer novamente, eu [_____]".

DICAS

- O planejamento é importante! A comunicação é mais eficaz quando nenhuma das partes está emocionalmente reativa. *Tentar comunicar um novo limite em meio a um conflito não ajuda em nada. Procure um momento neutro.* Não se esqueça das respirações profundas que você aprendeu no capítulo 5. Elas poderão ajudar a acalmar qualquer reação do sistema nervoso que você possa ter e contribuirão para devolver a tranquilidade a seu corpo.

- Ao se comunicar, tente se concentrar em como começará a responder de forma diferente no futuro, em vez de focar na reação ou mudança da outra pessoa.
- Comunique-se da forma mais confiante, assertiva e respeitosa possível. No início, pode ser difícil, porque se trata de algo novo (e assustador para a maioria de nós), mas a prática tornará isso mais fácil.
- Planejar com antecedência e praticar são coisas essenciais. Comece comunicando novos limites em relacionamentos não muito importantes. Isso o ajudará a adquirir experiência para interações mais difíceis.
- Se possível, esteja aberto a acordos. Lembre-se de que você também deseja respeitar os limites dos outros, portanto esteja preparado para modificar sua solicitação inicial. Estabeleça o que é e o que não é negociável para você. Por exemplo, você pode estar disposto a usar seus recursos para apoiar alguém emocionalmente mas pode não estar disposto a transigir em relação a seus limites físicos. Tudo bem.

3º passo. Mantenha o limite. Após comunicar seu novo limite, é muito importante que você o mantenha. Ou seja, que *não retorne aos padrões anteriores*. Para muitos de nós, esta é a parte mais difícil – ainda não temos certeza de que temos o direito de impor limites. Podemos achar que é uma atitude egoísta, rude ou mesquinha ou nos sentir mal com a reação da outra pessoa. Como muitas pessoas têm mágoas referentes a abandono, sua explicação a respeito de seus novos limites pode afetá-las. Elas podem se sentir atingidas e até contra-atacar. Você pode se deparar com reatividade emocional, confusão, oposição e/ou comentários sarcásticos (*Você mudou. Agora é mais santo do que antes?*). Ou pode vivenciar uma "sensação ruim" (vergonha ou culpa pelo "egoísmo") e sentir um forte impulso a retornar aos velhos padrões. Mas lembre-se de que tudo isso faz parte do processo.

Criar limites é uma das atitudes mais difíceis que você encontrará em sua jornada de cura e provavelmente uma das etapas mais importantes para recuperar a conexão com suas aspirações e necessidades autênticas, sem deixar de honrar e respeitar aqueles que você ama. Este é o objetivo do trabalho que estamos fazendo aqui: abrir espaço para que todos nós sejamos vistos e ouvidos, de modo a podermos nos expressar com autenticidade.

ONZE

Reparentalização

Apesar do que a maioria pensa, o despertar muitas vezes não é instantâneo. Embora apoteóticos lampejos de percepção sejam lendários (e muito retratados nos filmes de Hollywood), em geral não refletem a realidade. É possível ter um grande insight, mas a maioria dos despertares surge de um acúmulo de percepções ao longo do tempo.

O psicólogo Steve Taylor estuda este fenômeno, que chama de "despertares"[76] (mas você pode chamá-los de lampejos, revelações, constatações ou o que quiser). Depois que seu próprio despertar espiritual deflagrou seu interesse por pesquisas, o dr. Taylor descobriu que essas experiências normalmente possuem três elementos em comum: frequentemente emergem de um estado de turbulência interior, ocorrem em um ambiente natural e nos conectam a algum tipo de prática espiritual (no sentido mais amplo da palavra). Os despertares nos tornam receptivos à realidade de que somos mais que simples criações da carne: temos uma alma ou um espírito e almejamos nos conectar a algo maior que nós mesmos. Os despertares nos revelam que quem nós *pensamos* ser não é necessariamente quem *somos*.

Muitas vezes obtemos essas revelações por meio do sofrimento, passando por perturbações e tristezas até finalmente nos tornarmos conscientes. O despertar é um renascimento do Eu que destrói partes de quem éramos quando vivíamos no piloto automático da existência inconsciente. Mesmo se tivermos preparado nosso corpo da forma correta, o choque de abrir os olhos para um mundo totalmente novo é sempre doloroso. Estar consciente em um mundo inconsciente é muito incômodo. É revelador que neuroimagens tenham demonstrado que, durante e após um despertar espiritual, as vias neurais ativadas são as mesmas ativadas durante o estado de depressão. Trata-se do que os pesquisadores chamam de "dois lados da mesma moeda".[77] Mas há uma diferença fundamental: pessoas que têm o hábito de se envolver em práticas espirituais ativam e até expandem o tamanho de seu córtex pré-frontal – a área que aloja a mente consciente –, enquanto aquelas que se veem às voltas com depressão e/ou pensamentos negativos apresentam comparativamente uma redução de atividade na mesma área.

Meu despertar se processou em fases. Começou durante uma época de extremo estresse físico e emocional, quando eu me encontrava desequilibrada de corpo, mente e alma. Foi uma crise do Eu. A vida me parecia intolerável, com antigos e novos conflitos se acumulando à minha volta. Não tive outra escolha a não ser abordar os que estavam tão fora de controle que já eram o meu normal. É bem provável que, se eu tivesse procurado ajuda naquele momento, tivesse sido diagnosticada com ansiedade, ou mesmo depressão, como no passado. Mas intuitivamente me senti compelida a realizar uma auto-observação, que me revelou como eu estava desconectada. Então, pela primeira vez, comecei a ver os problemas como mensageiros, não como coisas a serem reprimidas ou evitadas.

Perto dos 30 anos, muito antes de embarcar na jornada da autocura, lembro-me de ter me queixado com uma amiga sobre me sentir puxada para duas direções diferentes – por minha então esposa e por minha família – para escolher o lugar onde passaria as férias. Minha amiga olhou para mim e perguntou inocentemente: "Bem, e o que *você* quer?"

Quase caí da cadeira. *Eu não fazia ideia do que eu queria.*

Anos mais tarde, durante meu período de isolamento autoimposto, após romper relações com minha família e me afastar de pessoas/lugares que no meu entender não tinham uma energia que acrescentasse na minha vida – e ainda me tornavam menos disponível para os outros –, sentimentos de desconexão começaram a me assombrar de novo, embora dessa vez não tivessem origem no meu velho hábito de me dissociar. Senti-me abandonando quase todas as pessoas que conhecia desde sempre, algumas das quais, imaginei, poderiam me odiar agora. Estava sozinha, terrivelmente sozinha. Então pensei: *Será que algum dia encontrarei as minhas pessoas?*

Eu não sabia, na época, mas estava em meio a uma transformação espiritual. *Transformação espiritual!* Palavras que jamais poderiam brotar no cérebro de uma psicóloga obcecada por dados, que se considerava no mínimo agnóstica. O meu deus era a ciência. Eu descartava a ideia de espiritualidade, que simplesmente não existia na minha consciência.

Mas antes de conseguir me conectar plenamente com outras pessoas, eu precisava entender minhas próprias necessidades emocionais, físicas e espirituais, e, pela primeira vez, trabalhar para atendê-las. Tomar consciência de nós mesmos, de uma forma que nunca vivenciamos, é um processo doloroso – é como trocar de pele. Temos que nos enxergar para nos amarmos, e temos que nos amar para dar a nós mesmos o que não recebemos dos outros.

UMA INTRODUÇÃO À REPARENTALIZAÇÃO

O desenvolvimento saudável das crianças depende da satisfação de suas necessidades intrínsecas. Quando estamos em estado de dependência, contamos com a figura de nossos pais e com nossa unidade familiar para nos proporcionar nutrição física, emocional e espiritual. Desejamos profundamente ser vistos, ouvidos e nos expressar com autenticidade (simplesmente sermos nós mesmos!). Quando nossas figuras parentais nos dão apoio, aprendemos que é seguro expressar nossas necessidades e pedir ajuda a outras pessoas. A maioria delas nunca aprendeu a atender às próprias necessidades, muito menos às de outra pessoa, passando adiante seus traumas não resolvidos e estratégias de enfrentamento condicionadas. Mesmo as figuras parentais mais bem-intencionadas nem sempre nos dão o que nos convém. É quase impossível atender às necessidades únicas e variadas de alguém o tempo todo.

Dito isso, se vivêssemos com uma figura parental emocionalmente imatura, nossas necessidades provavelmente não seriam satisfeitas ou seriam ignoradas. A imaturidade emocional resulta da falta de resiliência somada à incapacidade de processar emoções, de comunicar limites e de devolver equilíbrio ao sistema nervoso. Uma figura parental emocionalmente imatura pode estar condicionada a acessos de raiva e a agir de forma egoísta ou defensiva – e muitas vezes toda a unidade familiar acaba girando em torno de sua instabilidade. Como a psicoterapeuta Lindsay Gibson escreveu em um dos meus livros favoritos sobre o assunto, *Filhos adultos de pais emocionalmente imaturos*, entender o nível de maturidade emocional de nossas figuras parentais (ou a falta dela) "nos liberta da solidão emocional quando percebemos que sua negatividade não tem relação conosco, mas com elas próprias".[78]

Repetidamente, tenho observado os diversos resultados trazidos pelo convívio com figuras parentais emocionalmente imaturas – que não conseguem identificar as próprias necessidades, que se traem para receber amor e validação, que vivem em permanente estado de ressentimento por acreditarem que os outros devem simplesmente saber do que elas precisam. Muitas vezes, seus filhos adultos vivem naquele espaço protegido e conhecido que é o próprio ego (com todas as suas histórias) e têm uma enorme necessidade de estarem certos, rejeitando as opiniões de outras pessoas e levando-as a se sentirem tão pequenas e insignificantes quanto eles se sentiram. Outros colocam máscaras, temendo assustar as pessoas caso mostrem sua verdadeira face. Alguns evitam qualquer intimidade e outros se agarram a ela desesperadamente. As manifestações são variadas, mas para curarmos essas feridas é necessário proporcionar a nós mesmos todas as coisas que não tivemos quando crianças. Ter consciência de que podemos nos tornar, para nós mesmos, os pais sábios que não tivemos na infância. Esse processo é chamado de reparentalização e permite que você reaprenda como atender às necessidades não satisfeitas de sua criança interior por meio de ações diárias, dedicadas e conscientes.

Conceitos semelhantes ao da reparentalização existem na área da psicodinâmica há décadas. Emergiram do modelo de terapia convencional em que o relacionamento seguro com um terapeuta pode fornecer uma base para relacionamentos mais saudáveis na vida. A psicanálise é construída a partir deste arcabouço, pois o conceito de transferência dos sentimentos de nossa infância para o terapeuta é parte integrante do processo terapêutico. Embora esse apoio possa ser extremamente útil, ninguém pode conhecer suas aspirações e necessidades, bem como atendê-las, melhor do que você. Ninguém, além de você, poderá e terá que cuidar diariamente dessas necessidades em constante mudança. Ou seja, são esforços que devem partir de você, e, no processo de controlar seu próprio poder, você criará uma conexão mais profunda e autêntica com o seu Eu.

É responsabilidade nossa conhecermos as ferramentas que deveremos usar para atender às nossas necessidades. Iniciamos a reparentalização aprendendo como identificar nossas necessidades físicas, emocionais e espirituais para, em seguida, observarmos as formas condicionadas que empregamos para atendê-las. Muitos de nós poderão descobrir que, embora já adultos, ainda incorporam o pai interno *crítico*, negando nossa realidade, rejeitando nossas necessidades e escolhendo as necessidades percebidas das pessoas ao redor em vez das nossas. Culpa e vergonha substituem nossa voz intuitiva.

O processo de reparentalização pode parecer diferente para cada pessoa, mas geralmente o objetivo é aquietar nosso crítico interno e abraçar o respeito próprio e a compaixão por nós mesmos. Com a ajuda da sábia figura parental interior, você poderá aprender como validar sua realidade e seus sentimentos apenas os observando, em vez de julgá-los ou ignorá-los instintivamente. Sua sábia figura parental interior cultiva a aceitação pois honra as necessidades de sua criança interior: ser vista, ouvida e valorizada por suas partes autênticas. *Você* se torna a prioridade.

Para desenvolver sua sábia figura parental interior, você precisará aprender a ter autoconfiança (talvez pela primeira vez na vida). Depois poderá começar a reconstruir a confiança perdida fazendo pequenas promessas a si mesmo – como praticar ações diárias de autocuidado – e as cumprindo. É importante criar o hábito de falar gentilmente consigo mesmo, como se estivesse lidando com uma criança machucada. Você poderá começar o dia se perguntando: *O que posso fazer por mim mesmo neste momento?* Quanto mais você fizer isso, mais se reconectará com o mundo circundante e com sua intuição.

OS QUATRO PILARES DA REPARENTALIZAÇÃO

A seguir, descrevo os pilares para embasar o trabalho de reparentalização, embora seja útil saber que o processo será diferente para cada pessoa e não tem etapas lineares exatas. Estamos em constante mudança, somos criaturas transitórias. Como nossas necessidades evoluem diariamente, nossas formas de atendê-las também devem evoluir.

O *primeiro pilar* da reparentalização é a regulação emocional, ou a habilidade de navegar com sucesso em nossos estados emocionais. A regulação emocional é nossa capacidade de lidar com o estresse de modo flexível, tolerante e adaptativo. Trabalhamos esta etapa ao longo do livro, sobretudo quando analisamos o papel do sistema nervoso. As formas de regular nossas emoções são práticas que você provavelmente já conhece bem: respiração abdominal profunda para regular nossa resposta ao estresse, observação das mudanças nas sensações do corpo sem julgá-las e também dos padrões de nossas narrativas baseadas no ego, que estão ligados às ativações emocionais. Todo o trabalho fundamental anterior preparou você para o próximo processo. Muitos de vocês poderão chegar à reparentalização e perceber que só terão a ganhar se envolvendo de forma mais consistente ou profunda com o trabalho corporal abordado anteriormente. Se for o seu caso, dou permissão para largar este livro e voltar um passo antes de continuar a leitura.

O *segundo pilar* é a disciplina amorosa. Esse pilar envolve a criação de limites para nós mesmos, que deverão ser mantidos ao longo do tempo. Vamos fazer pequenas promessas, que cumpriremos, e desenvolver rotinas diárias. A disciplina é parte importante do processo de cura, e cultivá-la nos ajuda a sermos nós mesmos. Muitos de nós foram criados com percepções de disciplina baseadas na vergonha, que envolvia punição por sermos "malcriados", e por isso nos sentimos julgados ou rejeitados. Mas o segundo pilar é o oposto da autotraição. Decidimos criar um novo hábito e, provando a nós mesmos que vale a pena mostrarmos ao mundo como de fato somos, criamos uma noção interior de confiabilidade e resiliência. Isso nos incute um profundo sentido de autoconfiança, que afeta diversos aspectos de nossa vida. A disciplina amorosa cultiva uma rotina dotada de compaixão e flexibilidade.

Sua promessa pode ser pequena – como a feita por Ally, de beber um copo de água regularmente – ou grande, como aprender a dizer não para coisas que não lhe servem em sua jornada. Já vi muitos outros exemplos úteis na comunidade SelfHealer: usar fio dental ou lavar o rosto todas as noites, fazer palavras cruzadas todos os dias. O segredo é fazer algo *regularmente*, reforçando a confiança de que você se comportará sempre como você mesmo.

Muitos pais com quem conversei dizem que põem o despertador para tocar uma hora antes de seus filhos acordarem, para poderem começar o dia antes. Colocam o telefone no modo avião e fazem alguma coisa para si mesmos antes de se voltarem para as necessidades dos outros – pode ser preparar o café da manhã, dar uma caminhada, ler um livro, fazer ginástica ou simplesmente relaxar. Como escreveu uma pessoa da comunidade SelfHealer: "Ninguém pode tirar essa hora de você."

Quero enfatizar que esse ato de disciplina diária deve ser amoroso. Muitas pessoas criam limites muito rígidos para si mesmas. A disciplina militar, que não deixa espaço para a flexibilidade e o erro inevitável, pode resultar em padrões destrutivos que não expressam os verdadeiros desejos e necessidades de nosso Eu autêntico. Haverá dias em que desejaremos permanecer na cama o dia inteiro, tomar uma taça de vinho ou comer um pedaço de torta. E tudo bem. Depois que tivermos desenvolvido confiança, ao longo do tempo poderemos fazer uma pausa e voltar ao ritual quando quisermos. Não vamos degringolar se tirarmos um dia para descansar.

O *terceiro pilar* anda de mãos dadas com os atos de disciplina amorosa: o autocuidado. A palavra em si adquiriu má reputação nos últimos tempos, pois foi mercantilizada e usada como exemplo de autoindulgência. O verdadeiro autocuidado não é de modo algum indulgente, mas é fundamental para seu bem-estar holístico, pois apoia suas necessidades e valoriza você. Significa aprender a identificar e cuidar de suas necessidades, tanto físicas quanto emocionais – principalmente as que lhe foram negadas na infância.

Existem muitas formas de incorporar atos de autocuidado ao nosso dia a dia: meditar por cinco minutos (ou mais), movimentar o corpo, escrever no diário, passar algum um tempo em meio à natureza ou sozinhos, ficar sob o sol, estabelecer uma conexão íntima com quem amamos. Acredito que um dos aspectos mais importantes do autocuidado é desenvolver uma boa higiene do sono. Ter um sono de qualidade nos torna mais felizes e cognitivamente mais fortes, e até prolonga nossa vida. Pare de ingerir cafeína após as 13 horas. Desligue o telefone duas horas antes de ir dormir. Vá para a cama meia hora antes. Tente fazer uma dessas coisas, ou todas, e veja como se sentirá muito melhor de corpo e mente.

O *quarto pilar*, um dos objetivos finais do trabalho de cura, é redescobrir o maravilhamento infantil. Trata-se de um estado composto por uma combinação de criatividade, imaginação, alegria, espontaneidade e, claro, espírito lúdico.

O psiquiatra Stuart Brown, autor de *Play: How It Shapes the Brain, Open the Imagination, and Invigorates the Soul* (Brincadeiras: Como moldam o cérebro, despertam a imaginação e revigoram a alma), mencionou que as brincadeiras são de "utilidade pública" após descobrir que muitos jovens que cometeram homicídios não brincavam na infância. Falando de forma genérica, o autor afirma que uma vida sem diversão contribui para o desenvolvimento de depressão, doenças crônicas relacionadas ao estresse e até mesmo tendências criminosas. "A falta de brincadeiras deve ser tratada como a desnutrição", escreveu ele, "pois é um risco para a saúde física e mental".[79]

A verdade é que muitos de nós foram criados em lares onde o maravilhamento infantil não era valorizado, às vezes nem mesmo tolerado, de modo que não havia estímulos para a criatividade. Quantos de nós ouviram que era melhor guardar nossos pincéis porque "artistas não ganham dinheiro"? Quantos de nós tiveram pais que ignoraram ou sufocaram as próprias tendências criativas em favor de atividades mais práticas? Quantos de nós foram punidos por brincar descompromissadamente quando deveríamos estar fazendo o dever? Não me lembro de minha mãe ter brincado comigo quando eu era criança. Nem uma vez. O que é triste para mim, claro – e para ela também.

Como adultos, é fundamental priorizar coisas que nos tragam alegria por si mesmas e não por causa de ganhos secundários (dinheiro, sucesso, adoração). Podemos reativar nosso sentido de admiração infantil ouvindo nossa música favorita, dançando ou cantando sem pudor. Podemos fazer alguma coisa inesperada, ser impulsivos, seguir nossas paixões. Podemos vivenciar algo novo, que sempre quisemos fazer, só porque queremos, sem necessidade de atingir a perfeição: aprender a costurar, estudar um novo idioma, começar aulas de surfe. Podemos sujar as mãos no jardim cuidando de nossas plantas, elogiar um estranho por sua roupa ou nos reconectar com velhos amigos. Todos esses exemplos compartilham um componente essencial: algo feito por prazer, não por alguma recompensa externa.

LIDANDO COM A SOLIDÃO, O DESAPONTAMENTO E A RAIVA

A reparentalização é um trabalho árduo e constante. Sendo um dos mais profundos agentes de mudança, precisa de tempo e muitos ajustes finos, pois nossas necessidades mudam todos os dias – a todo momento, na verdade. Reparentalização é uma prática, um trabalho altamente individualizado que exige a identificação constante de nossas necessidades e estratégias de enfrentamento, que evoluem o tempo todo. Mas devo avisar: pode haver resistência. Recebi e-mails de diversos SelfHealers que me falaram sobre suas dificuldades de lidar com figuras parentais, familiares e até amigos que resistiram ativamente à sua decisão de embarcar no processo de reparentalização. Um dos e-mails mais marcantes foi de uma mãe que me repreendeu por "fazer lavagem cerebral" em sua filha, que cortara o contato com ela quando iniciara o processo de reparentalização. Como eu poderia culpá-la por direcionar sua raiva a alguém que estava fora de sua unidade familiar? Ela passara a vida inteira vivendo dentro dos padrões condicionados que sua filha agora estava mudando ativamente nela própria. Era normal, e provavelmente mais seguro, colocar a culpa em alguém de fora em vez de observar como padrões transmitidos por gerações desempenharam um papel importante na decisão de sua filha.

Além do julgamento de estranhos, enfrentaremos também nosso julgamento interno. A solidão é um tema que sempre surge ao longo da jornada de cura, mas especialmente durante o processo de reparentalização. A reparentalização nos força a entrar em estreito contato com nosso Eu autêntico, e, se não tivermos um vínculo forte com este, o processo pode ser irritante, deixando-nos inseguros e até mais solitários do que quando começamos. Às vezes é até contraproducente nos envolvermos tão abertamente com nós mesmos, mas não vamos conseguir nos envolver profundamente com a reparentalização até que isso aconteça.

Uma constatação que muitas pessoas têm durante a reparentalização é a de estarem convivendo com uma raiva não expressa. Abrir nossos olhos para todas as vezes em que fomos decepcionados, rejeitados ou traumatizados em nosso passado pode despertar sentimentos latentes de raiva e, por vezes, até ódio. Alguns podem querer culpar suas figuras parentais por seu sofrimento; outros, que elas prestem socorro e curem tudo com um beijinho, como esperávamos que fizessem na infância. No mínimo, muitos de nós queremos que nossa dor seja reconhecida. Aqueles que são solucionadores de problemas geralmente desejam uma solução concreta. Muitos SelfHealers procuram suas figuras parentais e exigem ser ouvidos ou mesmo um pedido de desculpas.

Alguns podem estar dispostos a ter esse tipo de diálogo. Falei com muitas pessoas que melhoraram e aprofundaram seus relacionamentos com suas figuras parentais após terem conversas dolorosas e honestas com elas. Se você acha que falar a sua verdade será um passo útil em sua jornada reparentalizadora, vá em frente. O objetivo principal dessa comunicação não será mudar a experiência da outra pessoa, mas expressar sua própria realidade. Existe um profundo valor intrínseco em expressarmos como nos sentimos e como vemos o passado. Se você reconhecer este valor – e for capaz de tolerar qualquer reação –, estará pronto para participar de um diálogo. Se tiver a expectativa de que suas figuras parentais vão se desculpar, validar seus sentimentos ou corroborar sua experiência, sugiro que você adie essa conversa para quando se sentir mais tolerante, pois o resultado é sempre incerto. Sua prioridade é a cura interior. Muitas vezes, as figuras parentais não estão tão abertas a conversas desse tipo como muitos de nós esperam. O que faz muito sentido, já que viveram sob certos condicionamentos a vida inteira. Décadas de comportamento aprendido não vão desaparecer simplesmente porque você os identificou. Sem dúvida, haverá tumulto. Às vezes, tais conversas podem ser mais dolorosas que produtivas. Pode até haver sentimentos de raiva dirigidos contra você.

É natural despertar a raiva, assim como é fácil deixar que esses sentimentos comecem a consumir você. É importante permitir a entrada da raiva, assimilá-la e, sim, comunicá-la se você assim o quiser – sem esperar que uma parte externa valide sua realidade ou suas experiências. A única pessoa que pode fazer isso por você é você. Sua realidade é válida porque você a vivenciou, não porque alguém disse que é.

Acho que chegou a hora de lembrar a você, leitor com filhos, para respirar fundo. Figuras parentais frequentemente entram no processo de reparentalização com muito medo e muita culpa. Não conseguem deixar de pensar em todas as falhas que poderão cometer (ou já cometeram) com os próprios filhos.

"Como podemos ter certeza de que não faremos a mesma coisa com nossos filhos?" é uma pergunta que ouço quase todos os dias.

Vamos ser diretos: você não pode.

Ser pai ou mãe é algo difícil e incrivelmente emocional. É uma tarefa difícil estar presente e sintonizado consigo mesmo o suficiente para estar presente e sintonizado com o outro, de modo a identificar e atender às necessidades dele. A verdade é que você vai cometer erros. Vai falhar. Vai se atrapalhar de uma forma ou de outra. O que não só é bom, mas também benéfico a longo prazo. Passar por algum estresse ajuda as crianças a adquirirem resiliência, componente-chave da maturidade emocional. Discutiremos isso com mais detalhes em breve.

ATENDENDO AO CHAMADO DO OESTE

Ainda que as origens do meu despertar tenham sido muito incômodas, elas me proporcionaram a oportunidade de mudar toda a minha existência. Quando finalmente me distanciei de minha família, o que me deu espaço para existir sem *estar relacionada* a ela, comecei a compreender de fato as variadas necessidades que eu vinha negando ou sufocando. Como acontece com quem é codependente, minhas necessidades sempre foram definidas por outras pessoas (e muitas vezes cheguei a acreditar que não tinha nenhuma). Precisei criar um espaço separado em meu ser para me ver como independente de minha família. Na esteira do medo e da desolação, encontrei a mim mesma. Descobri pela primeira vez do que realmente precisava.

Houve apenas três ocasiões em minha vida em que honrei minhas necessidades, embora isso tenha significado que outras pessoas seriam prejudicadas por minha decisão. A primeira vez foi na faculdade, quando decidi parar de jogar softball porque o jogo (semelhante ao beisebol) não estava mais me deixando feliz. Fiz isso mesmo sabendo que meus pais, minha mãe em particular, ficariam desapontados e que eu poderia decepcionar minha equipe. Mas fiz isso por *mim*. A segunda vez foi quando finalmente pedi o divórcio após anos de relacionamento disfuncional. Parte de mim o teria mantido para sempre, mas a outra parte decidiu: *Isso não está funcionando para mim. Preciso mudar.*

A terceira vez foi quando Lolly e eu decidimos morar na Califórnia. Mudar-me para o oeste era algo que eu queria fazer, embora nem levantasse a possibilidade, pois sabia que iria magoar minha família. Mas, depois que rompi laços com eles, já não me sentia mais presa às correntes invisíveis que me mantinham na Costa Leste, lugar que eu intuitivamente sabia que não me servia mais. Há apenas dez anos, se você me dissesse que eu moraria a milhares de quilômetros da Filadélfia e de Nova York, eu teria rido na sua cara. Eu estava viciada na ativação emocional do ambiente de ambas as cidades. O caos, o barulho, as luzes e as multidões de rostos desconhecidos eram um reflexo perfeito de meu mundo interior. Amigos antigos interpretaram minha transição como uma crise precoce de meia-idade: abandonei toda a minha vida – um consultório particular, minha família, meus amigos, meu passado – e me mudei para o outro lado do país. Quando comecei a falar sobre minha nova verdade para algumas pessoas mais próximas, deparei-me com algumas sobrancelhas erguidas, perguntas invasivas e até hostilidade.

Quando Lolly e eu visitamos a Califórnia pela primeira vez, ambas percebemos que aquele era o nosso lugar. Mais equilibrada internamente, senti-me atraída pelo que naturalmente injeta equilíbrio em meu corpo: a natureza em si, o calor do sol, um lugar onde eu possa respirar livremente e mover meu corpo à vontade. Quando finalmente tomamos a decisão, o ato foi uma extensão simbólica do processo de reparentalização. Reconheci minhas necessidades. Escutei meus desejos. E me permiti satisfazê-los. Prestei atenção no que a minha intuição me dizia e desta vez a obedeci.

A mudança não foi fácil. Transições são difíceis. Ainda que a situação pareça perfeita, você estará interrompendo sua homeostase e se sentirá, no mínimo, pouco à vontade. Somos criaturas de hábitos e, quando não agimos dentro de nossos padrões usuais, nos sentimos descartados, vulneráveis e até hostis à mudança. Sempre que nos deparamos com um evento alostático – uma mudança de emprego ou de domicílio, uma morte, um nascimento, um divórcio –, somos forçados a sair de nossa zona de conforto e a entrar no grande desconhecido, um lugar naturalmente inquietante.

Quando decidi que a Califórnia seria meu destino, isso significou fechar o consultório particular que tanto trabalhei para construir, assim como abrir mão de muitos clientes aos quais havia me apegado e encontrar modos virtuais de manter os relacionamentos que valorizava. A mudança também significou que minha decisão de cortar o contato com a família se tornara uma *realidade*. Eu estava me separando fisicamente de meus vínculos traumáticos, o que parecia ao mesmo tempo libertador e aterrorizante, mas agora eu tinha as habilidades e os métodos para lidar com o desconforto e a incerteza. Podia finalmente explorar minha confiança intuitiva em mim mesma – o que foi incrível. Embora ainda lutasse contra a solidão e tivesse muitas dúvidas sobre o meu futuro, sentia-me mais preparada do que nunca. A qualidade do meu sono melhorou, minha digestão entrou no ritmo e fiquei com menos prisão de ventre. Meus pulmões pareciam se expandir para respirar ar puro, eu sentia que minha alma estava mais leve e até meu humor melhorou. Quanto mais meu espírito parecia falar por meio de meu corpo, mais eu percebia que ansiava por alegria. E constatei que eu merecia isso.

Certo dia, enquanto trabalhava neste livro, dei uma caminhada para clarear as ideias. Caminhando pela praia em meu novo bairro, absorvendo as sensações do mundo ao redor, comecei a praticar mensagens gentis de apoio e amor: *O que posso fazer por mim mesma neste momento?* Assim que a pergunta me passou pela cabeça, a canção "There Will Be Time", da banda Mumford & Sons, tocou nos meus fones de ouvido. Aumentei o volume, envolvida pela batida percussiva, pela ondulação dos teclados e pela combinação das harmonias vocais.

Abra meus olhos para uma nova luz...
E certamente haverá tempo.

Foram palavras proféticas. Parei onde estava, finalmente enxergando com os olhos da consciência, aprendendo a me conectar com minhas aspirações e necessidades mais profundas e, pela primeira vez, acreditando de verdade nas infinitas possibilidades de escolhas de que dispomos a qualquer momento.

Aumentei ainda mais o volume. Comecei a mexer cabeça e balançar os quadris, o que era algo em completo desacordo comigo. Fazia muito tempo que não gostava de dançar. Aversão que, segundo descobri, provinha de uma aula de balé que tive na infância, quando me olhei no espelho e notei que minha barriga era muito maior que a das outras garotas da classe. A partir de então comecei a me sentir cada vez mais desconfortável e constrangida com meu próprio corpo. Pouco tempo depois, deixei de dançar em público, e quando via outras pessoas dançarem, parecendo muito à vontade, reagia apenas com desdém. No entanto, lá estava eu, mais de três décadas depois – em um mundo novo, desconhecido e ao ar livre –, balançando o corpo no ritmo da música. E logo já estava saltitando, de mãos erguidas para o céu. Eu estava dançando. Totalmente energizada. Para quem quisesse ver.

Deixar de lado o medo do que os outros pensam, os julgamentos condicionados e a dor de nossa criança interior magoada faz parte do lado alegre do processo de reparentalização. Dançar na praia foi meu ato radical de autoaceitação, um passo à frente intrínseco à minha jornada de cura.

ENTRE EM AÇÃO: DESENVOLVA UM MENU DE REPARENTALIZAÇÃO

Passe alguns momentos decidindo qual dos quatro pilares da reparentalização você vai trabalhar primeiro. Uma ótima maneira de começar é se perguntar: "De que estou precisando mais agora?"

- **Regulação emocional.** Quando crianças, muitos de nós não aprendem o valor de ter consciência emocional. Como adultos, é fundamental para a nossa cura desenvolvermos essa prática. Você pode começar a cultivar a regulação emocional:

  - praticando a respiração abdominal profunda
  - observando as sensações que diferentes emoções ativam em seu corpo
  - percebendo o que o faz se sentir emocionalmente ativado
  - permitindo respostas emocionais *sem julgamento*, permitindo que todas e quaisquer emoções passem por você enquanto você simplesmente as observa

Usando os exemplos sugeridos (se necessário), escreva um diário ou liste o que você pode dar (ou criar) para si mesmo, neste momento, na área de regulação emocional. (Com o tempo, você poderá descobrir novos modos de cultivar esse hábito.)

- **Disciplina amorosa.** Quando crianças, muitos de nós não aprendem hábitos e rituais de apoio simples e úteis. Como adulto, você pode começar a cultivar essa disciplina amorosa:

  - cumprindo pequenas promessas feitas a si mesmo todos os dias
  - desenvolvendo rotinas e rituais diários
  - dizendo não a coisas que não lhe servem
  - mantendo limites, mesmo quando não se sente à vontade para fazê-lo
  - desconectando-se e passando algum tempo em reflexão
  - especificando suas necessidades em linguagem objetiva (não crítica)

Usando os exemplos sugeridos (se necessário), escreva um diário ou liste o que você pode dar (ou criar) para si mesmo, neste momento, na área de disciplina amorosa. (Com o tempo, você poderá descobrir novos modos de cultivar esse hábito.)

- **Autocuidado.** Quando crianças, muitos de nós não aprendem o valor de coisas como sono de alta qualidade, exercícios físicos, nutrição e conexão com a natureza. Como adulto, você pode cultivar estes autocuidados:

  - ir para a cama um pouco mais cedo
  - cozinhar e/ou comer uma refeição caseira
  - meditar por cinco minutos (ou mais)
  - exercitar seu corpo por cinco minutos (ou mais)
  - fazer anotações no diário

- passar algum tempo em contato com a natureza
- permitir que o sol toque sua pele
- retomar o contato com alguém que você ama

Usando os exemplos sugeridos (se necessário), escreva um diário ou liste o que você pode dar (ou criar) para si mesmo, neste momento, na área de autocuidado. (Com o tempo, você poderá descobrir novos modos de cultivar esse hábito.)

- **Maravilhamento infantil: criatividade + imaginação, alegria e espontaneidade + espírito lúdico.** Quando crianças, muitos de nós não aprendem o valor de sentir alegria na espontaneidade, na criatividade, nas brincadeiras e no puro ato de existir. Como adultos, é fundamental que nos lembremos de brincar, de nos conectar e de desenvolver passatempos agradáveis. Você poderá cultivar esta alegria:

- dançando ou cantando livremente
- fazendo algo inesperado
- encontrando um novo passatempo ou interesse
- ouvindo sua música favorita
- elogiando um estranho
- fazendo algo que você adorava fazer quando criança
- retomando o contato com amigos e pessoas queridas

Usando os exemplos sugeridos (se necessário), escreva um diário ou liste o que você pode dar (ou criar) para si mesmo, neste momento, na área de maravilhamento infantil. (Com o tempo, você poderá descobrir novos modos de cultivar esse hábito.)

DOZE

Maturidade emocional

Maturidade emocional não tem relação com idade. Alguns de nós atingem, antes da puberdade, níveis de maturidade que excedem os de nossas figuras parentais – e outros já saem da barriga mais maduros que nossas figuras parentais. (É brincadeira. Bom... mais ou menos).

A imaturidade emocional é muito mais comum e gira em torno da *intolerância*. Pessoas emocionalmente imaturas têm dificuldade em tolerar as próprias emoções. Lidam com a raiva batendo portas e com a decepção dando gelo. Essas pessoas se sentem tão incomodadas com as próprias emoções que em geral se irritam, ficam na defensiva ou se fecham completamente sempre que as vivenciam.

Isso se manifesta quando um pai grita "Pare de fazer drama!" no momento em que as emoções de uma criança vão contra as suas. Ou quando um amigo se fecha e para de falar com você após uma desavença. Tal comportamento tem origem, muitas vezes, na incapacidade de suportar a discordância da outra pessoa ou a mera existência de emoções diferentes. As perspectivas de outras pessoas podem parecer ameaçadoras, e o medo gera intolerância.

A psicoterapeuta Lindsay Gibson descreveu a imaturidade emocional (com foco nos genitores) como a "falta de sensibilidade emocional necessária para atender às necessidades emocionais das crianças".[80] Para os filhos de figuras parentais emocionalmente imaturas, isso resulta em solidão, que é "uma vaga experiência privada [...] que pode se chamar de sensação de vazio ou de estar sozinho no mundo".[81]

Sempre vivenciei profundamente essa sensação de vazio, sem nunca ter me sentido totalmente capaz de apreciar, muito menos de desfrutar, minhas experiências. Durante a maior parte da vida, me esforcei para ter acesso ao puro prazer. *Mas como poderia saber o que me fazia feliz se não sabia do que realmente precisava?*

Acredito que essa sensação de vazio vem de uma contínua desconexão de nosso Eu autêntico. Anos de vivência condicionada, sem realmente atendermos às nossas necessidades físicas, emocionais e espirituais, muitas vezes vêm acompanhados por um medo de sermos mal interpretados. Aqueles que foram criados em lares onde a liberdade de expressão não era estimulada podem acabar presos demais ao que os outros pensam ou sentem a seu respeito. Trata-se de uma experiência comum para muitos de nós, e acredito que seja um dos motivos pelos quais a ansiedade social é tão epidêmica hoje. Vemos a ansiedade social e um foco excessivo na aparência ocorrendo na nova arena das redes sociais, nas quais nos engajamos diariamente – nossa obsessão com visualizações e curtidas é impulsionada em grande parte por uma necessidade não atendida de sermos vistos e ouvidos. Muitos de nós gastam muita energia mental tentando ser *compreendidos*. O medo de sermos mal compreendidos dirige a reação fisiológica de nosso corpo, cujas respostas ao estresse são padrões de pensamentos cíclicos e histórias egotistas, que ditam o nosso comportamento. Esse medo vincula nosso senso de identidade à aprovação ou desaprovação de outras pessoas. Nossa evolução foi baseada na aceitação coletiva – e a rejeição poderia ter consequências terríveis, até fatais. Nosso medo de ser deixado de lado permanece até os dias de hoje, mesmo que as consequências sejam menores. O impulso evolutivo em direção à aceitação social torna impossível a conexão com as pessoas ao redor quando estamos em um estado de medo – que nos torna reativos e irracionais. Assim, ficamos receosos até de fazer algo bobo, como dançar em público.

Para muita gente, não é nossa compreensão de nós mesmos que nos magoa, mas nossa crescente compreensão dos outros. À medida que nos tornamos mais conscientes de nosso modo de vida condicionado, tornamo-nos igualmente conscientes dos padrões, frequentemente cíclicos, das pessoas à nossa volta. É por isso que tantos de nós acham tão difícil visitar o "lar". Visitar nossa família nos oferece uma visão de nossos próprios hábitos e padrões, bem como de nossas mágoas mais profundas, ao mesmo tempo em que ativa muitas delas. Temos até uma resposta emocional semelhante ao que é descrito na literatura popular como "culpa do sobrevivente", o sentimento de ser "aquele que escapou". Tais sentimentos podem nos fazer hesitar em contar detalhes sobre nosso crescimento e nossas conquistas para os que "ficaram para trás". Podemos também nos sentir mal por termos abandonado nossos antigos papéis e desejar que nossos entes queridos acompanhem nossa transformação, de modo que nosso relacionamento com eles permaneça intacto. Muitos de nós realmente se importam com nossos entes queridos e desejam que eles vejam que uma mudança é necessária para que também possam se curar. Essa é uma aspiração maravilhosa, mas a verdade é que nem todos podem trilhar o mesmo caminho. Como você já sabe, a cura exige compromisso diário e deve ser *escolhida*. Quando nossos entes queridos não desejam seguir o mesmo caminho que nós, é melhor pararmos de lutar contra a realidade e praticarmos a aceitação de nossos sentimentos em relação a ela.

Uma das maiores conquistas da maturidade emocional é aprender a aceitar mal-entendidos ou falta de compreensão. Isso o ajudará a viver a vida em seu Eu mais autêntico – independentemente de quais sejam as consequências –, que é quando suas opiniões, crenças e ações são *válidas*. Não com relação a alguém, mas só porque são suas. Podemos não gostar de todas as partes de quem somos, mas elas existem e devem ser reconhecidas. Quando nossa individualidade é muito variável e aberta à influência externa, até mesmo o que achamos que os outros acreditam sobre nós pode moldar a forma como nos vemos. Não há lugar para a maturidade sem fronteiras definidas.

A maioria de nós jamais aprendeu a navegar em seu mundo emocional e tem pouca resiliência emocional. Não conseguimos nos recuperar quando as coisas não acontecem do nosso jeito. Porém, você acabará se deparando com julgamentos e críticas quando for autenticamente *você*. E também desapontará os outros. São fatos da vida – inerentes a um ser humano dinâmico e individualizado. Isso não significa que você esteja sempre certo ou errado. Conforme você amadurece emocionalmente, cria cada vez mais espaço para pessoas que podem não se parecer, soar, agir ou pensar como você. Aprender a tolerar as diferenças – e mesmo contrastes diretos – é a marca registrada da maturidade emocional.

A REGRA DOS 90 SEGUNDOS

A maturidade emocional nos permite aceitar *todas as nossas emoções*, mesmo as piores, aquelas que não gostaríamos de admitir que abrigamos. O aspecto fundamental da maturidade emocional é a capacidade de estarmos cientes de nossas emoções e regulá-las, de forma a permitir que outros se expressem. Ou, simplesmente, a capacidade de aceitar todas as nossas emoções sem perder o controle, o que é o núcleo de todo o trabalho que estamos fazendo.

Acredite ou não, existe uma "regra dos 90 segundos" para as emoções:[82] sendo eventos fisiológicos, as emoções duram apenas um minuto e meio. Chegam ao fim porque nosso corpo *deseja* retornar à homeostase. Quando ocorre um estresse, a quantidade de cortisol que circula em nosso corpo aumenta drasticamente e nosso circuito interno de ansiedade é ativado. Porém, quando o estresse é percebido como administrado, um sistema de controle traz nosso corpo de volta ao equilíbrio. Isso, claro, só pode acontecer se nossa mente não atrapalhar.

Poucos de nós têm capacidade para permitir que as emoções sejam puramente fisiológicas. Muitos as trazem ao mundo mental e começam a contar histórias, ruminar e se envolver em pensamentos circulares, o que os traz de volta ao feedback do vício emocional. Então, de repente, uma irritação de 90 segundos se transforma em dias de irritabilidade e raiva, ou mesmo anos de rancor e ressentimento. Para aqueles de nós que são dissociados e não se permitem *sentir* o que sentem, as sensações podem não transitar adequadamente, permanecendo travadas enquanto nos mantemos a uma distância segura.

Ao retomar pensamentos angustiantes, você ativa a resposta do seu sistema nervoso como se vivenciasse repetidamente o evento angustiante. Seu corpo não sabe a diferença entre o que aconteceu no passado e o que está acontecendo no presente – tudo é ameaçador. Muitas vezes, as emoções negativas parecem durar mais tempo e ser mais intensas que as positivas. Estudos têm demonstrado que, em momentos de intensidade emocional, nossa noção de tempo é distorcida – podemos ter a impressão de que o tempo está passando mais rápido ou em câmera lenta.

Há uma vantagem nesse fenômeno: podemos usar o poder de nossa mente consciente para criar outra "realidade", mais positiva. Quando comecei a me reconectar cada vez mais com meu corpo, e fui conhecendo as variações entre os sentimentos, descobri a diferença entre estresse e excitação. Sempre que me sentia ativada, achava que estava vivenciando um estresse e que logo me fecharia ou perderia o controle. Comecei a me observar e descobri que muitas vezes confundia excitação com estresse. Agora, diante do impulso instintivo de rotular o que estou sentindo como *ansiedade*, por exemplo, posso parar um segundo, analisar o sentimento de um ângulo diferente e reformulá-lo como algo um pouco mais útil, como *excitação*, se for o caso. O friozinho na barriga que sinto pouco antes de fazer uma postagem no Instagram, a respeito de um assunto pelo qual sou apaixonada, não provém necessariamente de um estresse. Pode ser a manifestação física da minha empolgação. Quando nos afastamos da reatividade instintiva, conseguimos cortar o circuito de ativação mente-corpo e apenas coexistimos com nossas sensações corporais. Quando resistimos ao hábito de criar uma história sobre a origem de nossas emoções, encurtamos as reações fisiológicas – frequentemente prolongadas – de nosso corpo. Ao fazer isso, podemos vivenciar a verdade que elas transmitirão.

Observar as sensações mutáveis geradas por nossas emoções nos ajuda a aprender a diferenciá-las, de modo a entendermos as diversas mensagens que nosso corpo nos envia. Quando estamos conscientes e praticamos a observação objetiva das sensações de nosso corpo – a tensão muscular, as variações hormonais, as ativações do sistema nervoso –, podemos então usar essas informações para comunicar aos outros, com mais plenitude, nosso estado interno.

LIDANDO COM A MATURIDADE EMOCIONAL

Mas não se trata apenas de rotular nossas emoções. Nosso objetivo maior é retornar o mais rápido possível ao equilíbrio homeostático. O estresse é uma parte inevitável da vida. A maturidade emocional nos dá oportunidade de escolher como responder ao mundo externo, o que nos ajuda a subir de novo a escada polivagal e retornar à linha de base do engajamento social, onde nos sentimos seguros com nós mesmos e no âmbito de nossas conexões com os outros. Muitos de nós continuam a circular pelos hábitos de enfrentamento antigos e condicionados que aprendemos na infância e que nem sempre servem ao nosso Eu autêntico. Mas como podemos descobrir e atender nossas necessidades de modo emocionalmente maduro?

O apaziguamento é a forma preferida de se lidar com o desconforto. Os métodos que desenvolvemos quando crianças eram adaptados ao nosso ambiente. Simplificando: lidávamos com nossos ambientes e experiências anteriores do melhor modo que nossas circunstâncias permitiam. Como adultos, muitos de nós se beneficiam quando atualizamos as formas de atender nossas necessidades emocionais com as informações trazidas por nossa vida atual. Em vez de recairmos instintivamente nas estratégias de enfrentamento que usávamos em nossa infância, usamos métodos de apaziguamento proativos que envolvem uma escolha consciente. O apaziguamento ocorre quando encaramos um problema agindo com diligência e proatividade, o que é sempre muito gratificante. Após ter nomeado e rotulado suas emoções sem julgá-las, você deverá encontrar um meio de neutralizar suas reações.

O apaziguamento não é necessariamente intuitivo, sobretudo quando não fomos moldados de forma adequada para lidar com adversidades. No início de minha jornada para desenvolver maturidade emocional, eu me sentia totalmente perdida em relação ao que deveria fazer para me sentir melhor quando estivesse com raiva ou agitada. Só sabia dar um gelo e berrar. Vendo indícios desses hábitos – agora indesejados – em meu eu adulto, tentei coisas novas. Algumas funcionaram, enquanto outras me deixaram pior. Mas descobri que quando estou com raiva ou agitada – sentimentos que historicamente sempre confundi com ansiedade –, passo a me sentir melhor se movimentar o corpo. Qualquer coisa que eu considere estagnada me parece contraproducente. Portanto, quando me sinto desafiada, dou uma caminhada. Lavo a louça. Ponho meu corpo em movimento do jeito que puder, para descarregar a energia fisiológica associada aos meus sentimentos. Quando tento relaxar, ler um livro (meu hobby favorito) ou tomar um banho, só fico mais nervosa. Com você pode ocorrer o contrário, mas você só saberá fazendo experiências quando estiver energeticamente ativado.

A estratégia de enfrentamento menos satisfatória, embora igualmente importante, é ter mais tolerância com o sofrimento. Não gostamos de sentir que dependemos de alguma coisa para nos acalmar (a versão adulta de uma chupeta). Queremos que nossa resposta à adversidade seja a mais flexível possível. Nem sempre podemos dar um passeio ou preparar um banho quando estamos emocionalmente ativados. Em certas circunstâncias, muitos de nós terão que suportar a aflição. Em nossos primeiros anos, contávamos com outras pessoas para nos ajudar a tolerar ou aliviar nossos incômodos, mas à medida que envelhecemos é importante aprendermos a tolerar a amplitude e a diversidade natural de nossas experiências emocionais.

Para muitos de nós, é um desafio honrar as emoções que surgem em nosso corpo. Observar as histórias que se desenrolam em nossa mente às vezes ajuda: perceba que estão acontecendo, faça-se presente e tente não julgar. Perseverar requer uma confiança interior que os métodos de apaziguamento não proporcionam. Precisamos ter fé em nós mesmos e acreditar que vamos superar a dificuldade. Isso cria um sentimento de confiança que nos permite enfrentar os desafios que nos são lançados, sem precisarmos de ajuda externa para remover as "sensações ruins".

Ao começar a cultivar a tolerância emocional, compreenda que seus recursos internos estão longe de serem ilimitados. Se você estiver exausto e se esforçar demais, provavelmente recorrerá a estratégias de enfrentamento que lhe são familiares (promover agressões verbais, bater em retirada, mergulhar nas redes sociais) apesar de seus recursos limitados. Prepare-se para obter sucesso avaliando, primeiramente, seu nível de recursos. Caso se sinta enfraquecido, saia da situação antes de sentir a ativação emocional. Se estiver estressado e cansado, permaneça em casa, em vez de testar os limites de seus recursos para lidar com a situação. Dê a si mesmo permissão para dizer não, quando isto for útil. Maturidade emocional é entender os próprios limites e comunicá-los aos outros sem medo nem vergonha.

Aguentar firme (atitude apaziguante, mas de efeitos duradouros) nos ensina que podemos tolerar o desconforto. Antes nos cercávamos de distrações porque, em algum nível, acreditávamos que não conseguiríamos lidar com situações angustiantes. Cada vez que você amplia sua janela de tolerância, ensina a si mesmo que *sim, posso superar isso*. Muitas vezes ouvimos falar de mergulhar no poço emocional e afundar ou nadar, conceito problemático para o sistema nervoso. Em vez disso, eu o encorajo a se esforçar para abrir essa janela aos poucos, até escancará-la. Assim, você encontrará um profundo reservatório de tolerância, tanto para seu mundo interno quanto para o externo.

UM RECADO PARA OS PAIS

Assim como é possível cultivar a maturidade emocional em si mesmo, você pode ajudar a cultivá-la nas crianças. Existem meios para isso. Como figura parental, a melhor coisa que você pode fazer por seu filho é dedicar tempo e energia para cuidar bem de *si mesmo*. Quando você honra seu corpo, aprende a controlar as respostas de seu sistema nervoso, a acessar seu Eu autêntico e a modelar sua regulação emocional e sua flexibilidade, seu filho internaliza isso por meio da corregulação. Sua permanência em estado de equilíbrio e autoexpressão ajudará seu filho a lidar com os próprios momentos de desregulação, usando você como base confiável para ajudá-lo a retornar à segurança.

Após começar a cultivar sua maturidade emocional, você poderá dedicar alguns de seus recursos internos para ajudar seus filhos a lidar com as próprias emoções. Poderá incentivar o autocuidado e a disciplina amorosa na vidas deles, certificando-se de que estão se exercitando, dispondo de tempo para ficarem a sós, dormindo o suficiente e assim por diante. E quando o estresse ocorrer, você poderá contribuir para que eles o compreendam da mesma forma que o faz – identificando as sensações no próprio corpo. Pergunte-lhes o que está ocorrendo no corpo deles. *Meu rosto fica quente quando Samantha caçoa de mim. Meu coração dispara quando tenho que dividir meus brinquedos com Timmy.* Ajude-os a identificar a emoção que possa corresponder a essas sensações corporais (vergonha, raiva, ciúme) e permita que eles tentem acalmá-las ativamente de diferentes maneiras. Lembre-se de que nem sempre serão as mesmas que você considera úteis. Pense nesse processo como uma oportunidade de conhecer seus filhos como seres humanos únicos.

Haverá momentos em que a criança ficará estressada com algo que aconteceu fora de casa e você não estará lá para ajudá-la a lidar com a situação. Aprender a perseverar é uma lição fundamental para as figuras parentais modelarem seus filhos. Você não sabe o que acontecerá com seu filho no futuro. E embora nenhum de nós queira ver uma pessoa amada sofrendo, não podemos impedir que essas coisas aconteçam. Quando modelamos a tolerância ao estresse, ou a capacidade de enfrentar sentimentos difíceis e deixá-los para trás, nossos filhos desenvolvem reservas internas que os acompanharão da infância até a idade adulta.

Se você ainda não percebeu, uma das maiores qualidades para uma figura parental é admitir as próprias imperfeições. Sei que reconhecê-las não é fácil, sobretudo para aqueles cujas mágoas de infância levam a comportamentos de subserviência ou de alto desempenho. Eu mal consigo suportar quando Lolly ou qualquer outra pessoa que amo ficam decepcionadas comigo. Detesto a sensação de ser incapaz de ajudá-las quando elas precisam de mim – ou mesmo de ser vista em momentos não muito brilhantes. Como a decepção faz parte da vida, as figuras parentais podem ter certeza de que os traumas vividos por seus filhos não serão debilitantes se um espaço de amor autêntico for criado e a criança o internalizar. Caso as figuras parentais cultivem a capacidade de ouvir e aceitar as diferentes realidades dos filhos, isso permitirá que eles expressem para o restante do mundo suas ideias e experiências autênticas. Sentindo-se seguras, as crianças começarão a refletir a segurança de volta – numa relação de autêntica autoexpressão, criada e vivenciada tanto pela figura parental quanto pela criança. Essa expressão autêntica e recíproca é o cerne do estilo de apego seguro que focalizamos anteriormente. Quando você vem de um lugar seguro e protegido, fica mais livre para andar pelo mundo, cometer erros e se levantar quando cair, o que aumenta nossos recursos internos e nos ajuda a promover a resiliência quando navegarmos pelas adversidades que a vida inevitavelmente traz.

À medida que você cultiva cada vez mais a aceitação das próprias imperfeições, consegue se dar conta de que está estendendo uma compaixão semelhante às suas figuras parentais (por mais difícil que seja) e a outros entes queridos. Sim, aceitar que eles são seres falíveis pode ser algo frustrante e até provocar raiva. Com o tempo, entendendo melhor suas condições e circunstâncias de vida, poderemos começar a sentir empatia sem ter que explicar os problemas. Você poderá compreender suas mágoas e perceber seu sofrimento, enquanto mantém os limites necessários à integridade da *sua* saúde mental, física e emocional. Maturidade emocional é combinar suavidade e resistência quando necessário – não só para lidar com as pessoas ao redor (figuras parentais, filhos ou amigos), mas também com você mesmo.

MEDITAÇÃO E MATURIDADE

O melhor adjetivo para descrever John, um dos SelfHealers mais emocionalmente imaturos que já encontrei em nossa comunidade (não o estou menosprezando. John concorda totalmente com essa avaliação!), seria "exuberante". É o tipo de sujeito que chama atenção onde quer que vá, aquele que tem que conduzir as conversas numa conferência, o "macho alfa" que explode quando acha que sua autoridade está sendo questionada por alguém, especialmente se este alguém for uma mulher. Seguramente, posso descrevê-lo como "emocionalmente atrofiado" – tudo sempre girava em torno dele, numa visão de mundo egocêntrica semelhante à de uma criança pequena. Quando as coisas não saíam do jeito dele, ele gritava ou, se estava realmente irritado, permanecia em silêncio e ameaçadoramente sombrio. Ele trabalhava com vendas, em um emprego que detestava, mas seu único objetivo na vida era atingir as cotas mensais – ou melhor, superá-las. Embora prosperasse no escritório, repelia qualquer intimidade. Nunca se sentia à vontade o suficiente para relaxar e apenas *estar* com alguém, muito menos com uma parceira amorosa.

Ele era assim antes de começar a jornada de cura. Mas tão logo começou a descascar as camadas de sua reatividade, encontrou o núcleo macio e dolorido de um trauma de infância. Seu narcisismo era uma fachada para uma profunda mágoa. Contou histórias sobre seu pai, um homem que explodia, sobretudo quando alcoolizado, embora pudesse perder a calma a qualquer momento. Às vezes, batia em John com um cinto. Sua mãe, que também vivenciara essas cenas, saía da sala. Mais tarde, inventava desculpas para justificar o comportamento do marido. Numa atitude reveladora, John sentia mais raiva da mãe, por não protegê-lo, do que do pai, por abusar dele.

As pessoas costumam procurar por semelhantes, e certamente este era o caso de John. As mulheres pelas quais se sentia atraído (e que atraía) pareciam passivas e dóceis. Permitiam que John esbravejasse e raramente o interrompiam ou questionavam – até o explosivo momento em que o relacionamento se dissolvia e John voltava a se sentir sozinho e invisível. Foi seu último rompimento, que culminou com ele quebrando violentamente uma dúzia de pratos de vidro, o que o levou à jornada de cura.

Ao ser apresentado ao conceito de imaturidade emocional, John se sentiu envergonhado. Detestou ver como essas palavras se aplicavam totalmente a ele. Foi algo tão chocante que ele parou de pensar no assunto por algum tempo. Às vezes, a conscientização pode ser algo repentino e incômodo. Mas ele acabou mergulhando a fundo na prática meditativa, aumentando seu tempo diário de cinco para dez e, por fim, para vinte minutos. Seus limites, que nem ele sabia não estarem bem definidos, tornaram-se uma paixão para ele. Ele fez uma lista das pessoas de sua vida e de quais eram suas necessidades nos relacionamentos que tinha com elas. Começou então a se esforçar para mudar as próprias expectativas nessas relações. Quando sentimentos difíceis surgiam, ele trabalhava para enfrentar a dor e a irritação, em vez de externá-las para os outros.

Hoje, John não ousaria se classificar como "maduro" (o que considero um sinal de sua crescente maturidade), mas fez progressos incríveis. Ele continua a lutar contra a reatividade – sobretudo em situações que ativam traumas de infância em que se sente julgado ou incompreendido – só que agora tem ferramentas para ajudá-lo a lidar com isso. Quando surge algum sentimento difícil, como a raiva, ele o vê como uma resposta fisiológica que não reflete *quem ele é* e tem mais capacidade para deixá-lo passar por seu corpo sem agir em resposta. John continua a trabalhar com vendas, mas agora é também um praticante licenciado de meditação, que diz ser sua paixão (seu quarto pilar reparador). E trabalha sua reatividade todos os dias. Faz parte de sua rotina.

A MATURIDADE EMOCIONAL QUE SE ESTENDE PARA FORA

Quando somos confrontados com situações estressantes, que sobrecarregam nossos recursos, nossa maturidade emocional é testada. John explica que avalia constantemente suas respostas, procurando pistas de sua imaturidade, pronta para ressurgir em meio às camadas de enfrentamento e reparentalização. Isso ocorre várias vezes, apesar de seus melhores esforços. Para termos uma boa noção de quando estamos nos aproximando do limite de nossos recursos internos para lidar com o estresse – ou do que acaba nos levando ao limite –, pode ser interessante pensar sobre responsabilidade. Quando a vida se torna estressante ou após termos um momento de reatividade induzida pelo estresse, é bom entrar em contato com eventos que impactaram nossas experiências. Eis algumas perguntas que podem nos ajudar a controlar nossa reatividade:

O que posso aprender a respeito de mim mesmo com o que aconteceu?

Que padrões me trouxeram aqui?

Como posso aceitar o mal-estar e crescer com ele?

Como posso aprender a aceitar críticas sem torná-las uma verdade absoluta?

Como posso perdoar a mim mesmo e aos outros?

Quanto mais aprendemos sobre nossas próprias responsabilidades, mais forte será nossa fé em nosso Eu. Isso permite o fracasso. Permite flexibilidade e perdão quando inevitavelmente saímos do caminho. Quando temos autoconfiança, sabemos que o caminho ainda existe e está ao nosso dispor. Essa é a essência da responsabilidade própria, que leva ao empoderamento.

Você também cairá do cavalo. Haverá semanas em que estará cansado demais para fazer qualquer coisa. Haverá momentos em que será testado e reagirá com atitudes que o envergonharão. Sempre que um novo estresse surge em sua vida – um parente seu está doente, você acabou de trazer um novo bebê para casa ou está passando por um término –, suas ferramentas podem ir para o ralo. Todos temos nossos momentos de imaturidade emocional. Isso é humano. Nosso acesso à maturidade emocional muda conforme mudamos, respondendo segundo nosso ambiente, nosso estado hormonal, nossa fome ou nosso cansaço. Seu objetivo é se empoderar com a capacidade de tomar sempre a melhor decisão para seu estado emocional de acordo com as mudanças do mundo ao redor.

Maturidade emocional não é uma fase a ser vencida como em um videogame (você agora é um ser humano totalmente realizado, parabéns!). Não é um estado mágico. A mensagem subjacente não é a de um estado de existência iluminada, mas de trabalho e de perdão a si mesmo que, no fim, o levará a uma maior comunhão consigo mesmo.

ENTRE EM AÇÃO: DESENVOLVA MATURIDADE E RESILIÊNCIA EMOCIONAL

1º passo. Reconecte-se com suas emoções e as redescubra. As emoções são eventos que acontecem em seu corpo, acompanhados por alterações nos hormônios, nos neurotransmissores, nas sensações e na energia. Seu corpo responde a diferentes emoções de diferentes formas. Para desenvolver a capacidade de identificar (e por fim tranquilizar) seus sentimentos, você deverá se familiarizar com as diversas respostas de seu corpo a diversos eventos emocionais.

Para fazer isso, eu o encorajo a desenvolver um novo hábito diário de se conectar com seu corpo. Para ajudá-lo nesse processo, use o roteiro de meditação que se segue. (Aqueles que preferirem uma versão em áudio podem acessar meu site, yourholisticpsychologist.com, em inglês.)

MEDITAÇÃO DE CONEXÃO CORPORAL

Praticar esta meditação ao longo do dia o ajudará a ficar conectado ao estado emocional, em constante mudança, de seu corpo. Para começar, encontre um lugar tranquilo e uma posição confortável para se sentar ou deitar pelos próximos minutos.

Fixando-se no momento presente, comece a voltar sua atenção para si mesmo e para sua experiência interior. Caso se sinta mais confortável assim, feche suavemente os olhos ou fixe o olhar em algum lugar.

Respire fundo, até encher bem os pulmões... sinta seu ventre inflar... passe alguns momentos soltando o ar lentamente... repita... sinta seus pulmões se encherem, expandindo-se com o ar... expire bem devagar. [Você pode repetir essa respiração pelo tempo que quiser, enquanto observa seu corpo mergulhar um pouco mais na experiência da meditação.]

Quando se sentir pronto, volte a atenção para seu corpo físico e todas as sensações presentes. Começando pelo topo da cabeça, observe se sente tensão, rigidez, calor, formigamento ou relaxamento. Passe alguns momentos na cabeça, no pescoço e nos ombros, depois vá descendo, notando toda e qualquer sensação presente nos braços e nas mãos. Desloque a atenção um pouco mais para baixo, observando a área do peito e do estômago. Desça pela parte superior e inferior das pernas e termine nos pés e nos dedos dos pés. [Mais uma vez, passe o tempo em que se sentir à vontade nessa varredura corporal.]

Gaste o máximo de tempo se reconectando a qualquer área que exija atenção. Quando se sentir pronto, volte a se concentrar na respiração, expandindo-a gradualmente para o ambiente ao redor enquanto observa as imagens, os sons e os aromas presentes no momento.

DFE: FAZENDO UM CHECK-IN EMOCIONAL DO CORPO

Para ajudá-lo nesse processo, você pode usar o seguinte exemplo (ou criar um semelhante):

Hoje estou praticando estar consciente das mudanças no estado emocional do meu corpo.

Sou grato pela oportunidade de trabalhar para me tornar mais maduro emocionalmente.

Hoje estou me conectando com meu corpo, o que me ajudará a entender minhas emoções.

Mudanças nesta área me permitirão me sentir mais conectado com o meu mundo emocional.

Hoje estou treinando reservar momentos ao longo do dia para verificar as sensações do meu corpo.

2º passo. Ajude seu corpo a voltar ao equilíbrio. Agora que está ficando mais consciente das mudanças em seu corpo que são resultantes de suas emoções, você pode começar a desenvolver práticas para ajudá-lo a retornar ao estado inicial. Lembre-se de que cada pessoa é diferente e responderá de maneira diferente às atividades abaixo. Reserve algum tempo para explorar as várias formas de acalmar suas emoções. Pode ser necessário passar algum tempo executando essas atividades para saber quais funcionam melhor para você.

Existem dois conjuntos principais de ferramentas de enfrentamento: as que servem para acalmar e as que servem para resistir.

- **Atividades para acalmar:**
  - *Tomar um banho.* A água morna pode ajudar a acalmar o corpo. (Se tiver uma banheira em casa, você pode acrescentar sais de banho para aumentar o relaxamento muscular.)
  - *Fazer automassagem.* Basta massagear os pés ou a panturrilha. Existem vídeos no YouTube que ensinam os diferentes pontos de pressão que podem ajudar a aliviar o estresse.
  - *Ler.* Pegue aquele livro ou aquela matéria que você nunca tem tempo para ler.

- *Ouvir, tocar ou escrever música.* A escolha é sua!
- *Aconchegar-se.* Pode ser com qualquer pessoa ou qualquer coisa, como um animal de estimação, seus filhos, seus amigos, seu parceiro ou um travesseiro confortável.
- *Fazer exercícios* (se possível). Pode ser de qualquer tipo!
- *Expressar suas emoções.* Tente gritar em um travesseiro, no chuveiro ou ao ar livre – em um grande espaço vazio, para não ativar o sistema nervoso de um vizinho!
- *Escrever.* Escreva uma carta, uma anotação no diário ou um poema sobre o que está sentindo. (Tente não usar esse tempo para escrever sobre o evento de ativação ou você continuará a ativar as reações fisiológicas do seu corpo.)

- **Atividades para resistir:**
    - *Descansar.* Sim, mesmo que isso signifique cancelar planos.
    - *Orientar-se.* Usando seus cinco sentidos, direcione a atenção para o que você pode ver, cheirar, tocar, saborear ou ouvir em seu ambiente. Isso o ajudará a manter uma presença mais plena no momento presente.
    - *Fazer exercícios de respiração.* Basta colocar a mão na barriga e respirar fundo duas ou três vezes, sentindo seus pulmões se expandirem e contraírem, e observando quaisquer mudanças na energia de seu corpo. Existem inúmeras práticas guiadas que podem ser encontradas no YouTube ou no Spotify.
    - *Passar algum tempo em contato com a natureza.* Volte sua atenção para a experiência completa do ambiente externo e observe as diferentes energias fortalecedoras e calmantes presentes.
    - *Meditar ou orar.* Isso pode incluir qualquer envolvimento com alguma prática espiritual ou religiosa.
    - *Recitar afirmações ou mantras.* Repita para si mesmo afirmações intencionais. Alguns exemplos são "Eu estou seguro", "Eu estou no controle", "Eu estou em paz".
    - *Distrair-se.* Redirecione sua atenção para qualquer

coisa, exceto suas emoções. Sim, você leu corretamente. Você pode escolher quanta atenção dá às suas emoções, contanto que não as deixe de lado *sempre*!
- *Obter apoio*. Procure alguém com quem se sinta seguro. Ter alguém disponível para ouvir ativamente seus pensamentos e sentimentos pode ser muito útil.

Ao perceber que precisa de alguém que o escute ativamente (em vez de dar conselhos, como fazem muitos amigos bem-intencionados), é útil que você dê essa informação antes de começar a falar. Lembre-se de que isso é diferente de desabafar, situação na qual você apenas revive repetidamente o evento de ativação, muitas vezes ficando preso a ele.

TREZE

Interdependência

Você nunca termina de desenvolver sua maturidade emocional. É um processo evolutivo diário de autoconsciência e aceitação. Haverá períodos de crescimento e períodos de retroação, que testarão o progresso que você fez. Na verdade, enquanto estava escrevendo este capítulo, eu mesma fui testada.

Foi uma semana difícil. Eu estava cansada, sobrecarregada e me sentindo exaurida quando me deparei com um desconhecido me criticando agressivamente na internet. Eu me senti tão desmoralizada que se visse mais um comentário começaria chorar. Senti vontade de arrumar minhas coisas e fugir da vida que havia construído, pois detestava ser mal interpretada de forma tão grosseira.

Em vez disso, fui remoer as mágoas. Sentei-me no sofá e comecei a rolar o feed do Instagram em busca de outros desafios que pudessem me irritar e me rasgar por dentro, acumulando mais mágoas.

"Levante-se", incentivou-me Lolly. "Vamos à praia."

Não se tratava apenas de um motivo para eu sair de casa e interromper minha crise de autocompaixão. Era um dia especial em Venice Beach, uma oportunidade única de vermos as ondas iluminadas pela bioluminescência de um tipo especial de algas. Ainda assim, recusei o convite.

Lolly foi para a praia e me deixou ruminando as mágoas. Enquanto me afundava em autocompaixão, fui ficando cada vez mais irritada, até que meu ego indignado criou uma história: *Como é que pode, ela sempre vai embora quando as coisas ficam difíceis. Isso é um absurdo!* Embora eu lhe tivesse dito que fosse sozinha, minha mente criou uma história em que ela era a traidora e eu, a traída. Eu já havia me observado o suficiente, àquela altura, para perceber que era apenas uma história do ego, uma projeção da mágoa interior contra a qual eu lutava desde criança – minha crença central: *Ninguém me dá importância*. Isso me levou a um lugar ainda mais sombrio: *Eu sou muito ridícula. Lolly não consegue nem ficar perto de mim.* Minha mente começou então a orbitar em torno de um único pensamento: *Estou sozinha. Estou sozinha. Estou sozinha.*

Eu observava todo esse diálogo interno, mas não conseguia reunir energia para sair do pensamento cíclico. Assim, deixei minha criança interior permanecer amuada por mais uns minutos. Por fim, levantei a cabeça e comecei a aplicar as ferramentas que aprimorei (e compartilhei aqui com você). Iniciei com a respiração, tornando-me consciente do ar entrando e saindo de meus pulmões. Observei isso. Depois relacionei as respostas fisiológicas em meu corpo: o choque de agitação, a sensação nauseante de desapontamento e a indignação provenientes dos comentários negativos na rede social. Comecei então a nomear os sentimentos associados às sensações: raiva, medo, tristeza. Conforme eu lhes dava nomes, narrativas começavam a se propagar em torno deles, enchendo minha consciência. Quando meu ego começou a colher exemplos para provar como sou inútil, recostei-me em minha mente consciente, observando tudo sem fazer julgamentos, deixando os sentimentos irem e virem.

Com a mente consciente sob controle, perguntei-me: *O que posso fazer por mim mesma neste momento? Como posso lidar com essas "sensações ruins"?* Enquanto ia até a pia para lavar e arrumar alguns pratos, comecei a contar a mim mesma uma história oposta: *Eu mereço. Eu sou amada. Não estou sozinha, mesmo que esteja fisicamente sozinha neste momento.* Quando mergulhei as mãos na água quente com sabão e foquei minha atenção no ato físico, minha energia emocional foi descarregada para fora, deixando-me espaço suficiente para observar meu estado emocional como de fato era: *Eu estou cansada, estou trabalhando demais e deixei que as críticas de outra pessoa me fizessem ter um colapso emocional. Não quero ficar aqui emburrada. Quero estar com minha parceira, contemplando algo lindo.*

Pensei então que eu tinha duas opções: ou ficava empacada ali, tentando purificar meus sentimentos, ou me afastava da atração instintiva pelo que era familiar para fazer o que prometera a mim mesma naquele dia: contemplar as incríveis ondas azuis. Optei por deixar meu casulo de autocomiseração.

Quando cheguei à praia, avistei Lolly observando o mar incrivelmente azul. Rodeada por dezenas de outras pessoas, recebia o majestoso presente que a Mãe Natureza tinha nos dado. Juntei-me a ela e contemplamos o mar brilhante, quase sobrenatural, em silêncio.

Eu ainda era uma criança magoada, ainda sofria e me sentia incompreendida, mas não estava sozinha, prisioneira de meus próprios pensamentos e sentimentos. Estar ali, na praia, teria sido impossível se eu tivesse permitido que a narrativa me engolisse. Nada daquela beleza teria chegado a mim.

Aquele momento na praia representou muito mais que minha maturidade emocional. Refletiu meu estado emocional em relação aos outros, especialmente as pessoas que mais amo. Esse é o objetivo final do estabelecimento de limites, do encontro de nossa criança interior e de nossa reparação: levar-nos a um honesto estado de comunhão.

À medida que modificamos nossa mente e acessamos nosso Eu autêntico, criamos alegria, criatividade, empatia, aceitação, colaboração e, eventualmente, união com nossa comunidade. O dr. Steve Taylor, a quem nos referimos no capítulo 11, encontrou efeitos semelhantes no amor, na compaixão, no conhecimento profundo e na calma interior em todos os despertares que estudou. Esses elementos são a essência do que é chamado de interdependência, um estado de autenticidade e conexão que representa o testemunho final do poder da cura holística. O trabalho desenvolvido até agora nos conduziu a este momento – no qual adquirimos a capacidade de incorporar a unicidade, o que nos faz retroagir a um estado de pura consciência e conexão com tudo o que existe. Estamos literalmente transformando nossa mente e nosso corpo, e retornando à mais pura expressão de nossa alma. Encontramos a divindade em nós mesmos, a qual se estende ao mundo ao redor.

ENCONTRANDO A COMUNIDADE SELFHEALER

Ainda não falei sobre uma peça central no quebra-cabeça da minha jornada de cura: encontrar minha comunidade. Esse é o objetivo do eu interdependente. Comunidade é um conceito muito mutável. Algumas pessoas a encontram nas redes sociais, outras em sua vizinhança e outras, ainda, em igrejas, escolas ou em outros contextos. Descobri a minha durante aquele solitário período de autoexploração, quando percebi que existiam poucas pessoas dispostas a aceitar minha nova consciência. Eu me sentia extremamente só, como se Lolly e eu fôssemos as únicas pessoas acordadas em um mundo adormecido. Quando criei limites, no processo de reparentalização, abandonei alguns relacionamentos que não me serviam, cortando laços com algumas pessoas que antes considerava parte de minha comunidade. E comecei a fazer escolhas que iam contra a estrutura social – chega de happy hour, chega de me sobrecarregar criando planos, chega de noitadas que atrapalhavam meu sono e minha rotina matinal.

Fui muito longe. E estava muito orgulhosa. Minha voz intuitiva me incentivava a me conectar com outras pessoas e com o mundo à minha volta. Não era gratificante me afastar de todo mundo. Eu precisava encontrar meu povo, compartilhar minhas ideias e aprender com os outros. Foi quando Lolly sugeriu que eu começasse a falar na internet sobre minhas experiências. Na época, eu ainda estava na Filadélfia, trabalhando como terapeuta no modelo convencional, e precisava manter meu trabalho. Temia que minhas crenças não só me afastassem de muitos dos meus colegas como também de alguns dos meus clientes mais antigos, afinal eu ainda precisava pagar as contas. Mas não havia autenticidade na expressão do meu Eu. Meu desejo de conexão foi o principal impulso para que eu falasse sobre minha jornada no Instagram, enquanto procurava outras pessoas que entendessem a linguagem do SelfHealing e se relacionassem com esse novo mundo de bem-estar holístico. Iniciei o The Holistic Psychologist em 2018, e a resposta foi quase imediata. Várias outras pessoas, tão famintas por conexões quanto eu, tinham experiências e conhecimentos muito semelhantes. Exércitos delas estavam dispostas a se engajar nesse trabalho profundo. O conhecimento se propagou e outra ideia surgiu: formar uma comunidade segura, que promovesse o maior espaço possível para a cura. Os números continuaram a subir. Cada pessoa que se juntava às fileiras dos SelfHealers confirmava minha fé na mensagem, proporcionando-me confiança para me dedicar totalmente à afirmação dos conceitos da psicologia holística.

Quando abracei o papel de professora, compartilhando informações à medida que as incorporava em minha própria vida, a comunidade se expandiu e continuou se doando. Foi a criação conjunta e consciente de uma nova comunidade de almas irmãs, em uma jornada de volta à sua verdadeira essência. Pessoas de todo o mundo passaram a compartilhar suas ferramentas e práticas. E quanto mais eu compartilhava as minhas, mais pessoas se juntavam a nós, falando sobre as próprias experiências de cura. Eu me adaptava e evoluía cada vez mais, e a comunidade refletia esse crescimento, numa espécie de corregulação em grande escala. Essa troca interpessoal foi a interação mais profundamente gratificante da minha vida. Encontrei meu povo – e ao fazê-lo, descobri o poder de minha voz, minha missão, meu propósito superior e meu eu interdependente.

O PODER DA COMUNIDADE

Pesquisas revelam que três em cada cinco americanos se sentem solitários.[83] Eu diria que esses números são baixos, pois muita gente tem vergonha de admitir que está sozinha. Admitir que nos sentimos sozinhos nos torna vulneráveis e parece expor algumas deficiências essenciais: *Não sou amado porque não sou digno de ser amado*. Isso é algo que ressoa profundamente em mim, como estou certa de que acontece com muitas outras pessoas.

Todos derivamos de uma vida tribal. Nossos ancestrais, independentemente da origem, viviam em grupos, o que lhes garantia segurança, divisão de trabalho, redução do estresse e apoio em todos os aspectos da vida. Todas as pessoas, sejam individualistas ou coletivistas, precisam de outras pessoas para prosperar. Nosso corpo e nosso cérebro foram moldados para criar conexões.

A conexão é inerente à condição humana. Sem ela, não podemos sobreviver. Eis por que os pesquisadores constataram que a epidemia de solidão dos tempos atuais é, na verdade, um problema urgente de saúde pública. A solidão aumenta as taxas de doenças autoimunes e crônicas da mesma forma que o trauma. O dr. Vivek Murthy, ministro da saúde dos Estados Unidos nos governos Obama e Biden, escreveu em seu livro *Together: The Healing Power of Human Connection in a Sometimes Lonely World* (Juntos: O poder de cura da conexão humana em um mundo às vezes solitário) que a solidão está "associada a riscos maiores de doenças cardíacas, demência, depressão, ansiedade, distúrbios do sono e até morte prematura".[84] É claro que a falta de conexão nos prejudica mais do que apenas psicologicamente.

Estudos indicam que relacionamentos ambivalentes (aqueles nos quais nosso vínculo é emocionalmente conflituoso) têm os mesmos efeitos prejudiciais em nossa saúde física e mental que a solidão. Mais da metade de todos os casais veem seus cônjuges de forma ambivalente, de acordo com o livro da jornalista Lydia Denworth, *Friendship: The Evolution, Biology, and Extraordinary Power of Life's Fundamental Bond* (Amizade: A evolução, a biologia e o extraordinário poder do elo fundamental da vida). Acredito que os relacionamentos ambivalentes são frequentemente vínculos traumáticos, que não se baseiam na autenticidade. E como poderiam se basear? Se você vive de acordo com seus desejos e necessidades, como pode escolher passar sua vida com alguém de quem não gosta? Muitos dos nossos relacionamentos, mesmo os mais próximos, não servem ao nosso Eu autêntico por não nos manterem conectados com nossa intuição.

Felizmente, aqueles que dispõem do apoio de parceiros, de amigos e da comunidade percebem efeitos opostos no bem-estar: são mais felizes, mais saudáveis e vivem mais. Encontrar sua comunidade, portanto, é algo que não pode ser deixado ao acaso. Você pode encontrá-la mesmo que ela não esteja diante de sua porta. Estudos têm demonstrado que conexões on-line podem ser tão significativas quanto as fisicamente próximas.[85] Entre na internet e encontre sua comunidade. Acredite em mim, ela estará lá.

AMIZADE AUTÊNTICA

A interdependência, um estado bidirecional de conexão autêntica, é o ato de estarmos separados, mas juntos. Somente quando eu for um todo unificado serei capaz de me conectar autenticamente com os outros de maneiras que *atendam às mútuas necessidades espirituais, emocionais e físicas*. É claro que nem todos os relacionamentos nos beneficiam do mesmo modo, e nem todos os relacionamentos são recíprocos na mesma medida. Mas após expressarmos nossas necessidades e estabelecermos abertamente nossos limites, poderemos entrar em uma arena segura. Quando confiamos em nosso mundo interior, sabendo que temos as ferramentas para enfrentar as diversas provações que a vida traz, temos condições de refletir essa confiança em nossa comunidade. A forma como somos para nós mesmos informa o modo como somos para os outros e vice-versa. Tudo está interligado.

Para vivenciar relacionamentos autênticos, você precisa corporificar a própria autenticidade. Só então sentirá e responderá ao alerta de sua intuição, que lhe dirá: *Esta é a pessoa com quem você deve se conectar*. Tenho certeza de que isso já lhe aconteceu. Às vezes, basta um olhar e você percebe: *Essa pessoa está destinada a fazer parte da minha vida*. Trata-se de uma vibração em sua alma o informando que você deve entrar em contato com aquele indivíduo.

Isso aconteceu comigo após passar anos trabalhando para me reconectar comigo mesma. Conforme fui espalhando minhas mensagens de cura, passei a me sentir mais alinhada comigo mesma, mais confiante em meus próprios recursos internos. Foi o suficiente para saber que, embora talvez não alcançasse todas as pessoas, minha mensagem alcançaria as pessoas certas.

Foi nesse momento que conheci Jenna, que chegou à comunidade Self-Healers logo no início. Mesmo que apenas pela internet, eu sentia nossa conexão e sempre gostava de seus comentários. Esse alerta intuitivo me acenava pela interface digital.

Após a primeira meditação pública gratuita da criança interior, realizada em Venice Beach – meu primeiro evento como psicóloga holística, sobre o qual escrevi no prefácio do livro –, uma fila se formou. Comecei a cumprimentar as pessoas, sentindo-me emocionada com a manifestação de gratidão. Algumas horas depois, quando a fila acabou, avistei uma mulher que havia esperado até o fim e sorria para mim com as mãos pousadas na altura do coração. Em meio ao mar de rostos senti aquele alerta intuitivo novamente. Antes mesmo que ela dissesse qualquer palavra, fui tomada por uma onda de familiaridade, como se já a conhecesse, como se nossas almas já estivessem em comunhão profunda.

"Eu sou a Jenna", disse ela.

Eu mal consegui acreditar. Minha intuição havia apontado para ela em meio a uma multidão. Então conversamos, ambas animadas com aquela conexão. Quase espontaneamente, ela me entregou suas cartas do oráculo, um baralho com belas ilustrações. A generosidade do presente – a doação de uma parte íntima de si mesma, na verdade – significou muito para mim. Mantive o baralho comigo em todas as mudanças de vida que se seguiram. Foi uma das poucas coisas que levei quando me mudei da Filadélfia para a Califórnia, um ano depois.

Alguns meses após a meditação, Lolly e eu lançamos o SelfHealers Circle (Círculo de SelfHealers), uma comunidade virtual que faculta o acesso à estrutura e às ferramentas diárias para a cura autoguiada. No dia do lançamento, algo incrível aconteceu: em uma hora, 6 mil pessoas se inscreveram e nosso sistema travou. Dois dias depois, percebendo que tinha ido muito além da minha capacidade, eu estava à beira de um colapso nervoso. A procura estava grande demais. Não estávamos preparadas para resolver tudo por conta própria.

Quando eu estava prestes a enterrar a cabeça na areia e desistir, Jenna me enviou uma mensagem do nada, dizendo que estava seguindo um forte impulso para entrar em contato. "Estou comprometida com esse movimento. Sabemos que um novo mundo é possível e o estamos criando em conjunto. Minha alma foi chamada para isso. Estou aqui para apoiar você e o futuro desse movimento. Vamos conversar." Foi como se o universo estivesse dando uma piscadinha para nós três, acenando com a cabeça e dizendo: *Sim, vou continuar a colocar as pessoas certas no caminho de vocês quando estiverem receptivas a elas.*

Um dia depois, Jenna se tornou a primeira pessoa a se juntar à nossa equipe. Desde então, tornou-se parte integrante de cada peça do movimento holístico de bem-estar. Posso dizer sem qualquer dúvida que, para que essa conexão fortuita acontecesse, foi preciso que nós duas acessássemos nossas vozes intuitivas. Quando você está alinhado, atrai pessoas sintonizadas.

O "NÓS" COLETIVO

Como agora sabemos, entramos no mundo como se fôssemos uma esponja. Aprendendo a navegar e sobreviver no desconhecido, adquirimos nossa individualidade e nos definimos em relação aos outros. *Somos isso, não aquilo. Gostamos dessas coisas, não daquelas.* Tal separação surge como uma narrativa que estabelece: "nós" contra "eles" e "fora" contra "dentro". Para quem (como eu) cresceu em uma família codependente, essa narrativa de comparação – *nós* no lado de dentro, em segurança, e *eles* no lado de fora – é uma parte particularmente arraigada de nossas identidades centrais.

À medida que nos curamos, voltamos a nos conectar com o Eu autêntico que nos caracterizava em nossa infância. Muitos de nós não podem nem pensar em retornar a esse estado de vulnerabilidade, pois nosso ego é tão sensível, tão focado em nos manter seguros e protegidos, que a história de quem somos está ligada à oposição do "outro". Nesse estado, muitas vezes não nos sentimos seguros o suficiente para acessar o "nós" coletivo ou a interconexão de todos os humanos. O processo de tirar as camadas de nossa psique, aprender sobre nosso condicionamento, separar-nos de nossas crenças e observar nossos estados corporais nos permite apreciar nossa semelhança não só com aqueles que amamos, mas também com nossas comunidades e com o restante do mundo.

Quando todos tiverem essa mentalidade coletiva, começaremos a evoluir para uma sociedade altruísta e recíproca. O altruísmo parece oposto ao impulso evolutivo de "sobrevivência do mais apto", mas na verdade tem sido fundamental para a sobrevivência da espécie humana.

Nos primórdios da nossa espécie, a expressão única de cada indivíduo fazia com que as necessidades da comunidade toda fossem atendidas. Cada peça do quebra-cabeça tinha uma função. Quando fazemos parte do Nós coletivo, as necessidades de um são as necessidades de todos.

Mas só podemos participar dessa expressão de unidade coletiva quando nosso sistema nervoso está receptivo à conexão. Ou seja, devemos estar em um estado de calma e equilíbrio para sermos capazes de nos conectar com os outros e cuidar deles. Quando estamos sintonizados no feliz modo de engajamento social, em um ambiente estável e confortável, nossos níveis de estresse diminuem, o nervo vago nos desloca para nosso desejado repouso e entramos em um estado supremo de expressão, espontaneidade, cura e conexão. Para alcançarmos uma noção de verdadeira unidade, nosso corpo deve se sentir totalmente seguro.

Como aprendemos nos capítulos anteriores, nossa fisiologia comunica esse nível de segurança às outras pessoas por meio do processo de corregulação. Nosso estado interno muitas vezes é espelhado por aqueles que nos rodeiam, tornando nosso mundo interno contagiante. Quando nos sentimos seguros, os outros também se sentem seguros. O problema é que o inverso também vale, e isso é o que mais prejudica uma conexão.

Como o sistema nervoso de muitos de nós vive desregulado, somos incapazes de nos sentir seguros o bastante para nos conectarmos com outras pessoas. Isso, por sua vez, nos deixa mais solitários, mais doentes e menos capazes de lidar com os desafios da vida. Quando esse círculo vicioso perdura, mergulhamos rapidamente na desconexão e contraímos doenças de todos os tipos. Trata-se do pior tipo de enrascada. Ficamos presos a reações de luta, fuga ou imobilização, o que torna fisiologicamente impossível a formação de laços autênticos. Esse estado se reflete naqueles ao nosso redor, que não conseguem deixar de internalizá-lo, o que contribui para a epidemia global de solidão e desconexão. A incapacidade de conexão com outras pessoas não ocorre apenas com nossos familiares diretos e com nosso círculo de amizades, mas também no âmbito coletivo. Nenhum de nós está sozinho nessa luta. Você não é apenas uma engrenagem numa máquina. Seu estado interno molda as pessoas ao seu redor, para melhor ou para pior.

Quando estamos seguros e protegidos, ficamos confiantes para expressar nosso estado interno, mesmo que esteja desregulado ou seja negativo, sabendo que poderemos retornar à linha de base com a ajuda de nossa comunidade. Aqueles que nunca brigam ou discordam estão presos a um sistema desregulado que impede a manifestação do próprio estresse. Para adquirir intimidade você precisa expressar seu Eu autêntico (por mais sombrio que possa ser) sem medo de ser mal compreendido ou de enfrentar reprovação ou retribuição. Quando estamos em um espaço seguro de respeito mútuo, podemos expressar nossas divergências e ainda assim retornar à homeostase. A certeza de que temos um estado fundamental de repouso ao nosso alcance nos proporciona flexibilidade para tolerar o desconforto. Esses ciclos de experiência – com momentos de desregulação que nos conduzem a momentos de correpulação – nos ajudam a desenvolver uma crença e uma confiança que são fundamentais para nossos recursos internos.

É importante observar que esse retorno à segurança é quase impossível para muitos negros, indígenas e outras pessoas racializadas que possuem sistemas desregulados e nunca dispuseram de segurança e equilíbrio. Esses indivíduos continuam presos a um sistema que está desequilibrado desde sua concepção – e já passou da hora de criarmos comunidades seguras para todos.

Todo mundo merece a chance de desenvolver a elasticidade necessária para metabolizar os variados estresses da vida e retornar a um estado de segurança. Quando promovemos nossas conexões de apoio e nos envolvemos conscientemente com nosso mundo interior, todos se beneficiam. Essa é a essência da reciprocidade, que une toda a espécie humana. Não existe "nós" e não existe "eles".

Quando quebramos essas barreiras entre os indivíduos, nos tornamos receptivos a coisas que transcendem a compreensão humana, como entrar em comunhão com o Deus escolhido ou com os ancestrais, ter um filho, passar algum tempo na natureza ou mergulhar em um processo artístico. Trata-se de uma experiência de unidade em grande escala que também pode ser apreciada nos momentos mais simples, inspirando um sentimento sublime e indescritível de admiração.[86] Os pesquisadores descobriram que essa sensação advém de uma resposta evolutiva à incerteza. Isso encorajou nossos ancestrais a se conectarem com outras pessoas conforme vivenciavam e tentavam entender os muitos mistérios da vida. Quando assistíamos a um eclipse, por exemplo, a admiração unânime nos unia na apreciação da beleza e do terror da vida, o que acabava nos proporcionando uma sensação de segurança.

A única forma de nos tornarmos receptivos à admiração é abrir nossa mente para as pessoas e o mundo ao redor. A verdade de nossa existência está na alma única que reside no âmago de cada um de nós. Nas palavras do chefe Alce Negro, da tribo Sioux Oglala: "A primeira paz, que é a mais importante, é aquela que vem da alma da pessoa quando ela percebe seu relacionamento, sua Unidade, com o universo e todos os seus poderes, e também quando percebem que, no centro do universo, mora o Grande Espírito, e que esse centro na verdade está em toda parte, dentro de cada um de nós."[87]

No início deste livro, comentei que experiências transcendentes raramente ocorrem dentro do contexto estereotipado do divino – no topo de uma montanha ou próximo a um riacho murmurante. Pode ser complicado alcançar a evolução espiritual. Depois de curar o corpo, a mente e a alma – e recuperar a capacidade de se conectar com o Universo –, a transcendência, em suas infinitas formas, se tornará acessível a você. Depois que tirar as camadas de seu ego e se conectar com a parte mais pura e autêntica de si mesmo, depois de alcançar sua comunidade em um estado de receptividade aberta, o despertar acontecerá. É nesses momentos que a verdadeira iluminação e a verdadeira cura são possíveis.

Quando se cura, você também cura o mundo ao seu redor.

ENTRE EM AÇÃO: AVALIE SEUS RELACIONAMENTOS INTERDEPENDENTES

Para muitos de vocês, especialmente se tiveram um condicionamento de codependência, como eu, o desenvolvimento de relações interdependentes leva tempo. Mas você pode começar executando os seguintes passos relacionados abaixo.

1º passo. Avalie sua interdependência atual (ou a falta dela). Para ganhar consciência, reserve algum tempo para observar seu nível atual de interdependência, avaliando a si mesmo nas seguintes áreas:

Você se sente à vontade para estabelecer e manter limites em todos os relacionamentos? Ou precisa passar um tempo identificando e definindo alguns novos? _____
_____

Você consegue efetuar uma comunicação aberta consigo mesmo e com os outros, mantendo espaço para um processamento emocional? Ou precisa passar algum tempo identificando as próprias emoções e decidindo quando deverá fazer uma pausa antes de se comunicar? _____
_____

Você se sente livre para falar sua verdade e expor sua realidade, mesmo quando elas não se alinham com as dos outros? Ou ainda imagina que a reação das pessoas vai acabar lhe despertando sentimentos de medo, vergonha ou culpa?
_____
_____

Você está seguro de suas intenções quando age? Sabe o que impulsiona suas escolhas? Consegue identificar o que busca em suas experiências e em seus relacionamentos? Ou precisa reservar um tempo para praticar a auto-observação?
_____
_____

Você consegue observar seu ego (e seu eu sombrio) sem dirigir todos os pensamentos? Ou precisa de mais prática para explorar esses aspectos de sua experiência diária? _____

_____

2º passo. Cultive a interdependência. Usando a listagem do 1º passo para determinar as áreas que deseja fortalecer, faça novas escolhas que apoiem sua meta de alcançar a interdependência. Começando com uma área, pratique definir uma intenção diária de criar mudanças, usando os exemplos a seguir.

_____

DFE: CRIANDO INTERDEPENDÊNCIA

Hoje estou praticando a criação de interdependência em meus relacionamentos.

Sou grato pela oportunidade de criar relacionamentos mais gratificantes.

Hoje estou me expressando com autenticidade e ainda me sentindo conectado aos outros.

Mudanças nesta área permitirão que eu me sinta conectado ao meu Eu autêntico e às minhas necessidades em todos os relacionamentos.

Hoje estou treinando falar minha verdade ao meu parceiro a respeito de como me senti sobre nossa recente discussão.

Agradeço muito a você por ter tido a coragem, a mente aberta e a fé necessária para fazer esta jornada comigo. Lembre-se de que este é um trabalho contínuo, que evolui e muda o tempo todo. Minha intenção é convencê-lo de que a cura é possível. Ao começar a trilhar este caminho, sua vida será um poderoso testamento dessa possibilidade. Vou me despedir com a seção a seguir, que é baseada na minha prática e deve ser usada de forma livre. Quero que você desenvolva uma prática exclusivamente sua. Use o que faça sentido para você e deixe o restante de lado. Você é seu melhor terapeuta.

UM DIA FAZENDO O TRABALHO DE AUTOCURA

EQUILIBRE SEU CORPO:

- Explore as necessidades físicas de seu corpo respondendo a estas perguntas:
  - Quais alimentos ajudam seu corpo a se sentir bem? E quais o fazem não se sentir bem?
  - De quanto tempo de sono (e em que período) seu corpo precisa para se sentir mais restaurado?
  - De quanto movimento (e quando) seu corpo precisa para liberar emoções armazenadas?
- Equilibre o sistema nervoso realizando trabalho polivagal diário (como respiração, meditação ou ioga).

EQUILIBRE SUA MENTE:

- Reserve mais momentos de conscientização e auto-observação diariamente.
- Identifique as histórias do seu ego e de seu eu sombrio, observando como sua narrativa sobre si mesmo impulsiona muitas reações emocionais e atitudes de enfrentamento.
- Cultive um relacionamento diário com sua criança interior e comece a se regenerar cultivando sua sábia figura parental interior, de modo a identificar e atender suas necessidades físicas, emocionais e espirituais.

RECONECTE-SE COM SUA ALMA:

- Vivencie e se reconecte com seus desejos e paixões mais profundos.
- Pratique expressar seu Eu autêntico em todas as áreas de sua vida.

EPÍLOGO

A caixa de pizza

Quando comecei a pensar em escrever este livro e a reunir todos os momentos significativos da minha vida profissional e pessoal que desejava compartilhar, havia muitas coisas das quais não conseguia me lembrar. Meu cérebro ainda estava lidando com as consequências do trauma da primeira infância, e meu corpo continuava lutando com as respostas do sistema nervoso, que me mantinham desligada e incapaz de acessar o passado. Havia muitos espaços em branco nas minhas memórias, e o que mais me irritou foi minha incapacidade de lembrar a citação exata que encontrei durante minha caminhada pelo Museu de Arte Rubin, em Nova York – aquela que abriu minha mente para o conceito de consciência e me dirigiu para uma forma totalmente nova de ser. Por mais que eu tentasse, por mais frases que eu pesquisasse e por mais catálogos de exposições que eu rastreasse em busca daquela citação, continuei sem encontrá-la.

Nesse meio-tempo, me mudei para a Califórnia, mas, quando comecei a desenvolver uma rotina, eu me vi retornando aos antigos padrões, em resposta à sensação de estar fora do meu elemento. Comecei a sentir saudades da minha antiga vida. Mesmo sabendo que não se adequava ao meu melhor eu, a velha Nicole ainda a achava segura e familiar.

Ao mesmo tempo que ocorria essa turbulência pessoal, a mensagem da psicologia holística se alastrava em todo o mundo, com mais de 4 milhões de pessoas seguindo minhas postagens nas redes sociais e se envolvendo com a causa em níveis que minha mente simplesmente não conseguia entender. Eu me sentia exultante, mas também oprimida. Minha criança interior, tão ansiosa para ser vista e amada, começou a tremer sob a pressão de tantos olhares. Eu temia ser mal interpretada e, quando isso inevitavelmente acontecia, me sentia um fracasso.

Foi quando uma pandemia global se abateu sobre o mundo e tudo ganhou contornos gritantes. Houve bastante dor, sofrimento e trauma. Estávamos todos juntos, trancados, lutando com todas as forças em um novo mundo que não fazia sentido. O estresse aumentava. Como tantos outros, eu me senti profundamente descomprometida com minha jornada – pela primeira vez em anos. Esta falta de compromisso se manifestou de pequenas formas. Por exemplo: parei de cozinhar para mim, um ato diário de autocuidado que eu valorizava. De modo geral, gosto de alimentar a mim mesma e às pessoas que amo, mas durante o confinamento não conseguia reunir energia para preparar uma refeição. Certa noite, examinando um aplicativo de delivery, Lolly, Jenna e eu decidimos pedir uma pizza. Encontramos um restaurante que oferecia massa sem glúten. Eu nunca tinha nem ouvido falar naquele estabelecimento. Portanto, nossa decisão se baseou apenas nas avaliações on-line.

A caixa com a pizza foi deixada na porta da frente. Notando algumas letras bonitas em sua lateral, peguei a caixa do chão. Quando li o que estava escrito, quase a deixei cair. Lá estava a citação, entregue à minha porta: "'Não nos lembramos dos dias, nós nos lembramos dos momentos', Cesare Pavese."

Era a citação que eu estava procurando, aquela que me colocara no caminho da autoexploração. Entre os milhões – bilhões? – de frases que existem no mundo, aquela voltou para mim como um eco, uma lembrança de quanto eu havia crescido. Lampejos do passado vieram à minha mente: o choro diante do mingau de aveia, a piscina onde desmaiei pela primeira vez, o triciclo que eu pedalava sob a mesa da cozinha na casa onde cresci. Tudo já estava lá, comigo, todas as partes de quem sou agora, de quem eu era naquela época e de quem me tornarei um dia. Deixei as palavras calarem fundo em mim, enquanto inspirava e expirava. A gratidão preencheu cada célula do meu ser.

Não posso dizer que a caixa de pizza me levou diretamente à próxima etapa do meu crescimento pessoal e espiritual, embora tenha me ajudado a fortalecer minha autoconfiança e minha percepção. Eu já estivera mal, magoada e inconsciente. Porém, apesar dos contratempos, agora vivia a citação. Acho honesto dizer que a caixa me deu confiança para fazer outra escolha consciente: decidi que era hora de retomar o contato com meus familiares.

Precisei estabelecer um limite rígido e cortar o contato com eles para descobrir quem eu realmente era sem a avassaladora presença deles. Pela primeira vez, fui capaz de ver a mim mesma: vi minhas forças, vi minhas vulnerabilidades, conheci minha criança interior e aceitei minhas mágoas. Impus a comunicação zero porque não confiava em mim mesma. Sabia que, atrás de mim, havia uma escorregadia ladeira de retorno à codependência. Os limites rígidos me ajudaram a me conectar com meu Eu autêntico, o que me permitiu uma conexão mais honesta com os outros – e, finalmente, com todos vocês. A situação era perfeita para uma tentativa de reconexão. Um momento "agora ou nunca".

Tudo começou com uma carta, curta e simples. Basicamente dizia: *Estou pronta para me reconectar, se vocês estiverem dispostos a trabalhar para, juntos, criarmos um novo relacionamento.* Foi um reconhecimento de que eu estava preparada para retomar a comunicação. Meus familiares responderam. Pareceram hesitantes, mas dispostos a aceitar a proposta, e me informaram que também haviam aproveitado o intervalo como uma oportunidade para iniciar um processo de cura.

Não sei como será esse novo relacionamento. Estou me permitindo uma flexibilidade de escolha. Estou me dando um presente de abertura e curiosidade, de modo a explorar as possibilidades de um relacionamento que emerge de minha autoconfiança e meu amor-próprio. E estou animada para descobrir o que isso pode ou não trazer.

A cada momento, fazemos uma escolha: podemos viver no passado ou olhar adiante e imaginar um futuro diferente. Quando retornamos a um sistema, nossa tendência é retomar os antigos padrões – independentemente de quanto trabalho fazemos por conta própria. Somos tentados a abraçar o familiar condicionamento subconsciente. Também podemos optar pela abertura de uma porta desconhecida e incerta. Sei agora que, se esse caminho não me servir, vou conseguir dar meia-volta, fechar a porta e escolher outra porta para abrir.

No momento em que escrevo este livro, todos já mudamos, cada um a seu modo. Minha irmã começou sua própria jornada de autocura e eu, em vez de frequentar a terapia familiar, passei a reconstruir o relacionamento com meus familiares na vida cotidiana. Outro dia, quando meu pai não estava em casa, liguei para minha mãe no intuito de aliviar a solidão que sabia que ela estava sentindo. Não fiz isso por nenhuma obrigação, mas porque queria fazer. E me senti bem.

Ainda estou me equilibrando na ponte instável de querer apoiar minha família, mas faço isso de um modo que funciona para mim. Dando um passo de cada vez, consulto minha intuição em todas as interações. Agora tenho fé de que, no final, farei a escolha certa para mim.

É esta a função do trabalho de cura: empoderar pessoas com a capacidade de escolha. Podemos escolher como tratamos nosso corpo, como nos relacionamos, como criamos nossa realidade e visualizamos nosso futuro. Seja qual for seu caminho – contanto que o tenha escolhido conscientemente e confie em si mesmo –, você estará pronto para qualquer resultado. Não existem mapas, rumos, gurus nem sábios. Não existem pílulas mágicas que o curem.

Sou uma criadora poderosa do meu mundo. Minha energia e meus pensamentos moldam o mundo à minha volta. Sim, existem coisas fora do meu controle, mas temos poder sobre a maneira de vivenciar o mundo. Podemos mudar o modo de cuidar de nós mesmos. Podemos mudar a forma de interpretar nosso ambiente e nos relacionar com os que amamos. Podemos mudar o modo de nos conectar ao nosso Eu e, ao fazê-lo, mudar a maneira de nos conectar com o universo. Sempre há uma oportunidade de crescer, evoluir e inspirar que se propaga para o coletivo. O objetivo deste livro é nos devolver à nossa essência autêntica, à nossa consciência pura, à personificação de quem éramos antes que nossos condicionamentos assumissem o controle. Queremos nos reconectar ao Nós coletivo e, ao fazer isso, acessar o poço profundo do autoempoderamento dentro de todos nós.

Ninguém pode prever o futuro. Temos nossa intuição, nossa autoconfiança e nossas emoções, informações que podem nos ajudar a fazer as melhores escolhas. É disto que se trata a cura: desenvolver nossa capacidade de escolher e de confiar nas ferramentas que usamos para realmente viver esta vida transitória. Aconteça o que acontecer.

Agradecimentos

Foi uma grande honra compartilhar este trabalho e observar como nossa comunidade de SelfHealers cresceu e se tornou um gigantesco movimento. Cada um de vocês é testemunha, e suas incontáveis mensagens de cura vindas de todo o mundo permitiram que este livro nascesse. Sou eternamente grata pelo apoio e pela crença nestes ensinamentos. Vocês me permitiram ter fé em mim mesma para continuar. A cada pessoa que se cura, surge outra pessoa inspirada a fazer o mesmo. Todos vocês estão mudando nosso futuro coletivo.

A Ally, que caminhou ao meu lado para permanecer na verdade. Sua história reflete as possibilidades infinitas que vivem em cada um de nós. É uma verdadeira honra compartilhar esta jornada de empoderamento com você.

Aos meus pais, que acredito ter escolhido, obrigada. Sua história, seu amor e seus traumas não resolvidos foram um catalisador para que eu resolvesse os meus. Dedico este livro a vocês e às gerações anteriores, que não tiveram acesso a este conhecimento e viveram no âmbito de uma vergonha herdada. Vocês me ensinaram a assumir responsabilidades e a voltar a ser quem realmente sou. Obrigada por me permitirem as lembranças.

Aos meus mentores, que em sua maioria moram longe, não tenho palavras para agradecer por ter conseguido sair do convencional e ter aberto meu caminho. Aprendi que às vezes a jornada pode ser difícil e solitária, mas sua sabedoria abriu dentro de mim portais que eu nunca tinha vislumbrado na escola tradicional. Sua coragem inspirou a minha. Falo minhas verdades para que outros possam se inspirar, como vocês me inspiraram.

Agradeço ao meu agente, Dado Derviskadic, que foi um guia sábio e amoroso durante o processo de redação deste livro. Quando você criou e pronunciou o título original (*How to Do the Work*), senti calafrios por todo o corpo. Você faz seu trabalho porque deseja tornar o mundo um lugar melhor, e é uma honra trabalhar ao seu lado.

Eu não teria conseguido escrever meu primeiro livro sem o apoio da equipe da Harper Wave. Vocês entenderam minha visão e acreditaram que o mundo deveria conhecê-la também. Obrigada, Karen, Julie, Yelena, Brian e toda a equipe Harper, que colaboraram na criação deste trabalho. Agradecimentos especiais a cada um de nossos editores internacionais, especialmente Pippa Wright e sua equipe da Orion Publishing Group, que acreditaram que este livro deveria ser traduzido em seus idiomas nativos para divulgar esta mensagem universal de autocuidado.

Fui incrivelmente abençoada por contar com uma equipe de lindos e conscientes seres humanos. Cada um de vocês incorpora este trabalho e contribui para criar o espaço que este ocupa no coletivo.

A Jenna Weakland, cuja alma caminhou por muitas existências até se juntar à minha a serviço do coletivo maior. Obrigada por você ter escutado sua própria vocação e por ter surgido sem medo, para assumir integralmente seu lugar neste movimento. Seu coração é puro amor e uma inspiração diária para minha expansão contínua. Palavras nunca serão suficientes para expressar minha gratidão infinita.

À minha parceira de vida e negócios, Lolly, obrigada por me enxergar e por me desafiar durante minha evolução. Obrigada por acreditar em mim antes que eu mesma acreditasse. Você me ensinou uma nova versão do amor, que oferece um espaço real e honesto, a partir do qual pude finalmente reconhecer tudo o que sou. Você sustentou nossa visão com fé e continua a permanecer na verdade, ao meu lado, todos os dias. Prometo irradiar a luz desta visão. Sempre.

Se vocês estão segurando este livro, é porque estão preparados. Estão voltando para casa, ao encontro de quem realmente são. Acredito plenamente no potencial ilimitado de vocês, com quem continuarei a fazer esta jornada. Este livro é dedicado a todos os que são chamados a ser livres. Abandonar nossas camadas protetoras a serviço da cura coletiva é a jornada mais corajosa que uma alma pode fazer. Vejo cada um de vocês e honro todos vocês.

Glossário de termos de psicologia holística

ALOSTASE: Processo fisiológico de sair de uma resposta a um estado de estresse (luta/fuga) e retornar à homeostase.

AMOR AUTÊNTICO: Espaço seguro de evolução mútua que permite que cada pessoa seja vista e ouvida, além de livre para se expressar autenticamente.

APAZIGUAMENTO: Ato de neutralizar nossos estados emocionais, o que nos permite retornar ao estado de homeostase.

APEGO: Relacionamento entre seres humanos, influenciado na primeira infância por figuras parentais.

AUTOTRAIÇÃO: Mecanismo de enfrentamento aprendido desde a infância, em que partes de nós mesmos são negadas para que possamos ser vistos, ouvidos e aceitos pelos outros.

CÉREBRO DE SOBREVIVÊNCIA: Um estado do sistema nervoso, no qual se verifica uma superconcentração em ameaças percebidas que acarreta pensamentos maniqueístas, pânico e miopia emocional.

CONDICIONAMENTO: Mecanismos de enfrentamento, hábitos e crenças centrais que herdamos de figuras parentais, figuras de autoridade e da cultura em geral.

CONSCIÊNCIA DE EMPODERAMENTO: Compreensão e aceitação do ego, o que cria um espaço de consciência. Esse espaço permite que a pessoa faça escolhas que vão além da reatividade automática do ego.

CONSCIÊNCIA DO EGO: Completa identificação com o ego, o que frequentemente resulta em reatividade, atitudes defensivas e vergonha.

CONSCIÊNCIA: Estado de percepção em que as escolhas se tornam possíveis.

CORREGULAÇÃO: Interação ou troca entre pessoas que permite o processamento seguro de experiências emocionais estressantes. Por exemplo: quando uma criança está em uma situação estressante e a mãe a segura no colo e fala em um tom de voz suave, reconhecendo sua aflição.

CÓRTEX PRÉ-FRONTAL: Área do cérebro que controla funções complexas, como resolução de problemas, tomada de decisões, planejamento do futuro e metacognição (nossa capacidade de observar e pensar sobre nossos próprios pensamentos).

CORTISOL: Hormônio do estresse, envolvido na resposta de luta ou fuga, que ativa o corpo para que este se envolva em uma ameaça percebida ou se afaste dela.

CRENÇA: Pensamento praticado com base na experiência vivida. Uma crença é desenvolvida ao longo de anos por meio de padrões de pensamento, que criam caminhos neurais e precisam de validação interna e externa para se consolidarem.

CRENÇAS CENTRAIS: Baseadas em nossas experiências, são as nossas mais profundas percepções incutidas em nosso subconsciente antes dos 7 anos.

CRIANÇA INTERIOR: Parte inconsciente da mente na qual carregamos necessidades não satisfeitas, emoções reprimidas da infância, criatividade, intuição e nossa capacidade de brincar.

DESCARGA EMOCIONAL: Despejo de questões emocionais em outra pessoa sem consideração ou empatia com o estado emocional desta.

DESREGULAÇÃO: Estado de desequilíbrio fisiológico do sistema nervoso.

DIÁRIO DO MEU FUTURO EU (DFE): Uma ferramenta de registro em diário usada para apoiar a criação consciente de novos caminhos neurais e estados emocionais, de modo a alcançar uma mudança comportamental sustentada.

DISSOCIAÇÃO: Resposta ao estresse em que uma pessoa está fisicamente presente mas mentalmente distante, entorpecida ou desligada por conta de uma sobrecarga no sistema nervoso.

EFEITO NOCEBO: Fenômeno cientificamente comprovado no qual expectativas negativas em tratamentos ou prognósticos médicos produzem resultados negativos.

EFEITO PLACEBO: Fenômeno cientificamente comprovado no qual uma substância inerte (uma pílula de açúcar, por exemplo) pode amenizar os sintomas de uma doença.

ENREDAMENTO: Dinâmica de relacionamento em que tanto a falta de limites quanto estados emocionais compartilhados acarretam falta de autonomia e de independência.

ESPAÇO DE RETENÇÃO: Manter-se totalmente presente e curioso em relação a uma pessoa, sem julgá-la nem tentar mudá-la, enquanto ela expressa suas emoções.

ESTADO EGOCÊNTRICO: Estado de desenvolvimento em que uma criança é incapaz de compreender uma perspectiva ou opinião diferente da sua. Em estados egocêntricos, tudo parece acontecer por nossa causa, o que gera a falsa crença de que o comportamento de outra pessoa significa alguma coisa sobre quem somos.

ESTRATÉGIAS DE ENFRENTAMENTO (ADAPTATIVAS E NÃO ADAPTATIVAS): Ações que tomamos no intuito de recuperar sentimentos de segurança.

ESTRESSE NORMATIVO: Eventos estressantes – previsíveis e esperados – que são universalmente comuns ao longo da vida. Por exemplo: nascimentos, casamentos e mortes.

EU INTUITIVO: O Eu mais autêntico e espiritualmente conectado que existe além das normas e respostas condicionadas.

EU SOMBRIO: As partes indesejáveis de nosso eu que são reprimidas ou negadas como resultado de condicionamentos e vergonha.

HOMEOSTASE: A capacidade de manter o sistema nervoso relativamente equilibrado, independentemente do ambiente externo.

IMATURIDADE EMOCIONAL: Incapacidade de reservar espaço para os pensamentos, opiniões, sentimentos e ideias de outras pessoas em função de um desassossego interno.

IMPULSO HOMEOSTÁTICO: Uma atração psicológica e biológica em direção ao familiar.

INTERDEPENDÊNCIA: Conexão de apoio mútuo em um relacionamento, que permite limites, segurança, autonomia e autoexpressão autêntica.

INTUIÇÃO: Conhecimento e discernimento internos que, quando ouvidos, nos guiam em direção ao nosso Eu autêntico.

LIMITE: Barreira estabelecida entre uma pessoa e as demais com o objetivo de definir onde começa o território de uma e termina o da outra. Limites bem estabelecidos permitem que os indivíduos honrem suas próprias necessidades e são a base para relacionamentos autênticos.

LUTA OU FUGA: Resposta do sistema nervoso destinada a nos manter a salvo de ameaças percebidas.

MÁGOAS DE INFÂNCIA: Experiências dolorosas por não termos nossas necessidades físicas, emocionais e espirituais de infância atendidas e que são levadas até a idade adulta.

MATURIDADE EMOCIONAL: Capacidade para regular as próprias emoções, o que permite pensamentos flexíveis, comunicação aberta e resiliência em experiências estressantes.

MENTE ANALÍTICA: A parte pensante do cérebro, localizada no córtex pré-frontal, envolvida na solução de problemas e na tomada de decisões.

MENTE DO MACACO: O constante fluxo de tagarelice mental que percorre a mente humana.

MODELAGEM COMPORTAMENTAL: Ato de exibir comportamentos a outras pessoas por meio de ações, escolhas e envolvimento pessoal.

MODO DE INTERAÇÃO SOCIAL: Estado de regulação do sistema nervoso em que a segurança pode ser acessada para que uma pessoa esteja aberta e receptiva a conexões com outras pessoas.

NEUROPLASTICIDADE: A capacidade do cérebro de formar novas conexões e de mudar e adaptar a forma como seus circuitos são conectados com base em nossas experiências.

PAI INTERNO CRÍTICO: A voz internalizada de uma figura parental que negou nossa realidade quando éramos crianças ou que envergonhou ou invalidou nossos pensamentos, necessidades e emoções.

PILOTO AUTOMÁTICO: O estado de viver inconscientemente e sem cognição, seguindo padrões condicionados (hábitos).

PSICOLOGIA HOLÍSTICA: Filosofia de cura prática que considera e aborda todas as partes da pessoa (mente, corpo e alma), incentiva a exploração das causas dos sintomas em vez de suprimi-los e reconhece a interligação do universo.

PSICONEUROIMUNOLOGIA: Ramo da ciência dedicado ao estudo da complexa interação entre a mente, o sistema nervoso e o sistema imunológico.

REGULAÇÃO EMOCIONAL: Capacidade de lidar com o estresse de modo flexível, tolerante e adaptativo, permitindo que nosso sistema nervoso retorne à linha de base.

REPARENTALIZAÇÃO: A reaprendizagem de como atender às necessidades físicas, emocionais e espirituais da criança interior por meio de ações diárias e dedicadas.

RESILIÊNCIA EMOCIONAL: A capacidade de ser flexível e se recuperar rapidamente enquanto uma ampla variedade de estados emocionais é processada.

SÁBIA FIGURA PARENTAL INTERIOR: Uma prática estimulante, dentro da reparentalização, é criar uma sábia figura parental interior que nos observa sem fazer julgamentos. Ela é capaz de ver, ouvir, validar e honrar todos os nossos estados emocionais, comportamentos e reações com uma percepção amorosa.

SISTEMA ATIVADOR RETICULAR (SAR): Feixe de nervos localizado no tronco cerebral que filtra a profusão de estímulos no ambiente e desempenha um papel crucial na manutenção do comportamento, do estímulo, da consciência e da motivação.

SISTEMA NERVOSO AUTÔNOMO: A parte do sistema nervoso central do corpo envolvida na regulação de funções involuntárias, como batimentos cardíacos, respiração e digestão.

SISTEMA NERVOSO ENTÉRICO: A parte do sistema nervoso autônomo que controla a atividade dos intestinos.

SISTEMA NERVOSO PARASSIMPÁTICO: Divisão do sistema nervoso autônomo (às vezes chamado de "sistema de repouso e digestão") responsável por conservação de energia, redução da frequência cardíaca e relaxamento dos músculos do trato gastrointestinal.

SISTEMA NERVOSO SIMPÁTICO: Parte do sistema nervoso autônomo que controla a resposta de luta ou fuga ao estresse percebido.

SUBCONSCIENTE: A parte profundamente enraizada da psique que reúne todos os nossos sentimentos reprimidos, lembranças, mágoas de infância e crenças centrais.

TEORIA POLIVAGAL: Apresentada pelo psiquiatra Stephen Porges, destaca o importante papel central do nervo vago no sistema nervoso central – na regulação que influencia a conexão social, as respostas ao medo e o bem-estar mental.

TOLERÂNCIA (RESISTÊNCIA) AO ESTRESSE: Capacidade de passar por uma emoção difícil e em seguida reassumir o controle.

TÔNUS VAGAL: Capacidade de nosso sistema nervoso de se alternar entre a ativação simpática e a parassimpática, em resposta ao estresse diário. Um tônus vagal fraco resulta em respostas mal direcionadas e alta sensibilidade às ameaças percebidas no ambiente, o que superestimula as respostas do corpo e gera uma redução na regulação da atenção e das emoções.

TRAUMA ESPIRITUAL: Sensação constante de não estar sendo visto nem ouvido, e de não ter liberdade para se expressar de forma autêntica, o que acarreta uma desconexão com o Eu autêntico e gera sofrimento, solidão e vergonha internalizada.

TRAUMA: Qualquer experiência em que um indivíduo não tem capacidade para processar emocionalmente, regular e assimilar um evento, o que provoca uma desregulação em seu sistema nervoso. O trauma afeta cada pessoa de um modo distinto em função dos diferentes condicionamentos e habilidades de enfrentamento. Portanto, não pode ser qualificado nem medido.

VÍCIO EMOCIONAL: Impulso inconsciente da mente subconsciente para mergulhar em estados emocionais familiares, nos quais o sistema nervoso do corpo e os neurotransmissores ativam as respostas do hormônio do estresse.

VIÉS DA NEGATIVIDADE: Tendência do cérebro – evolutivamente instalada – a priorizar (e, portanto, valorizar) informações negativas em detrimento de informações positivas.

VINCULAÇÃO TRAUMÁTICA: Padrão condicionado de relacionamento que espelha ou reencena nossos primeiros apegos às figuras parentais. Vínculos traumáticos geralmente englobam dinâmicas de abandono emocional, falta de limites, enredamento e evasão. Podem ocorrer tanto em relacionamentos amorosos quanto platônicos.

Leituras recomendadas

O EU CONSCIENTE

HAWK, Red. *Self Observation: The Awakening of Consciences: An Owner's Manual.* Hohm Press, 2009.

SINGER, Michael A. *A alma indomável.* Sextante, 2018.

TOLLE, Eckhart. *Um novo mundo: O despertar de uma nova consciência.* Sextante, 2007.

NOVA TEORIA SOBRE OS TRAUMAS E O CORPO TRAUMATIZADO

DEGRUY, Joy. *Post Traumatic Slave Syndrome: America's Legacy of Enduring Injury and Healing.* Joy DeGruy Publications, 2005.

LEVINE, Peter A. *O despertar do tigre: Curando o trauma.* Summus Editorial, 1999.

MATÉ, Gabor. *When the Body Says No: The Cost of Hidden Stress.* Knopf Canada, 2003.

MENAKEM, Resmaa. *My Grandmother's Hands: Racialized Trauma and the Pathway to Mending Our Hearts and Bodies.* Central Recovery Press, 2017.

STANLEY, Elizabeth A. *Widen the Window: Training Your Brain and Body to Thrive During Stress and Recover from Trauma*. Avery, 2019.

VAN DER KOLK, Bessel. *O corpo guarda as marcas*. Sextante, 2020.

WOLYNN, Mark. *It Didn't Start with You: How Inherited Family Trauma Shapes Who We Are and How to End the Cycle*. Penguin Life, 2017.

PRÁTICAS DE CURA DA MENTE E DO CORPO

BALASTER, Cavin. *How to Feed a Brain: Nutrition for Optimal Brain Function and Repair*. Feed a Brain LLC, 2018.

CAMPBELL-MCBRIDE, Natasha. *Gut and Psychology Syndrome: Natural Treatment for Autism, Dyspraxia, A.D.D., Dyslexia, A.D.H.D., Depression, Schizophrenia*. Medinform Publishing, 2010.

KHARRAZIAN, Datis. *Why Isn't My Brain Working?: A Revolutionary Understanding of Brain Decline and Effective Strategies to Recover Your Brain's Health*. Elephant Press, 2013.

MAYER, Emeran. *The Mind-Gut Connection: How the Hidden Conversation Within Our Bodies Impacts Our Mood, Our Choices, and Our Overall Health*. Harper Wave, 2016.

MCKEOWN, Patrick. *The Oxygen Advantage: Simple, Scientifically Proven Breathing Techniques to Help You Become Healthier, Slimmer, Faster, and Fitter*. William Morrow Paperbacks, 2016.

WALKER, Matthew. *Por que nós dormimos: A nova ciência do sono e do sonho*. Intrínseca, 2018.

O PODER DA CRENÇA

BRADEN, Gregg. *A matriz divina: Uma jornada através do tempo, do espaço, dos milagres e da fé*. Cultrix, 2008.

CHOPRA, Deepak, e Rudolph E. Tanzi. *Supergenes: Ative o extraordinário poder do seu DNA para ter mais saúde e bem-estar.* Alaúde, 2016.

DISPENZA, Joe. *Como se tornar sobrenatural: Pessoas comuns realizando o extraordinário.* Citadel, 2020.

DYER, Wayne W. *Novas ideias para uma vida melhor: Descobrindo a sabedoria do Tao.* Best Seller, 2009.

LIPTON, Bruce H. *A biologia da crença.* Butterfly, 2007.

Referências

1 LEPERA, N. (2011). Relationships Between Boredom Proneness, Mindfulness, Anxiety, Depression, and Substance Use. *The New School Psychology Bulletin*, 8(2).

2 MCCABE, G. (2008). Mind, Body, Emotions and Spirit: Reaching to the Ancestors for Healing. *Counselling Psychology Quarterly*, 2(2), 143-152.

3 SCHWEITZER, A. (1993). *Reverence for Life: Sermons, 1900-1919*. Irvington.

4 MANTRI, S. (2008). Holistic Medicine and the Western Medical Tradition. *AMA Journal of Ethics*, 10(3), 177-180.

5 MEHTA, N. (2011). Mind-body Dualism: A Critique from a Health Perspective. *Mens Sana Monographs*, 9(1), 202-209.

6 LIPTON, B. H. (2007). *A biologia da crença*. Butterfly.

7 KANKERKAR, R. R., Stair, S. E., Bhatia-Dey, N., Mills, P. J., Chopra, D., & Csoka, A. B. (2017). Epigenetic Mechanisms of Integrative Medicine. *Evidence-Based Complementary and Alternative Medicine*, artigo 4365429.

8 NESTLER, E. J., PEÑA, C. J., KUNDAKOVIC, M., MITCHELL, A., & AKBARIAN, S. (2016). Epigenetic Basis of Mental Illness. *The Neuroscientist*, 22(5), 447-463.

9   JIANG, S., POSTOVIT, L., CATTANEO, A., BINDER, E. B., & AITCHISON, K. J. (2019). Epigenetic Modifications in Stress Response Genes Associated with Childhood Trauma. *Frontiers in Psychiatry, 10,* artigo 808.

10 Center for Substance Abuse Treatment. (2014). *Trauma-informed Care in Behavioral Health Services.* Substance Abuse and Mental Health Services Administration.

11 LIPTON. *A biologia da crença.*

12 FUENTE-FERNÁNDEZ, R. de la, & STOESSEL, A. J. (2002). The Placebo Effect in Parkinson's Disease. *Trends in Neurosciences, 25*(6), 302-306.

13   LU, C.-L., & Chang, F.-Y. (2011). Placebo Effect in Patients with Irritable Bowel Syndrome. *Journal of Gastroenterology and Hepatology, 26*(s3), 116-118.

14 PECIÑA, M., BOHNERT, A. S., SIKORA, M., AVERY, E. T., LANGENECKER, S. A., MICKEY, B. J., & ZUBIETA, J. K. (2015). Association Between Placebo-activated Neural Systems and Antidepressant Responses: Neurochemistry of Placebo Effects in Major Depression. *JAMA Psychiatry, 72*(11), 1087-1094.

15 ROSS, R., GRAY, C. M., & GILL, J.M.R. (2015). Effects of an Injected Placebo on Endurance Running Performance. *Medicine and Science in Sports and Exercise, 47*(8), 1672-1681.

16 LIPTON. *A biologia da crença.*

17 BROGAN, K., & LOBERG, K. (2019). *A depressão feminina: Como as mulheres podem se curar e retomar o controle de suas vidas.* Cultrix.

18 MEADOR, C. K. (1992). Hex Death: Voodoo Magic or Persuasion? *Southern Medical Journal, 85*(3), 244-247.

19 HOLDER, D. (2 de janeiro de 2008). Health: Beware Negative Self-fulfilling Prophecy. *The Seattle Times.* Disponível em: <https://www.

seattletimes.com/seattle-news/health/health-beware-negative-
-self-fulfilling-prophecy/>.

20 REEVES, R. R., LADNER, M. E., HART, R. H., & BURKE, R. S. (2007). Nocebo Effects With Antidepressant Clinical Drug Trial Placebos. *General Hospital Psychiatry*, 29(3), 275-277.

21 KOTCHOUBEY, B. (2018). Human Consciousness: Where Is It From and What Is It For. *Frontiers in Psychology*, 9, artigo 567.

22 DISPENZA, J. (2018). *Quebrando o hábito de ser você mesmo*. Citadel.

23 VAN DER KOLK, B. (2020). *O corpo guarda as marcas*. Sextante.

24 LANGER, E. J. (2009). *Counterclockwise: Mindful Health and the Power of Possibility*. Ballantine Books.

25 CACIOPPO, J. T., CACIOPPO, S., & GOLLAN, J. K. (2014). The Negativity Bias: Conceptualization, Quantification, and Individual Differences. *Behavioral and Brain Sciences*, 37(3), 309-310.

26 VAN DER HART, O., & HORST, R. (1989). The Dissociation Theory of Pierre Janet. *Journal of Traumatic Stress*, 2(4), 397-412.

27 BUCCI, M., GUTIÉRREZ WANG, L., KOITA, K., PUREWAL, S., MARQUES, S. S., & BURKE HARRIS, N. (2015). *ACE–Q User Guide for Health Professionals*. Center for Youth Wellness. Disponível em: <https://centerforyouthwellness.org/wp-content/uploads/2018/06/CYW-ACE-Q-USer-Guide-copy.pdf>.

28 BRUSKAS, D. (2013). Adverse Childhood Experiences and Psychosocial Well-being of Women Who Were in Foster Care as Children. *The Permanente Journal*, 17(3), e131-e141.

29 VAN DER KOLK. *O corpo guarda as marcas*.

30 SCAER, R. (2005). *The Trauma Spectrum: Hidden Wounds and Human Resiliency*. W. W. Norton, 205.

31 GIBSON, L. C. (2021). *Filhos adultos de pais emocionalmente imaturos.* nVersos.

32 DUTHEIL, F., AUBERT, C., PEREIRA, B., DAMBRUN, M., MOUSTAFA, F., MERMILLOD, M., BAKER, J. S., TROUSSELARD, M., LESAGE, F. X., & NAVEL, V. (2019). Suicide Among Physicians and Health-care Workers: A Systematic Review and Meta-analysis. *PLOS ONE, 14*(12), e0226361. Disponível em: <https://doi.org/10.1371/journal.pone.0226361>.

33 KRILL, P. R., JOHNSON, R., ALBERT, L. The Prevalence of Substance Use and Other Mental Health Concerns Among American Attorneys. *Journal of Addiction Medicine 10*(1), janeiro/fevereiro 2016, 46-52, doi: 10.1097/ADM.0000000000000182.

34 DUTHEIL et al. Suicide Among Physicians and Health-care Workers.

35 LAZARUS, R. S., & FOLKMAN, S. (1984). *Stress, Appraisal, and Coping.* Springer.

36 MATÉ, G. (2003). *When the Body Says No: The Cost of Hidden Stress.* Knopf Canada.

37 PUNCHARD, N. A., WHELAN, C. J., & ADCOCK, I. M. (2004). The Journal of Inflammation. *The Journal of Inflammation, 1*(1), 1.

38 VAN DER KOLK. *O corpo guarda as marcas.*

39 MATHESON, K., MCQUAID, R. J., & ANISMAN, H. (2016). Group Identity, Discrimination, and Well-being: Confluence of Psychosocial and Neurobiological Factors. *Current Opinion in Psychology, 11*, 35-39.

40 PARADIES, Y., BEN, J., DENSON, N., ELIAS, A., PRIEST, N., PIETERSE, A., GUPTA, A., KELAHER, M., & GEE, G. (2015). Racism as a Determinant of Health: A Systematic Review and Meta-analysis. *PLOS ONE,* Artigo 10.1371. Disponível em: <https://journals.plos.org/plosone/article?id=10.1371/journal.pone.0138511>.

41 GOLDSMITH, R. E., MARTIN, C. G., & SMITH, C. P. (2014). Systemic Trauma. *Journal of Trauma & Dissociation, 15*(2), 117-132.

42 PARADIES et al. Racism as a Determinant of Health.

43 WILLIAMS, D. R., & MOHAMMED, S. A. (2013). Racism and Health I: Pathways and Scientific Evidence. *American Behavioral Scientist, 57*(8), 1152-1173.

44 PORGES, S. (2017). *The Polyvagal Theory*. W. W. Norton & Company.

45 Center for Substance Abuse Treatment. *Trauma-informed Care in Behavioral Health Services*.

46 HÅKANSSON, A., & MOLIN, G. (2011). Gut Microbiota and Inflammation. *Nutrients, 3*(6), 637-682.

47 CAMPBELL-MCBRIDE, N. (2010). *Gut and Psychology Syndrome: Natural Treatment for Autism, Dyspraxia, A.D.D., Dyslexia, A.D.H.D., Depression, Schizophrenia*. Medinform Publishing.

48 PEIRCE, J. M., & ALVIÑA, K. (2019). The Role of Inflammation and the Gut Microbiome in Depression and Anxiety. *Journal of Neuroscience Research, 97*(10), 1223-1241.

49 CASPANI, G., KENNEDY, S. H., FOSTER, J. A., & SWANN, J. R. (2019). Gut Microbial Metabolites in Depression: Understanding the Biochemical Mechanisms. *Microbial Cell, 6*(10), 454-481.

50 ZHENG, P., ZENG, B., LIU, M., CHEN, J., PAN, J., HAN, Y., LIU, Y., CHENG, K., ZHOU, C., WANG, H., ZHOU, X., GUI, S., PERRY, S. W., WONG, M.-L., LINCINIO, J., WEI, H., & XIE, P. (2019). The Gut Microbiome From Patients With Schizophrenia Modulates the Glutamate-glutamine-GABA Cycle and Schizophrenia-relevant Behaviors in Mice. *Science Advances, 5*(2), eeau8817.

51 LI, Q., HAN, Y., DY, A.B.C., & HAGERMAN, R. J. (2017). The Gut

Microbiota and Autism Spectrum Disorders. *Frontiers in Cellular Neuroscience, 11*, artigo 120.

52 DE CABO, R., & MATTSON, M. P. (2019). Effects of Intermittent Fasting on Health, Aging, and Disease. *The New England Journal of Medicine, 381*(26), 2541-2551.

53 MATTSON, M. P., MOEHL, K., GHENA, N., SCHMAEDICK, M., & CHENG, A. (2018). Intermittent Metabolic Switching, Neuroplasticity and Brain Health. *Nature Reviews Neuroscience, 19*(2), 63-80.

54 WATKINS, E., & SERPELL, L. (2016). The Psychological Effects of Short-term Fasting in Healthy Women. *Frontiers in Nutrition, 3*(7), 27.

55 WALKER, M. (2018). *Por que nós dormimos: A nova ciência do sono e do sonho*. Intrínseca.

56 BROWN, R. P., & GERBARG, P. L. (2009). Yoga Breathing, Meditation, and Longevity. *Annals of the New York Academy of Sciences, 1172*(1), 54-62.

57 NESTOR, J. (2021) *Respire: a nova ciência de uma arte perdida*. Intrínseca.

58 HOF, W. (2011). *Becoming the Iceman: Pushing Past Perceived Limits*. Mill City Press, Inc.

59 SULLIVAN, M. B., ERB, M., SCHMALZL, L., MOONAZ, S., NOGGLE TAYLOR, J., & PORGES, S. W. (2018). Yoga Therapy and Polyvagal Theory: The Convergence of Traditional Wisdom and Contemporary Neuroscience for Self-regulation and Resilience. *Frontiers in Human Neuroscience, 12*, artigo 67.

60 KINSER, P. A., GOEHLER, L. E., & TAYLOR, A. G. (2012). How Might Yoga Help Depression? A Neurobiological Perspective. *Explore, 8*(22), 118-126.

61 LOIZZO, J. (17 de abril de 2018). *Love's Brain: A Conversation With Stephen Porges* Nalanda Institute for Contemplative Science. Disponível em:

<https://nalandainstitute.org/2018/04/17/loves-brain-a-conversation-with-stephen-porges/>.

62 VILLEMURE, C., ČEKO, M., COTTON, V. A., & BUSHNELL, M. C. (2014). Insular Cortex Mediates Increased Pain Tolerance in Yoga Practitioners. *Cerebral Cortex*, 24(10), 2732-2740.

63 PORGES, S. (2015). Play as a Neural Exercise: Insights From the Polyvagal Theory. Disponível em: <https://www.legeforeningen.no/contentassets/6df47feea03643c5a878ee7b87a467d2/sissel-oritsland--til-presentasjon-porges-as-neural-exercise. pdf>.

64 PORGES, S. (2007). The Polyvagal Perspective. *Biological Psychology*, 74.

65 NEALE, D., CLACKSON, K., GEORGIEVA, S., DEDETAS, H., SCARPATE, M., WASS, S., & LEONG, V. (2018). Toward a Neuroscientific Understanding of Play: A Dimensional Coding Framework for Analyzing Infant-adult Play Patterns. *Frontiers in Psychology*, 9, artigo 273.

66 GILLATH, O., KARANTZAS, G. C., & FRALEY, R. C. (2016). *Adult Attachment: A Concise Introduction to Theory and Research*. Academic Press.

67 BOWLBY, J. (1988). *A Secure Base: Parent-Child Attachment and Healthy Human Development*. Basic Books.

68 LEBLANC, É., DÉGEILH, F., DANEAULT, V., BEAUCHAMP, M. H., & BERNIER, A. (2017). Attachment Security in Infancy: A Study of Prospective Links to Brain Morphometry in Late Childhood. *Frontiers in Psychology*, 8, artigo 2141.

69 BRADSHAW, J. (1992). *Homecoming: Reclaiming and Championing Your Inner Child*. Bantam.

70 Ibid.

71 HAZAN, C., & SHAVER, P. (1987). Romantic Love Conceptualized as an Attachment Process. *Journal of Personality and Social Psychology*, 52(3), 511-524.

72   CARNES, P. J. (1997). *The Betrayal Bond: Breaking Free of Exploitive Relationships.* HCI.

73   Ibid.

74   GOTTMAN, J. M. (2015). *The Seven Principles for Making Marriage Work: A Practical Guide from the Country's Foremost Relationship Expert.* Harmony.

75   GAZIPURA, A. (2017) *Not Nice: Stop People Pleasing, Staying Silent & Feeling Guilty... and Start Speaking Up, Saying No, Asking Boldly, and Unapologetically Being Yourself.* Tonic Books.

76   TAYLOR, S. (2017). *The Leap: The Psychology of Spiritual Awakening.* New World Library.

77   MILLER, L., BALODIS, I. M., McCLINTOCK, C. H., XU, J., LACADIE, C. M., SINHA, R., & POTENZA, M. N. (2019). Neural Correlates of Personalized Spiritual Experiences. *Cerebral Cortex, 29*(6), 2331-2338.

78   GIBSON. *Filhos adultos de pais emocionalmente imaturos.*

79   BROWN, S. (2010) *Play: How It Shapes the Brain, Opens the Imagination, and Invigorates the Soul.* Avery.

80   GIBSON. *Filhos adultos de pais emocionalmente imaturos.*

81   Ibid.

82   TAYLOR, J. B. (2008). *A cientista que curou seu próprio cérebro.* HarperCollins.

83   Cigna. (23 de Janeiro de 2020). *Loneliness and the Workplace: Cigna Takes Action to Combat the Rise of Loneliness and Improve Mental Wellness in America.* Disponível em: <https://www.multivu.com/players/English/8670451-cigna-2020-loneliness-index/>.

84   MURTHY, V. H. (2020). *Together: The Healing Power of Human Connection in a Sometimes Lonely World.* Harper Wave.

85 ANTHEUNIS, M. L., VALKENBURG, P. M., & PETER, J. (2012). The Quality of Online, Offline, and Mixed-mode Friendships Among Users of a Social Networking Site. *Cyberpsychology: Journal of Psychosocial Research on Cyberspace*, 6(3), artigo 6.

86 GOTTLIEB, S., KELTNER, D., & LOMBROZO, T. (2018). Awe as a Scientific Emotion. *Cognitive Science*, 42(6), 1-14.

87 BROWN, J. (1989). *The Sacred Pipe: Black Elk's Account of the Seven Rites of the Oglala Sioux.* University of Oklahoma Press.

Para saber mais sobre os títulos e autores da Editora Sextante,
visite o nosso site e siga as nossas redes sociais.
Além de informações sobre os próximos lançamentos,
você terá acesso a conteúdos exclusivos
e poderá participar de promoções e sorteios.

sextante.com.br